Hans-Jürgen Markmann

Vom Welpen zum Jagdhelfer

A bis Z der Früherziehung, Förderung, Ausbildung und Führung von Vorstehhunden

KOSMOS

Kapitel 1
Einleitung 6

Kapitel 2
Der Welpe und seine Erziehung **7**
Welpenauswahl 7
Abholen des Welpen 9
Der Welpe im Haus 11
Herstellen der Vertrauensgrundlage 14
Verleiden 15

Kapitel 3
Fördern jagdlicher Anlagen, Heranführen an spätere Aufgaben **18**
Futterschleppe 18
Vorübungen zum Bringen 20
Übungsangel 22
Reviergang 24
Der erste Schuss 27
Gewöhnung an das Wasser 29
Die erste Schweißarbeit 33

Kapitel 4
Ausbildung des Hundes bis zur Brauchbarkeit **38**
Grundausbildung 38
Ausbildung im Wasser, im Wald und im Feld 63
Anmeldung zur Brauchbarkeitsprüfung 93

Kapitel 5
Der Weg zur Verbands-Herbstzuchtprüfung **96**
Feldarbeit 96
Wasserarbeit 108
Führigkeit, Gehorsam und Arbeitsfreude 114
Die HZP – der Prüfungstag 116

Kapitel 6
Vorbereitung auf die Verbands-Gebrauchsprüfung **122**
Buschieren 122
Stöbern 125
Die Fuchsfächer 129

Riemenarbeit –
Verhalten am Stück 132
Totverweisen und Totverbellen 134
Gehorsamsfächer 142
Stöbern ohne Ente 149
Vorstehen, Manieren am Wild 151
Konditionstraining 154
VGP – die „Meisterprüfung" 156

Kapitel 7

Fehler und ihre Beseitigung 162
Der Anschneider 162
Der „Totengräber" 165
Der Knautscher 168
Blinker und Blender 171
Der Hasenhetzer 173

Kapitel 8

Verbands-Schweißprüfung und Leistungszeichen 176
Die Verbands-Schweißprüfung 176
Bringtreue (Btr) 182
Verlorenbringen auf natürlicher Wundspur (Vbr) 185
Weitere Leistungszeichen 187

Kapitel 9

Transport, Pirsch und Ansitz 190
Transport des Hundes 190
Pirsch mit Hund 192
Ablegen unter dem Hochsitz 194

Kapitel 10

Hundehaltung und Zucht 197
Ernährung 197
Unterbringung 199
Pflege 202
Krankheiten 207
Erste Hilfe 209
Jagdhundezucht 210
Der alternde Hund 214

Service 216

Bundeseinheitliche Empfehlung zur Feststellung der Brauchbarkeit von Jagdhunden 216
Verbandsprüfungsordnung Wasser (PO Wasser) 222
Anerkannte Jagdgebrauchshundrassen 228
Pirschzeichen 236
Jagdkynologische Abkürzungen 237

Geleitwort

Christoph Frucht, Ehrenpräsident des Jagdgebrauchshundverbandes

Hans-Jürgen Markmanns **Vom Welpen zum Jagdhelfer** hat seinen hohen Stellenwert in der Fachliteratur über erfolgreiche Jagdhundausbildung seit dem Wechsel zum Kosmos Verlag noch weiter gefestigt. Mit der vorliegenden, vollständig überarbeiteten und erweiterten 4. Auflage wird das Standardwerk auch zukünftig auf aktuellstem Stand angeboten.

Bewährtes blieb: Mit fundierter Sachinformation und zahlreichen Praxistipps führt ein erfahrener Rüdemann den Leser durch die schrittweise Jagdhundausbildung von A bis Z und „begleitet" ihn zu den Prüfungen, die auf dem Weg des Hundes zum vielseitig brauchbaren Jagdhund liegen. Interessante Ratschläge finden Erstlingsführer, aber auch Fortgeschrittene weiterhin zur Beseitigung von Abrichtefehlern, zur Haltung und zur Zucht von Jagdhunden.

Aktualisiert wurden insbesondere die Ausführungen zum Prüfungs- und Ausbildungswesen, das in den letzten Jahren eine Reihe von Änderungen erfahren hat. Eine der wichtigsten Bestimmungen ist die *Verbandsprüfungsordnung Wasser (PO Wasser)* des Jagdgebrauchshundverbandes von 1994, die seither für alle dem JGHV angeschlossenen Mitgliedsvereine verbindlich für die Prüfung und Ausbildung von Jagdhunden hinter der lebenden Ente ist.

Die PO Wasser trägt dem Tierschutz in hohem Maße Rechnung und ist damit eine wichtige Voraussetzung dafür, dass wir auch in Zukunft für die Wasservogeljagd brauchbare Jagdhunde ausbilden können. Sie ist im Serviceteil des Buches abgedruckt. Ebenso zu begrüßen ist der Abdruck der *Bundeseinheitlichen Empfehlung zur Feststellung der Brauchbarkeit von Jagdhunden,* die den Jagdeignungsprüfungen der Länder zu Grunde liegen sollte.

Die Ausbildung brauchbarer Jagdhunde für den Revieralltag ist nicht nur eine gesetzliche Forderung, sondern auch ein ethisches Gebot der Waidgerechtigkeit. Hans-Jürgen Markmanns Buch leistet hierzu einen wichtigen Beitrag.

Obersinn

Christoph Frucht

Vorwort

Vom Welpen zum Jagdhelfer hat seit dem ersten Erscheinen im Verlag Paul Parey im Jahre 1990 eine Vielzahl positiver Kritiken von namhaften Fachleuten erhalten. Entsprechend stark nachgefragt war auch die zweite Auflage dieses Leitfadens zur richtigen Ausbil-dung des Junghundes zum vielseitigen Jagdgebrauchshund. Nach dem Verlagswechsel hat sich erfreulicherweise auch der KOSMOS Verlag entschieden, den Titel als festen Bestandteil des Jagdprogrammes weiterzuführen, und rasch den notwendigen Nachdruck beschlossen.

Das Buch legt den Schwerpunkt auf die praktische Anleitung des Jägers zur Ausbildung seines vierbeinigen Jagdhelfers. Dieser Nutzen blieb von den Entwicklungen im Gebrauchshundewesen seit Erscheinen der ersten Auflage unberührt. An den Grundsätzen zur Früherziehung des Welpen und Förderung seiner Anlagen wie auch zur Grundausbildung des Junghundes hat sich nichts geändert.

Im Prüfungswesen hat sich seit 1990 jedoch einiges bewegt. Der Umbruch ist aber selbst heute, im März 2002, noch nicht abgeschlossen.

So hat die Hauptversammlung des Jagdgebrauchshundverbandes e.V. (JGHV) am 23. März 1997 die *Ordnung für Verbandsprüfungen nach dem Schuss (VPSO)* beschlossen, eine abgemilderte Art der VGP. Die ergänzte *VGPO* ist auf der Hauptversammlung des JGHV am 19. März 2000 verabschiedet worden und in dieser Fassung zunächst bis zum 31. Dezember 2003 gültig. Die Ergänzungen/Änderungen habe ich in den entsprechenden Kapiteln berücksichtigt.

Der Entwurf des DJV zur *Bundeseinheitlichen Empfehlung zur Feststellung der Brauchbarkeit von Jagdhunden* wird nach wie vor weiter diskutiert. Im Dezember 2001 gab auch das Präsidium des JGHV dazu eine Empfehlung ab. Man kann im Interesse bundeseinheitlicher Prüfungserfordernisse für den Nachweis der Brauchbarkeit von Jagdhunden nur hoffen, dass diese längst überfällige Empfehlung alsbald wirksam wird.

Der Hauptversammlung 2002 des JGHV lag ein Antrag des Deutschen Brackenvereins vor, bei der Verbandsschweißprüfung die Herstellung der Schweißfährte mit dem Fährtenschuh zuzulassen. Die Stammbuchkommission erhielt den Auftrag, entsprechende Richtlinien auszuarbeiten und dem nächsten Verbandstag vorzulegen. Es ist nun wirklich höchste Zeit, dass auch dieser praxisnahe Antrag alsbald positiv beschlossen wird, insbesondere mit Blick auf den vorrangigen Tierschutzaspekt, die Leiden eines kranken Stückes so rasch wie möglich zu beenden. Denn mit dem Fährtenschuh eingearbeitete Hunde benötigen für eine gute Fährtenarbeit so gut wie keinen Schweiß! Ihnen genügt die Bodenverwundung durch den Schalenabdruck und die Individual- und Wundwittrung des kranken Stückes!

Braunschweig *Hans-Jürgen Markmann*

Einleitung

Wozu eine Anleitung für die Erziehung und Ausbildung des Jagdhundes in Fotos, wenn es doch schon eine Vielzahl guter jagdkynologischer (Abrichte-)Bücher gibt?

Nun – die Idee ist so alt, wie ich mit der Kamera umgehe und Hunde führe. Sie entstammt dem Bedürfnis gerade des angehenden Hundeführers nach rascher, aber umfassender Information über Fragen der Erziehung, Ausbildung und Führung des Hundes. „Wie sag' ich's meinem Hund?“ und „Wie muss ich vorgehen, um das gesteckte Erziehungs- und Ausbildungsziel zu erreichen?“, ohne zunächst seitenlange, zum Teil wissenschaftliche Abhandlungen wälzen zu müssen? Natürlich ist die Frage „Warum gerade so?“ nicht sekundär – im Gegenteil! Jeder, der seinen Jagdhund erfolgreich ausbilden und führen will, muss wissen, warum er seinem Zögling etwas gerade so und nicht anders sagen muss. Erst die Antwort darauf lässt ihn überhaupt das „Wie“ und „Was“ verstehen. Er findet sie in der guten jagdkynologischen Literatur.

Für eine schnelle und dazu umfassende Information eignet sich aber kaum etwas besser als Fotos. Denn sie zeigen nicht nur einen fixierten Handlungsablauf, sondern liefern „auf einen Blick“ zudem die Information, die vorher „eingegeben“ wurde.

Aufgabe dieses Buches ist es daher, dem angehenden Hundeführer rasch und umfassend durch Fotos mit Textergänzungen Hinweise und Hilfen für die Behandlung, Förderung und Ausbildung des Jagdhundes zu geben.

Das Buch kann und soll weder die jagdkynologische Ausbildungsliteratur noch gute geführte Ausbildungslehrgänge ersetzen. Dies würde seinen Rahmen sprengen. Wohl aber soll es Wesentliches bei der Erziehung und Ausbildung herausstellen, zu einem besseren Verständnis zwischen Führer und Hund beitragen und zeigen, dass aus einem durchschnittlich veranlagten Welpen durch Einfühlungsvermögen und frühzeitige Förderung, durch tägliches Üben und Wiederholen, durch Gewöhnung und absolute Konsequenz also, ein brauchbarer Jagdhund werden wird.

Endziel ist die VGP, die „Meisterprüfung“ Ihres Hundes, aber auch auf die Anlagen- und Zuchtprüfungen VJP und HZP werden wir Ihren Hund vorbereiten – für Sie als angehenden Rüdemann und Ihren Hund ein langer, mit Höhen und Tiefen gepflasterter, letztlich aber doch schöner Weg, besteht zwischen Ihnen beiden erst der erforderliche vertrauensvolle und enge Zusammenhalt.

Unser erstes gemeinsames Ziel ist es, dass Ihr Hund den Nachweis der jagdliche Brauchbarkeit leistet, also eine Brauchbarkeitsprüfung nach den Bestimmungen der Länder ablegt. Wir wollen uns im Buch dazu das Land Niedersachsen zum Beispiel nehmen.

Der Welpe und seine Erziehung

Welpenauswahl 7
Abholen des Welpen 9
Der Welpe im Haus 11
Herstellen der Vertrauensgrundlage 14
Verleiden 15

Welpenauswahl

Ihren Welpen sollten Sie aus einer anerkannten Leistungszucht wählen. Dazu setzen Sie sich am besten mit dem Zuchtverein der bevorzugten Rasse in Verbindung und holen sich Rat, welche Zwinger zur Zeit in Frage kommen.

So haben Sie von vornherein eine gewisse Sicherheit, einen Hund mit den gewünschten Anlagen zu bekommen. Überhaupt sollten Sie dann auch entweder Mitglied in dem Zuchtverein dieser Rasse werden oder sich einem rasseunabhängigen Jagdgebrauchshundverein anschließen. Dort erhält

Schon bei der ersten Begegnung entsteht oft spontan eine gewisse Sympathie zwischen dem Welpen und dem Führer. „Liebe auf den ersten Blick" ist bei der Auswahl nicht selten.

Der Welpe, den Sie im Auge haben, sollte sich durch den stärksten Beutetrieb und die größte Unbefangenheit auszeichnen.

Wie ein Welpe reagiert, wenn man z. B. unvermittelt laut in die Hände klatscht, kann ganz aufschlussreich sein – überbewerten sollte man solche „Tests“ jedoch nicht.

gerade der Erstlingsführer viele wertvolle Tipps.

Zu empfehlen ist weiterhin, sich schon in der so genannten „Prägungsphase“ der Welpen (vierte bis siebte Woche) mit dem Züchter in Verbindung zu setzen. „Ihren“ Welpen suchen Sie sich aber selbst aus. Entscheidend scheint mir, dass man – meist spontan – sehr schnell eine besondere Beziehung und Sympathie zu einem der kleinen Vierläufer entwickelt. „Liebe auf den ersten Blick“ ist bei der Auswahl nicht selten.

Aber auch der (Reiz-)Angel sollte man sich ruhig schon einmal bedienen. Für diesen Zweck genügt ein Stück Kaninchenbalg, das Sie an einer Schnur kreisen lassen. Der Welpe, den man im Auge hat, sollte den stärksten Vorwärts- und Beutetrieb, den längsten Durchstehwillen, die größte Passion und „Arbeitsfreude" zeigen, obwohl sich im Laufe der Entwicklung noch sehr viel ändern kann.

Hinzu kommt noch, dass „Ihr Favorit" auch eine für ihn plötzliche akustische oder optische Überraschung schnell überwinden sollte, wenn man z. B. unvermittelt laut in die Hände klatscht. Dies kann ein Zeichen für das feste Wesen eines Welpen sein, ohne dieses Hilfsmittel allerdings überbewerten zu wollen.

Ob Rüde oder Hündin, hat später für die Führung und jagdliche Praxis kaum eine Bedeutung, da sollte man lediglich seinem ganz persönlichen Geschmack folgen.

Wenn es möglich ist und der Züchter nichts dagegen hat, spielen Sie schon früh bei jeder passenden Gelegenheit ein wenig mit den Welpen, insbesondere mit Ihrem. „Hautkontakt" ist wichtig! Lassen Sie sich also ruhig die Hand lecken und sich bewinden. Dann knüpft sich häufig schon langsam der Faden, der später bei der Ausbildung so wichtig ist.

Abholen des Welpen

Im Alter von acht Wochen, zu Beginn der Sozialisierungsphase (achte bis zwölfte Woche) also, kommt nun in der Regel für die Welpen die Trennung von der gewohnten Umgebung, den Geschwistern und der Mutterhündin. Dann folgen für den Zögling schwere Stunden.

Deshalb sollten Sie nach Möglichkeit Ihren Welpen selbst vom Züchter abholen. Stecken Sie den jungen Hund aber auf keinen Fall in eine Kiste oder verstauen ihn gar allein irgendwo in Ihrem Fahrzeug. Besser ist, Sie setzen ihn in eine große offene Tasche zu Ihren Füßen oder nehmen ihn gar liebevoll auf den Schoß. Machen Sie Ihrem Welpen den ersten Kontakt mit dem Auto so angenehm wie möglich. Reden Sie beruhigend auf den kleinen Kerl ein, streicheln Sie ihn, pflegen Sie Hautkontakt.

Tipp

Der Welpe gehört nicht in den Kofferraum des Autos oder in einen dunklen Behälter, wenn er abgeholt wird! Er braucht jetzt viel Hautkontakt, Körperwärme und die Nähe seiner Bezugsperson. Dann kann er die Trennung von seiner bisherigen vertrauten Umgebung leichter überwinden, aus der er so abrupt genommen wurde.

Ihr Welpe braucht Sie jetzt – gerade die ersten Stunden und Tage nach dem Absetzen von der Hündin und dem Eingewöhnen in eine völlig fremde Umgebung sind für Ihren Hund eine riesige Umstellung! Eine Vielzahl von neuen Eindrücken stürmt auf ihn ein: die unbekannten Personen, das Auto, die Wohnung, Einrichtungsgegenstände und die fremde Umgebung. Besonders die empfindliche Hundenase nimmt auch schon im Welpenalter für sie gravierende und beeindruckende Dinge

Enger Hautkontakt und Nestwärme sind für den Welpen auf der ersten Fahrt in die „Fremde“ wichtig.

wahr, an die ein Mensch oftmals nicht denkt.

Vergessen Sie auch nicht, mit dem Züchter darüber zu sprechen, was er gefüttert hat. Die Umstellung für Ihren Welpen ist nicht so groß, wenn er zu Anfang das gewohnte Futter bekommt.

In den nun folgenden Tagen und Wochen sucht und braucht Sie Ihr Welpe als Bezugsperson, als „Rudelführer", gerade in der so genannten Rangordnungsphase von der 13. bis 16. Woche. Sein Sozialverhalten richtet sich nach Ihnen aus. Durch Hinhocken vor dem kleinen Vierläufer verringert sich aus dessen Perspektive der gewaltige Größenunterschied zur Bezugsperson. Das hilft Vertrauen schaffen.

Bereits jetzt sind die ersten kleinen Erziehungsmaßnahmen geboten, auf die später näher eingegangen wird. Widmen Sie Ihrem Hund deshalb viel Ihrer Zeit, überlassen Sie ihn nicht nur Ihrer Familie und stecken Sie ihn nicht allein in den Zwinger! Nicht die Erbanlagen sind oft schuld am späteren Versagen so mancher Hunde, sondern häufig die nicht richtig genutzte Jugendzeit. Denn gerade in den ersten etwa 16 Lebenswochen eines Welpen vollzieht sich ein sehr intensiver, sensibler Lern- und Reifeprozess, der gleichzeitig mit raschem Wachsen einhergeht. Diese Entwicklungsvorgänge, die in erster Linie nur im Spiel mit etwa gleichaltrigen Artgenossen zu Stande kommen, müssen in dieser Zeit genutzt werden. Was der Welpe in dieser Zeit nicht lernt, kann er niemals mehr nachholen – so jedenfalls die Forschungsergebnisse von Eberhard Trumler, dem bekannten Hundeforscher und Schüler von Konrad Lorenz. Ihm verdanken wir im Übrigen viele Erkenntnisse, die heute bei der Hunde-, insbesondere aber Welpenfrüherziehung fast selbstverständlich sind.

Seit Jahren führen Jagdgebrauchshund- und Zuchtvereine so genannte Welpenspieltage durch. Man kann nur jedem Welpenbesitzer empfehlen, mit seinem Welpen an diesen Spieltagen teilzunehmen oder selbst zu versuchen, solche Welpenspieltage zu organisieren.

Schließlich ist es auch ratsam, mit dem jungen Hund einen Tierarzt aufzusuchen, allein schon, um die nächsten Impftermine abzustimmen.

Der Welpe im Haus

Behalten Sie Ihren Welpen in der ersten Zeit nach Möglichkeit überwiegend im Hause, auch wenn Sie sich grundsätzlich für die Zwingerhaltung entschieden haben, der nicht immer der Vorzug zu geben ist. Wichtig ist zunächst ein zugfreier, ruhiger Liegeplatz, z. B. in der Flurecke, wo Ihr Zögling Ruhe findet und seinem noch großen Schlafbedürfnis nachkommen kann.

Ein Stück einer ausgedienten Sauschwarte oder eine Filzmatte nimmt der Welpe gern an. Führen Sie ihn immer wieder zu seinem Lager mit dem Zuspruch „Platz", erforderlichenfalls drücken Sie ihn dort nieder. Machen Sie ihm seinen Platz so angenehm wie

Ein fester zugfreier Liegeplatz ist wichtig, falls man sich dafür entschieden hat, den Welpen überwiegend im Haus zu halten.

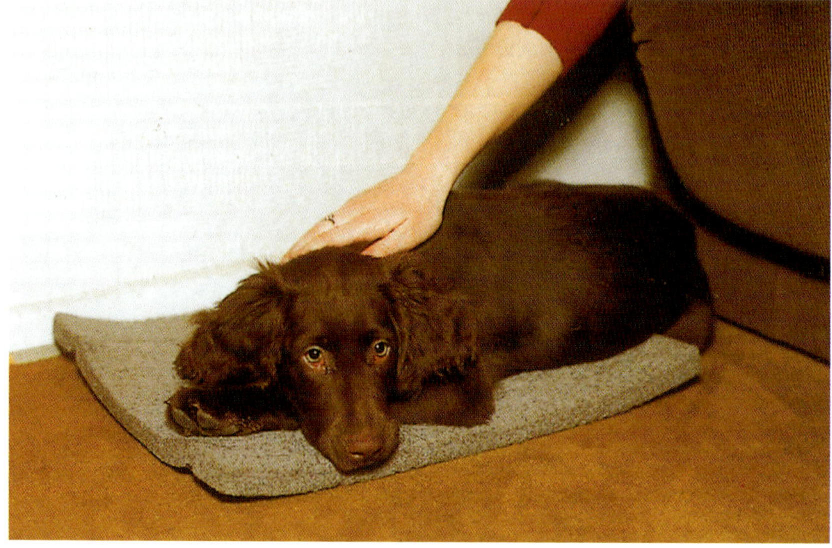

Wenn man den Welpen immer wieder zum Lager führt und mit einem Zuspruch wie „Platz“ erforderlichenfalls niederdrückt und durch Lob belohnt, wird er bald lernen, was er soll.

möglich, loben Sie ihn dort, geben Sie ihm dort ab und zu ruhig auch einen Futterbrocken.

Ihr Welpe muss nun auch lernen, stubenrein zu werden. Zunächst etwa alle zwei Stunden, sofort nach dem Aufwachen und jeweils kurze Zeit nach dem Fressen muss er ins Freie gebracht werden.
Dazu wird er auf dem Arm getragen. So besteht kaum Gelegenheit, dass auf dem Weg dorthin noch ein Missgeschick passiert. Wichtig ist, dass Sie ihn immer wieder an derselben Stelle, z. B. auf dem Rasen, absetzen. Die Wittrung dort macht ihm bald klar, was er soll.

Im Übrigen dürfen Sie Ihren Welpen in der ersten Zeit so gu wie nie unbeobachtet lassen. Bringen Sie ihn beispielsweise mit der Frage „Musst du raus?" immer dann schnell ins Freie, wenn er beginnt, unruhig im Zimmer umherzusuchen. Je mehr Sie ihren Welpen in dieser Zeit beaufsichtigen, desto eher und gründlicher wird er stubenrein.

Passiert es doch einmal, strafen Sie ihn nicht gleich! Verwittern Sie die Stelle mit einem scharfen Desinfektionsmittel.

Fehlt Ihnen die Zeit zur ständigen Beobachtung, setzen Sie Ihren Welpen in eine kleine Kiste, aus der er allein nicht heraus kann. Sein Lager darin wird er selten beschmutzen. Sie müssen Ihren Zögling allerdings auch dann regelmäßig alle zwei bis drei Stunden ins Freie tragen, zumindest in den ersten Tagen.

Bieten Sie Ihrem Welpen nicht nur schluckgerechtes Futter, wie es der Handel anbietet. Reichen Sie ihm auch regelmäßig Fleischstücke, die er lustbetont beuteln, selbständig greifen und alsdann abschlucken kann. Denn dieses instinktive Beuteln „seiner Beute" ist ein Vortraining für das spätere schnelle Töten eines kranken Stückes. Und dazu muss dem Welpen frühzeitig und ausreichend Gelegenheit gegeben werden.

Nicht führen, sondern tragen sollte man den Welpen, wenn er mal 'raus muss, dann besteht keine Gelegenheit, dass ihm auf dem Weg zur Tür noch ein Missgeschick passiert.

Es fördert den Kontakt, wenn man sich oft mit dem Welpen beschäftigt. Beim Spiel erscheint man dem kleinen Kerl nicht so riesig, wenn man sich auf seine „Hundebene“ begibt.

Herstellen der Vertrauensgrundlage

Anlässlich der regelmäßigen Fütterung, die bis zum Alter von zehn Monaten grundsätzlich zweimal am Tag erfolgen sollte, später dann nur noch einmal, und zwar möglichst abends, lernt Ihr Hund seinen Namen und das Hörzeichen „Hier“ oder „Komm“. Benutzen Sie aber immer ein und dasselbe Wort, stets dasselbe Kommando!

Suchen und fördern Sie den Kontakt mit Ihrem Welpen so oft es nur irgend geht. Erscheinen Sie dem kleinen Kerl anfänglich dabei aber nicht als „Riese“. Besser ist, Sie setzen oder legen sich auf den Boden, machen sich also klein, sprechen zu ihm – und spielen ausgiebig mit Ihrem jungen Hund.

Drängen Sie sich ihm aber auf keinen Fall auf; der Hund muss von sich aus kommen. Dazu ist manchmal etwas Geduld erforderlich. Aber mit Futterbrocken lässt er sich bestimmt auch locken.

Jetzt können Sie auch allmählich damit beginnen, den Welpen an Halsung und Leine zu gewöhnen. Verzweifeln Sie aber nicht gleich, wenn er zunächst wie wild hin und her springt, sich gegen die Leine stemmt oder sich gar hinlegt. Sprechen Sie beruhigend auf ihn ein. Am besten ist, Sie leinen ihn erst dann an, wenn er ausreichend Auslauf hatte, also müde ist. Der Hund wird dann in aller Regel weniger Widerstand entgegensetzen und bald verknüpfen, dass „Leine" „Ausgehen" bedeutet.

Nach gemeinsamen Erlebnissen bei ausgiebigem Spiel oder nach Spaziergängen sollten Sie hin und wieder auch gemeinsam mit Ihrem Welpen ruhen, nicht gerade auf dem Sofa, wohl aber auf der Liege im Garten, den Welpen in den Armen. Dieses gemeinsame Ruhen ist für Ihren Welpen eine Belohnung besonderer Art, es schafft Vertrauen und ist im hohen Maße Partner bildend. Der Welpe braucht auch gerade in dieser Zeit diese Geborgenheit, diese „Nestwärme". Die Zeit für diese besondere Zuwendung sollten auch Sie sich als fürsorglicher Welpenbesitzer nehmen.

Verleiden

Jeder Welpe neigt dazu, so ungefähr alles zu beknabbern, was ihm in den Weg kommt. Er macht sogar vor Teppichen, Tischbeinen, Schuhen usw. nicht Halt. Diese Unart und was sonst noch allgemein unerwünscht ist, müssen Sie Ihrem Zögling von Anfang an mit einem strengen „Pfui" verleiden. Ein leichtes Schütteln oder Beuteln am Nackenfell ist für ihn ebenfalls recht unangenehm, weil es demütigend ist. Ebenso macht der so genannte „Über-den-Fang-Griff" dem Hund in artgerechter Weise unser Drohverhalten deutlich.

Wenn auch diese Mittel nicht helfen sollten, kann er ruhig mal einen kleinen Klaps vertragen. Wunder wirkt hier eine zusammengefaltete Zeitung, mit der Sie ihm den Klaps

Der Welpe wehrt sich anfänglich dagegen, wenn man ihm mit Halsung und Leine seine Freiheit einengt. Schnell aber verknüpft er „Leine" mit „Ausgehen", und die Sache schlägt ins Gegenteil um.

Jeder Welpe knabbert an allen möglichen, oft wertvollen Gegenständen im Haushalt. Um ihm dies von Anfang an zu verleiden, kann er ruhig einen Klaps mit der zusammengefalteten Zeitung vertragen.

geben. Nie sollten Sie dazu seine Leine oder gar Ihre Hand nehmen! Hunde, die mit der Hand gemaßregelt werden, können handscheu werden.

Ihr Hund muss aber sein natürliches Kau- und Knabberbedürfnis stillen können. Überlassen Sie ihm dazu aber nicht aus Bequemlichkeit z. B. Ihren alten Schuh: Er wird sich nicht auf diesen einen beschränken, denn er kann nicht unterscheiden, welcher neu oder alt ist. Größere Kalbsknochen sind da am besten.

Sollte der kleine Kerl trotz allem nicht von Ihren Schuhen ablassen, versuchen Sie es mal mit einer Mause-

Tipp

Meiden Sie beim Verleiden den so genannten scharfen Blick. Das feste, fixierende Anblicken von Auge zu Auge gilt unter Hunden – wie bei den Wölfen – als Drohgebärde. So wird es dann auch der Welpe auffassen.
Seine Selbstsicherheit könnte dadurch bleibenden Schaden nehmen und eine tiefe Verunsicherung gegenüber seinem Partner Mensch eintreten. Der Blickkontakt, der später bei vielen Arbeiten des Hundes erforderlich ist, muss daher langsam, schrittweise – anfänglich nur mit streifenden Blicken – und stets in entspannter Atmosphäre aufgebaut werden.

falle, die Sie in einen Schuh fängisch stellen. Das überraschende Zuschlagen der Falle und ein zusätzliches „Pfui" werden ihre Wirkung nicht verfehlen. Die Mausefalle hilft auch, ihm abzugewöhnen, vom Tisch zu naschen. Überhaupt gehört der Hund bei den Mahlzeiten auf „seinen" Platz, und in der Küche hat er eigentlich nichts zu suchen.

Hilft das nicht, wirkt eine aufgestellte Mausefalle, deren plötzliches Zuschlagen ihm diese Unart verleidet. Nie sollte man den Welpen mit der Hand strafen!

Fördern jagdlicher Anlagen, Heranführen an spätere Aufgaben

18 ▸ *Futterschleppe*
20 ▸ *Vorübungen zum Bringen*
22 ▸ *Übungsangel*
24 ▸ *Reviergang*
27 ▸ *Der erste Schuss*
29 ▸ *Gewöhnung an das Wasser*
33 ▸ *Die erste Schweißarbeit*

Futterschleppe

Ihr Welpe muss lernen, frühzeitig seine Nase zu gebrauchen. Hier hilft die Futterschleppe. Ziehen Sie dazu ein Stück Fleisch (z. B. Rinderpansen) zunächst nur wenige Meter – später länger – bis zur Futterschüssel und setzen Sie den Welpen am Beginn der Duftspur an.

Nach einigen vergeblichen Versuchen wird er sich bald bis zur Futterschüssel „hingeschnuppert" haben. Er erkennt rasch, dass ihn der Gebrauch seiner Nase zum Futter führt. Wiederholen Sie dies täglich zur Futterzeit, verändern Sie stets die Richtung und steigern Sie langsam die „Stehzeit".

So angeleitet, wird er nicht selten auch von selbst mancherlei Duftspuren folgen, und zwar mit tiefer Nase. Und dies war unser Lernziel. Nun hat es Ihr Zögling künftig sowohl bei den Schleppen als auch bei der Schweißarbeit leichter, die Schleppe oder die Fährte regelmäßig zu arbeiten.

Früh übt sich, wer ein Meister werden will. Die Futterschleppe ist eine gute Hilfe, den Welpen an den Gebrauch seiner Nase zu gewöhnen.

Später decken Sie die Futterschüssel am Ende der Futterschleppe mit einer Wilddecke ab und animieren den jungen Hund zum Lautgeben.

Bald verknüpft er, dass Zur-Decke-Finden und Verbellen mit Futter belohnt werden, dann arbeitet er sich freudig mit der Nase „zum Stück“.

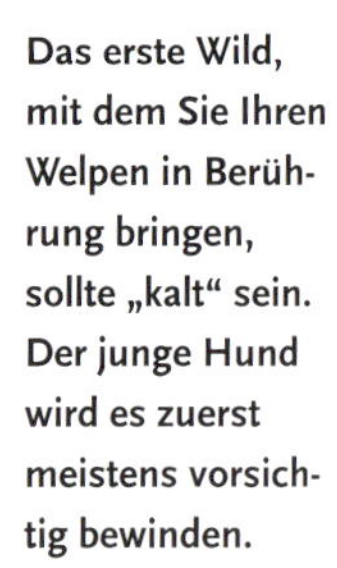

Das erste Wild, mit dem Sie Ihren Welpen in Berührung bringen, sollte „kalt“ sein. Der junge Hund wird es zuerst meistens vorsichtig bewinden.

Später, insbesondere dann, wenn sich zeigt, dass Ihr Hund einen lockeren Hals hat, decken Sie die Futterschüssel z. B. mit einer Rehdecke ab und fordern den Welpen auf, Laut zu geben. Benutzen Sie dabei auch ein Sichtzeichen. Fassen und Herumzerren der Decke unterbinden Sie mit einem „Schone“. Der Welpe wird bald so lange Laut geben, bis Sie die Futterschüssel abdecken.

Hat er auch dies begriffen, was bei stetigem Wiederholen rasch geht, brauchen Sie keinen Napf mehr darunter zu stellen. Erreicht ihr Welpe die Rehdecke über die Futterschleppe, lassen Sie ihn Laut geben, loben ihn und reichen ihm seinen Lieblingsfutterbrocken. Damit haben Sie den ersten Grundstein für das Totverbellen gelegt. Doch bis dahin muss er noch viel lernen, das ist ein weiter Weg.

Vorübungen zum Bringen

Führen Sie Ihren Welpen frühzeitig an kaltes Raubwild heran, zum Beispiel an Marder, Iltis, vielleicht auch Jungfuchs (Impfung des Welpen!), Elster oder Rabenkrähe, später erst an Nutzwild. Er wird sich zunächst vorsichtig „anschleichen“ und das Stück bewinden. Für die Bewältigung der späteren Aufgaben ist es wichtig, dass der Welpe so früh wie möglich mit erlegtem, kaltem Wild in Berührung kommt. Dies sollte stets Wild mit scharfer, stechender, dem Hund wenig angenehmer Wittrung sein. Er fasst in diesem Alter meistens problemloser als später.

Gleichzeitig beginnen Sie damit, die Bringfreude Ihres Welpen zu wecken und anzuregen und ihn „in Form“ zu bringen. Dies wird erleich-

Wenn Sie es dann bewegen, wird der Welpe zum Fassen angeregt, eine eventuelle Hemmschwelle so problemlos überwunden ...

... und das Stück möglicherweise angenommen.

Tipp

Lob ist wichtig, muss aber sparsam dosiert werden. Lob gibt es immer nur nach guter Arbeit! Denn es hat stets eine verstärkende und fördernde Wirkung des vorausgegangenen Verhaltens. Der Hund kann nicht die guten und schlechten Teile einer Arbeit unterscheiden. Falsch eingesetzt, bestärkt Lob den Hund also auch in einem eigentlich unerwünschten Tun.

tert, wenn sich das Wild, das er greifen soll, bewegt. Binden Sie also beispielsweise ein Stück Raubwild an einen Bindfaden und ziehen Sie es hinter sich her – dem Reiz, etwas „Lebendiges“ zu greifen, wird Ihr Hund kaum widerstehen. Er wird es fassen, vielleicht sogar beuteln, und seine Beute tragen.

Locken Sie ihn nun zu sich heran, nehmen Sie ihm das Stück ab und wechseln Sie auch die Wildart. Der Welpe wird so angeregt zu greifen, zu beuteln, zu tragen, auch schon einmal zu bringen und ein wenig seine Nase zu gebrauchen.

Auch mit weiteren Vorübungen des „Apports“ können Sie schon beginnen. Leinen Sie Ihren jungen Hund an, lassen ihn mit leichtem Druck auf die Hinterhand „Sitz“ machen, werfen das Stück Wild wenige Meter vor sich hin, halten den Hund aber noch einige Augenblicke zurück und lassen ihn dann auf „Apport“ losstürmen.

Sobald er das Stück aufgenommen hat, ziehen Sie den angeleinten Welpen schnell zu sich heran, lassen ihn (mit Hilfe) „Sitz“ machen und nehmen ihm das Stück mit „Aus“ ab. Loben Sie ihn, aber sparsam.

Übungsangel

Voraussetzung für eine gute Entwicklung Ihres Welpen ist viel Bewegung unterschiedlichster Art. Hier hilft die Übungsangel, ein einfaches Gerät mit großer Wirkung. Ein etwa drei Meter langer Stock mit annähernd gleich langer Schnur, an deren Ende Sie einen Balg oder Deckenfetzen befestigen, ist einfach herzustellen und auch im Garten gut einzusetzen. Es empfiehlt sich allerdings, das „Greifobjekt“ häufiger zu wechseln.

Halten Sie den Balg vor Ihren Welpen, lassen Sie ihn kreisen, stoppen ihn, bringen Sie ihn in Gegenrichtung, dann wieder kreisen lassen ... und so fort. Ihr Welpe wird versuchen zu folgen, er vollzieht zwangsläufig die unterschiedlichsten Bewegungsabläufe: Er rennt, springt, stoppt, verharrt und wendet – alles natürliche Bewegungen, ein gutes Training.

Lassen Sie ihn aber nach einiger Zeit stets den Balg greifen – denn „Sieger“ muss letztendlich Ihr Hund bleiben. Das stärkt nicht nur sein Selbstvertrauen, sondern er lernt auch, dass Ausdauer zum Erfolg führt.

Gleichzeitig muss er aber auch schon das „Aus“-Geben lernen, was in diesem Alter nicht immer einfach ist. Mit leichtem Zwang – soweit überhaupt erforderlich – wird es auch bei Ihrem Hund zu erreichen sein; denn das Ausgeben trägt gleichzeitig zur Herstellung

Die Übungsangel ist ein einfaches, aber vielseitiges Hilfsmittel mit großer Wirkung. Sie bringt den jungen Vierläufer zum Verharren (Vorstehen), zum Verfolgen, zum Greifen und zum Bringen.

Die Rangordnung zwischen Führer und Hund wird gefestigt, und natürliche Bewegungen trainieren den jungen Hund – auch im Garten.

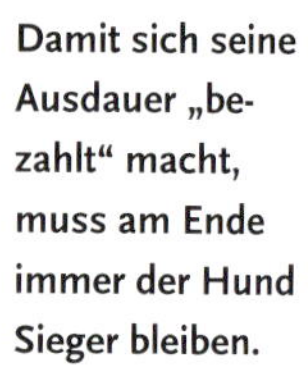

Damit sich seine Ausdauer „bezahlt“ macht, muss am Ende immer der Hund Sieger bleiben.

und Festigung der richtigen Rangordnung zum Hundeführer bei.

Nachdem Ihr Hund den Balg gegriffen hat, ziehen Sie ihn unter dem Kommando „Hier“ zu sich heran, lassen ihn „Sitz“ machen, wobei Sie ihm natürlich noch helfen, indem Sie ihm die Hinterhand hinunterdrücken, und auf „Aus“ nehmen Sie ihm – notfalls unter leichtem Druck auf die Lefzen – den Balg ab. Dies alles läuft noch spielerisch und ohne Ausbildungszwang, aber konsequent und stets in derselben Reihenfolge ab.

Verleiten Sie Ihren Zögling immer wieder zum Hetzen, Greifen, Verharren (Vorstehen!), loben ihn dann mit „Ruhe“. Sie fördern so schon rechtzeitig den Hetztrieb, das Greifen, Ausgeben, später das Vorstehen, den Gehorsam und vor allem das „Down“, eine der wichtigsten Übungen überhaupt, die Ihr Hund auch zu seiner eigenen Sicherheit noch lernen und beherrschen muss!

Übertreiben Sie aber dieses Training nicht; üben Sie lieber einmal öfter und stets nur kurze Zeit.

Reviergang

Mit seiner Umwelt und der Natur, also mit Wald, Feld, Wasser und Wild, müssen Sie Ihren Welpen frühzeitig vertraut machen. Dazu nehmen Sie ihn so oft wie möglich mit auf Ihre Reviergänge. Dies kann ab der elften bis zwölften Woche geschehen – aber nicht gleich Gewaltmärsche vollführen, denn der Junghund ermüdet schnell!

Bei diesen Reviergängen darf er nicht vollgefressen sein; sein Futter bekommt er erst danach. Anfangs sollte Ihr Zögling ruhig frei laufen und sich den vielen Sinnesreizen, die

Nehmen Sie Ihren Welpen frühzeitig so oft es geht mit ins Revier. In der so genannten Rudelordnungsphase muss der Junghund annähernd alle Dinge kennen lernen, die er später tun soll.

da draußen auf ihn einstürmen, hingeben dürfen. Noch darf er fröhlich dem forthüpfenden Vogel nachspringen, denn auch dies weckt seinen Fangtrieb.

Bei den Pirschgängen wird er Eindrücke sammeln und Erfahrungen machen, die sich Anlage weckend, Anlage fördernd und prägend auf ihn auswirken.

Ist der Hund etwa drei Monate alt, können Sie ihn auch schon an die erste warme Hasensasse heranführen. Welch eine Wittrung, welch ein Reiz! Lassen Sie ihn gewähren, auch der Spur an langer Leine folgen. Nehmen Sie also häufiger die Gelegenheit wahr, Ihren Welpen mit der Nase die Spur des nicht sichtigen Hasen ein Stück an der Feldleine „arbeiten“ zu lassen.

Bedenken Sie, dass Ihr Hund in der so genannten Rudelordnungsphase (fünfter bis sechster Monat) fast alles kennen lernen muss, was er später machen soll! So muss er jetzt auch bereits auf der ersten kleinen „Schleppe“ suchen. Ein Helfer zieht dazu ein Stück Raubwild an einer Schnur ein kurzes Stück außer Sichtweite. Sie setzen den Hund am Schleppenbeginn an und lassen ihn an langer Leine folgen. Das Stück soll er greifen und aufnehmen. Sofort danach ziehen Sie Ihren Hund zu sich heran. Ausgeben – Lob!

Bei all diesen Vorübungen gibt es (noch) keinen Ausbildungszwang; alles läuft spielerisch ab. Dabei lenken und leiten Sie Ihren Zögling noch, bleiben aber konsequent – ernst wird es erst später.

Gehen Sie bei den ersten Reviergängen mit dem Welpen schon einmal an eine warme Hasensasse.

Dann lassen Sie den Welpen die Hasenspur an der langen Feldleine ein Stück weit „arbeiten".

Auch die erste kleine Schleppe sollte der Hund schon frühzeitig gelegt bekommen. Wie auch auf der Hasenspur, bleibt er in diesem Alter natürlich auch auf der Schleppe an der langen Leine.

Der erste Schuss

An den Schussknall muss sich Ihr Junghund nun auch gewöhnen. Besser noch ist es, wenn dies bereits im Alter von acht bis neun Wochen geschieht, also wenige Tage, nachdem Sie ihn vom Züchter übernommen haben und er sich eingewöhnt hat. Gehen Sie aber mit Umsicht vor.

Je eher man den Welpen an den Schussknall gewöhnt und je umsichtiger man dabei vorgeht, um so weniger kann es unliebsame Überraschungen geben, die später oft schwer zu beheben sind.

Entfernt sich der junge Hund im Revier zu weit von Ihnen, dann verstecken Sie sich – er wird Sie schon auf Ihrer Spur suchen und finden.

Den ersten „leisen" Schuss gibt ein Helfer aus 80 bis 100 Metern Entfernung ab, während Sie mit Ihrem Hund spielen. Reagiert Ihr Welpe ängstlich, lenken Sie ihn sofort ab und wiederholen die Übung am nächsten Tag. Beeindruckt ihn der Knall nicht oder nur gering, lassen Sie die Schussabgabe wiederholen und verkürzen langsam den Abstand zwischen Hund und Schützen. Nach zwei bis drei Schüssen brechen Sie die Übung ab und setzen sie am nächsten Tag fort.

Wenn Sie die erste Zeit mit dem Welpen ins Revier gehen, wird der kleine Kerl sich meist noch dicht bei Ihnen aufhalten. Aber bald schon hat er seinen Aktionsradius erweitert – er wird selbstbewusster, selbstsicherer. Prescht er zu weit voraus, gehen Sie in Deckung, verstecken Sie sich.

Ihr Hund wird nach anfänglichem planlosen Herumrennen bald die Nase herunternehmen, da er das von der Futterschleppe her ja schon kennt, Sie auf Ihrer Spur suchen und finden. Liebeln Sie ihn kurz ab und wiederholen Sie die Übung öfter. Er wird so lernen, sich nicht zu weit von Ihnen zu entfernen, und häufig Blickkontakt aufnehmen und halten.

Damit wird der Grundstein für jene sehr erwünschenswerte Verhaltensweise gesetzt, die wir „Führigkeit" nennen.

Aus Ihren gemeinsamen Erkundungen im Revier, insbesondere wenn sie lustbetont sind und Erfolgserlebnisse bringen, erwächst ein starkes Zusammengehörigkeitsgefühl, mit eine Voraussetzung für die Zweiermeute „Mensch – Hund". Vermeiden Sie auch ständige Kontaktrufe zum Welpen, wenn er sich mal etwas weiter entfernt. Dadurch würden Sie ihn nur davon entbinden, sich selbst nach Ihnen zu richten, sich zu orientieren.

Gewöhnung an das Wasser

An das nasse Element sollten Sie Ihren Hund schon in früher Jugend heranführen, am besten bald, nachdem Sie ihn vom Züchter übernommen haben, also schon in der neunten bis zehnten Woche. Das Wasser darf nicht zu kalt sein (mindestens etwa zehn Grad Celsius), die Luft natürlich auch nicht. Je früher Sie den Welpen mit dem feuchten Element bekannt machen, desto problemloser wird er damit vertraut werden.

Gehen Sie mit Ihrem jungen Hund in die Nähe eines Gewässers, lassen ihn frei laufen, nähern sich dem Ufer, gehen daran entlang und stapfen schließlich selbst spielerisch durchs flache Wasser. Ihr Welpe wird dicht bei Ihnen bleiben, hat so seine erste Berührung mit diesem Element, und keine Scheu kommt davor auf.

Einfacher ist es noch, Sie bemühen einen Freund mit seinem älteren Ge-

Tipp

Auch die Übungsangel, die Ihrem jungen Hund schon viel natürliche Bewegung verschafft hat, kann für die Überwindung der Scheu vor dem Wasser eine große Hilfe sein. Schwenken Sie beispielsweise einen Entenflügel zunächst am Ufer entlang, lassen Sie Ihren Hund hier ruhig einige Male greifen, dann ziehen Sie den Lockgegenstand über das seichte Wasser, der Hund wird nachsetzen, und schon ist er im Wasser. Eine Scheu kommt so gar nicht erst auf!

Wenn Sie selbst ins flache Wasser gehen, wird Ihnen der Welpe in aller Regel spielerisch folgen.

Noch einfacher ist es mit einem älteren, „fertigen" Hund. Wenn der ins feuchte Element geht, wird es für den Junghund kaum ein Halten geben. Weil genügend Ablenkung vorhanden ist, kommt Scheu dann gar nicht erst auf.

Die Übungsangel und ein daran befestigter Lockgegenstand haben, wie wir wissen, großen Anreiz auf den Welpen. Er möchte jagen, packen, greifen. Das nutzen wir für die ersten Berührungen mit dem nassen Element und werden dann wenig Probleme haben, ihn ans Wasser zu gewöhnen.

Tipp

Befördern Sie Ihren Hund niemals unter Zwang, also z. B. mit Hilfe einer Endlosleine, ins Wasser oder werfen ihn gar in das nasse Element. Sie erreichen damit regelmäßig nur eines – einen zunehmend wasserscheuen Hund. Den Hund an das Wasser zu gewöhnen, erfordert eben Fingerspitzengefühl, viel, sehr viel Geduld und eine Menge Zeit. Mit Gewalt läuft bei der Hundeausbildung überhaupt nichts! Aber die Vertrauensgrundlage, die Sie aufgebaut haben, die können Sie damit zerstören.

brauchshund. Lassen Sie beide Vierläufer – die miteinander vertraut sein sollten – eine Zeitlang am Ufer stöbern. Ihr Welpe wird dem älteren Hund meist folgen, zunächst ins Schilf, dann unvermittelt ins Wasser, insbesondere dann, wenn der „fertige" Hund schwimmt und etwas aus dem Wasser apportiert. Dieser Anreiz hält Ihren Zögling normalerweise dann nicht mehr am Ufer, und er stürmt dem anderen Hund hinterher.

Besonders in der kälteren Jahreszeit dürfen Sie nie das Trockenreiben Ihres Hundes mit einem saugfähigen Tuch vergessen.

Hier nutzen wir das so genannte Nachahmen. Denn mit der sehr hohen Lernbereitschaft der Welpen, insbesondere bis zum Alter von 16 Wochen, geht auch ein starker Spiel- und Erkundungstrieb einher, aber auch ein ausgeprägter Nachahmungstrieb. Dieser Drang des Welpen, Verhaltensweisen der Eltern oder eines anderen, erfahrenen, dem Welpen vertrauten Hundes nachzuahmen, ermöglicht es ihm, bestimmte Verhaltensweisen zu übernehmen, ohne selbst erst die notwendigen Erfahrungen sammeln zu müssen.

Dem Vorbild des älteren, ihm vertrauten Hundes folgend, wird er mit aller Selbstverständlichkeit und ohne Angst in das nasse Element gehen. So hat sich dann auch sehr häufig gezeigt, dass ein im Welpenalter an das Wasser herangeführter Hund zeitlebens ein wasserfreudiger, erfolgreicher Jagdhelfer sein wird.

Hilft dies nicht, will Ihr Zögling tatsächlich nicht freiwillig ins Wasser, dann gehen Sie mit ihm hinein, machen Sie es ihm einfach vor. Der Welpe wird folgen, und wenn Sie ihn dann ausgiebig loben, verknüpft er das feuchte Element bald mit nichts Bösem.

Nach jeder Wasserarbeit müssen Sie Ihrem Hund Gelegenheit geben, sich warm und trocken zu laufen: Besser noch reiben Sie ihn mit einem stark saugfähigen Tuch, wie sie der Fachhandel vorhält, trocken. Dies ist besonders in der kalten Jahreszeit wichtig, denn leicht kann er sonst eine Unterkühlung erleiden, die seine Gesundheit gefährdet.

Sperren Sie ihn nie nass und kalt ein, beispielsweise in einen kühlen Zwinger!

Die erste Schweißarbeit

Auf den kleinen Schleppen hat Ihr Hund den Gebrauch seiner Nase gelernt. Nun muss Ihr Zögling mit seiner Arbeit auf der künstlichen Wundfährte beginnen, spätestens aber dann, wenn er anfängt, die kleinen Schleppen hastig und unkonzentriert zu arbeiten. Die Arbeit auf der Schweißfährte fordert von ihrem jungen Hund Genauigkeit, Ruhe und Konzentration – und Ruhe und nochmals Ruhe auch von Ihnen!

Die erste Schweißfährte müssen Sie Ihrem Hund „versüßen". Nun, ab der 13. bis zur 16. Woche, muss sie für ihn interessant und angenehm sein. Mit Ausnahme der Hasenspur haben Sie Ihren Zögling bisher nur an Wild mit „unangenehmer" Wittrung herangeführt, jetzt bieten Sie seiner Nase „liebliche" Wittrung an.

Das Gescheide eines Kanin oder Hasen legen Sie einen Tag in Rinderblut. Damit wird dann die Schweißfährte getupft. Geizen Sie aber nicht mit dem Blut. Zunächst genügen 20 bis 30 Meter, in der Folgezeit wird die Strecke länger, das Blut weniger und die Stehzeit stetig gesteigert.

Später sollte eine Schweißfährte mindestens drei bis vier Stunden stehen, bevor der Hund angesetzt wird. Bei kürzeren Stehzeiten würde er der Duftspur, die ja durch die Bodenverletzung und die menschliche Wittrung zusätzlich verstärkt wird, mühelos, ja ohne die geringste Anstrengung folgen. Dies aber könnte eine Abstumpfung seines Geruchsinnes auf der Schweißfährte bewirken. Feinste Duftpartikel würde er nicht mehr berücksichtigen; denn er konnte ja nicht lernen, seine Nase darauf einzustellen.

Die Schweißarbeit sollte immer in der gleichen Reihenfolge ablaufen: Der Hund wird in einigen Metern Entfernung abgelegt, Sie untersuchen ausgiebig den Anschuss und wecken so das Interesse Ihres Zöglings.

Stellen Sie die Schweißarbeit zunächst auch an den Anfang einer Übungsstunde, und lassen Sie die Arbeit immer in derselben Reihenfolge ablaufen: Einige Meter vor dem Anschuss legen Sie Hund und Schweißriemen ab. Langsam gehen Sie zum Anschuss und untersuchen diesen ausgiebig.

Danach kehren Sie zu Ihrem Hund zurück, reden beruhigend auf ihn ein, nehmen ihm die normale Halsung ab, legen ihm die Schweißhalsung, die am Schweißriemen befestigt ist, an, docken den Riemen langsam ein Stück ab, führen den Hund dann zum Anschuss, zeigen ihm den Schweiß, den er ausgiebig bewinden kann, und fordern ihn schließlich mit „Such verwundt" auf, der Duftspur zu folgen.

Nachdem Sie den jungen Hund auf der künstlichen Schweißfährte angesetzt haben, halten Sie den Schweißriemen zunächst ganz kurz. Mehr Riemen bekommt Ihr Hund erst dann, wenn er wirklich auf der Fährte bleibt.

Man kann in diesem Lebensalter von dem kleinen Kerl (noch) keine Höchstleistungen erwarten – er ist einfach noch nicht in der Lage, diese zu bringen. Wir wollen ihn mit dieser ersten Übung lediglich an die Anfänge der Schweißarbeit heranführen, nicht mehr.

Nun gehen Sie zum Hund, reden beruhigend auf ihn ein, tauschen die normale Halsung gegen die Schweißhalsung, führen den Hund dann am Schweißriemen zum Anschuss und zeigen ihm den Schweiß.

Tipp

Treten Sie zu jeder Schweißarbeit immer nur mit hungrigem Hund an! Dies gilt insbesondere bei seiner ersten Fährte. Je hungriger Ihr Zögling ist, um so eifriger wird er arbeiten und seinen Findewillen mobilisieren, um zur Beute zu gelangen, an der er belohnt wird. Wichtig ist auch, dass der Hund auf den ersten Fährten regelmäßig ankommt, damit er diese Arbeit mit „Erfolg" verknüpft.

Von Anfang an sollten Sie auf ruhiges, genaues Arbeiten mit tiefer Nase achten. In den meisten Fällen gelingt dieses auf Anhieb, denn das mit „lieblicher" Wittrung präparierte Rinderblut und das Neue der Übung tragen wesentlich dazu bei.

Hat er das „Stück", bei dem es sich selbstverständlich am Ende der künstlichen Fährte immer um dieselbe Attrappe oder Decke handelt, gefunden, loben und liebkosen Sie Ihren Hund. Übertreiben Sie dabei, spielen Sie ruhig ein wenig Theater. Zeigen Sie Ihrem künftigen Jagdhelfer ihre maßlose Freude, und geben Sie ihm schließlich zur Belohnung seinen Lieblingshappen, z. B. ein Stück Käse.

Versucht Ihr Hund nach zwei oder drei Übungsfährten mit hoher Nase zu finden, legen Sie ihm in ungleichen Abständen kleine Futterbrocken aus. Schon bald wird der „Auszubildende" merken, dass er der Duftspur mit tiefer Nase folgen muss, will er ab und zu seinem hungrigen Magen einen Leckerbissen bieten. Er verknüpft auch, dass es am Ende jeder Schweißfährte

Nachdem der Hund den Anschuss ausgiebig bewinden konnte und Sie ihn mit „Such verwundt" zum Ausarbeiten der Duftspur aufgefordert haben, halten Sie den Schweißriemen zunächst sehr kurz. Mehr Riemen geben Sie ihm erst dann, wenn der Hund auf der Fährte auch wirklich vorankommt.

Annehmlichkeiten gibt. Diese Erfahrung „hämmert" sich dem jungen Hund ein!

Den bisherigen Kapiteln konnten Sie entnehmen, dass der Grundstein für die Ausbildung des leistungsstarken Jagdgebrauchshundes in den ersten 16 Lebenswochen gelegt wird. In dieser Zeit gilt es, die angewölften und gewünschten Anlagen behutsam, aber zielstrebig zu wecken und konsequent zu fördern, die unerwünschten zu verdrängen bzw. auszuschalten, den Welpen jagdlich zu prägen, ihn also an seine späteren jagdlichen Aufgaben heranzuführen.

Erst dann geht es – wie die weiteren Kapitel aufzeigen – an die gezielte Junghundausbildung und später an die Prüfungsvorbereitung.

Wenn Sie zur Anlagenförderung, Erziehung und jagdlichen Prägung in den ersten 16 Wochen noch mehr wissen wollen, empfehle ich Ihnen mein Buch **Der Jagdhundwelpe**, ebenfalls erschienen im KOSMOS Verlag.

Am Ende der Fährte liegt immer dieselbe Attrappe oder Decke. Das „Zum-Stück-Kommen" wird mit viel Lob und einem Lieblingshappen belohnt, damit der junge Hund verknüpft: Am Ende der Arbeit stehen immer Annehmlichkeiten.

Ausbildung des Hundes bis zur Brauchbarkeit

38 *Grundausbildung*
63 *Ausbildung im Wasser, im Wald und im Feld*
93 *Anmeldung zur Brauchbarkeitsprüfung*

Grundausbildung

Durch die bisherige Anleitung, Förderung und Erziehung Ihres Zöglings haben Sie ihn bereits in seinen ersten Lebenswochen mit sehr vielen seiner späteren jagdlichen Aufgaben, aber insbesondere auch mit seiner Umwelt bekannt gemacht, ja konfrontiert. Vermieden haben Sie dabei, Ihrem Hund Aufgaben zu stellen, die er (noch) nicht bewältigen konnte. Sie waren auch darauf bedacht, keine Fehler bei der Früherziehung zu machen, denn diese würden sich später negativ auswirken. Fleißig haben Sie alle Vorübungen wiederholt und dabei richtig erkannt: Nur Gewöhnung macht den Meister. So hat Ihr Zögling sicher erste erfreuliche Leistungen gezeigt, die Sie anfangs gar nicht erwartet hätten. Dabei hat auch er wertvolle Erfahrungen gemacht, die er nicht „vergessen" wird. Aus Ihrem Welpen ist ein selbstbewusster und selbstsicherer Junghund geworden, der Sie als „Leithund" voll anerkennt.

Durch Ihre bisher einfühlsame Anleitung haben Sie auch eine Reihe von angewölften Anlagen in ihm geweckt, die nun, zu Beginn der 17. Woche, durch geschickte, weiterhin einfühlsame Ausbildung und Führung entwickelt und gefestigt werden müssen. Darüber darf aber der Gehorsam, einer der wichtigsten Grundsätze der Ausbildung des Hundes, nicht zu kurz kommen, das ist wichtig!

Konsequenz und Lob sind nicht nur die wichtigsten Grundsätze in der Erziehung, sondern insbesondere auch bei der Ausbildung. Denn der junge Hund lernt aus Erfahrung, was er tun darf und soll. Gestalten Sie ihm also angenehm oder unangenehm, was er soll oder nicht soll. Angenehm ist Ihrem Hund dabei alles, was seinem natürlichen Trieb entspricht. Daher müssen Sie teils mit keinem, teils mit leichtem, aber auch mit starkem Widerstand Ihres Hundes rechnen, je nach Art der Übung. Lob und Tadel, aber auch Einwirkungen (im menschlichen Sinne) müssen der unerwünschten Handlung des Hundes wohl dosiert auf der Stelle folgen.

Voraussetzung für eine erfolgreiche Ausbildung ist der erforderliche Konnex zwischen Ihnen und Ihrem Hund – gegenseitiges restloses Vertrauen.

Harmonie und gegenseitiges Vertrauen zwischen Führer und Hund sind Voraussetzungen für eine erfolgreiche Ausbildung, Konsequenz wichtigster Grundsatz. Nervosität, Unsicherheit oder gar Jähzorn, wenn einmal etwas nicht klappt, darf es nicht geben.

Ihr Hund braucht jetzt in den nächsten Wochen und Monaten Ihren festen Willen, Ihre überlegene Ruhe, Geduld und Ausdauer, insbesondere aber auch Ihre Zuneigung – Eigenschaften, die Sie doch haben? Zeigen Sie also nie Nervosität, Unsicherheit oder gar Jähzorn, wenn mal etwas nicht klappt! Zwischendurch spielen Sie mit Ihrem Hund, erst dann wiederholen Sie die Übung.

Nur mit Geduld, Ausdauer und Zähigkeit erreichen Sie beide Ihr Ziel. Ihr Zögling muss zu der „Einsicht gelangen", dass jeder Versuch, sich Ihrem

Willen nicht unterzuordnen oder gar zu entziehen, aussichtslos ist. Deshalb üben Sie mit Ihrem jungen Hund zunächst auch stets angeleint – Ihr Wille muss für ihn unausweichlich sein.

Konsequenz und Geduld sind bei der Ausbildung unverzichtbar und führen am schnellsten zum Erfolg.

Der junge Hund darf sich Ihrer Einwirkung nicht entziehen können. Deshalb müssen in dieser Ausbildungsphase alle Übungen noch an der Leine stattfinden.

Die wichtigsten Grundregeln der Junghundausbildung

1. Läuft mal eine Übung nicht, schimpfen Sie nicht mit Ihrem Hund. Fragen Sie sich vielmehr, was Sie verkehrt gemacht haben.

2. Absolutes Vertrauen zwischen Ihnen und Ihrem Hund ist Grundvoraussetzung für Ausbildung und Führung. Vertrauensbruch ist daher ein Kardinalfehler, der oft nicht mehr oder nur schwer zu reparieren ist.

3. Leise gesprochene Befehle, ein leiser Pfiff genügen als Ruf- und Lautzeichen. Verbinden Sie Laut- und Sichtzeichen!

4. Gehen Sie nach Lernschritten vor, Schritt für Schritt, nicht mit „Siebenmeilenstiefeln". Wiederholen Sie immer wieder, so festigt sich das Gelernte.

5. Geben Sie keine Kommandos, die Ihr Hund (noch) nicht versteht. Er verknüpft sonst, dass er Befehle nur zu befolgen hat, wenn es ihm passt.

6. Üben Sie in den ersten Wochen der Ausbildung ausschließlich mit angeleintem Hund. Lassen Sie ihn auf keinen Fall Wild hetzen.

7. Überbeanspruchen Sie Ihren Zögling nicht. Lernen Sie beizeiten aufzuhören, üben Sie öfter am Tage kurze Zeit, aber möglichst jeden Tag!

8. Üben Sie nicht immer an derselben Stelle. Wechseln Sie Ort und Zeit Ihrer Übungen, lockern Sie diese auch immer wieder auf!

9. Bleiben Sie stets ruhig und beherrscht. Schlagen Sie Ihren Hund nie, schon gar nicht mit seiner Leine oder gar mit der Hand. Müssen Sie mal stärker auf ihn einwirken, so helfen ein überraschender Gertenstreich, der wie ein „Blitz aus heiterem Himmel" kommen muss, oder auch „Down – Vorwärts" viel besser.

10. Lob macht auch stärkere Einwirkungen leicht vergessen. Ist Ihr Hund durch eine Maßnahme eingeschüchtert, schaffen Sie eine Situation, die es Ihnen ermöglicht, ihn durch Lob wieder „aufzulockern".

11. Stellen Sie sich auf das individuelle Wesen Ihres Hundes ein. Dies gilt insbesondere für die Art der Einwirkungen auf den Auszubildenden. Schon ein scharf gesprochenes Wort kann einen besonders weichen Hund beeindrucken. Dagegen benötigt ein „harter" Hund für die gleiche Reaktion vielleicht schon einen leichten Gertenstreich.

12. Schließen Sie jede Ausbildungsstunde mit einer Übung ab, die Ihr Hund schon gut beherrscht. Alsdann ist viel Lob fällig. Toben Sie mit ihm, lassen Sie Ihrem Zögling viel freien Lauf!

Grundlage der Ausbildung ist Gewöhnung. Stetes Wiederholen führt dazu. Heranführen müssen Sie Ihren Zögling später auch an ablenkende Reize. Dies erfordert dann gewisse Einwirkungen. Dabei müssen Sie aber auf ein ausgewogenes Verhältnis zwischen Anleitung, Tadel, Einwirkungen und Lob mit Auflockerungen achten!

Ihnen kommt dabei auch die Aufgabe zu, sich Ihrem Hund leicht verständlich zu machen: versteht er doch weder Ihre Sprache, noch kann er wie Sie denken. Aufgrund seines Erinnerungsvermögens aber sammelt er Erfahrungen, verknüpft Ruf-, Laut- und Sichtzeichen mit bestimmten Handlungen oder Unterlassungen und richtet sein Verhalten danach aus.

In den nun folgenden Wochen und Monaten stürmt gerade auf Sie Einiges ein. Beachten Sie deshalb die wichtigsten Grundregeln der Ausbildung (siehe Kasten S. 41).

Wenn Sie nun bei Ihren Übungen nach Lernschritten vorgehen, Sie beide also Sprosse um Sprosse der Leiter zum Lernziel hin erklimmen, machen Sie nicht den Fehler und wiederholen stets nur ein und dieselbe Übung bis zur absoluten Perfektion. Sobald Ihr Hund bei einer Übung begriffen hat, was er auf ein bestimmtes Laut- und/oder Sichtzeichen zu tun hat und er sie einigermaßen beherrscht, gehen Sie zum nächsten Schritt der Übung (oder einer neuen) über.

Klappt es mit der Leinenführigkeit, muss Ihr Zögling nun „Sitz“ erlernen. Setzt er sich von sich aus auf Zuspruch hin, verbinden Sie beide Übungen miteinander. Achten Sie immer auf exakte Ausführung und lehren Sie ihn das „Hier“, sobald er auch gelernt hat, in einiger Entfernung ruhig sitzen zu bleiben. All diese Gehorsamsübungen, die dem Hund zumindest anfangs nicht unbedingt angenehm sind, lockern Sie dann (später) auf mit Freilauf und/oder für ihn lustbetonten Übungen, z. B. mit der Schleppe, der Suche, dem Apport, aber auch mit Lob.

▸ **Hilfsmittel**

Für die Ausbildung Ihres Jagdhundes zum Jagdhelfer benötigen Sie einige Hilfsmittel, die Ihnen die Arbeit erleichtern. Sie brauchen nicht alle diese Dinge auf einmal, vielmehr entspricht es dem persönlichen Geschmack des Ausbilders und der Psyche des Auszubildenden, für welche Ausbildungshilfen man sich entscheidet. Wichtig sind für die Grundausrüstung:

① Reiz- oder Übungsangel – ein ungefähr drei Meter langer Stock mit etwa gleich langer Schnur, an deren Ende Sie einen Balg oder Deckenfetzen mit einem Karabinerhaken befestigen;

② Zwangshalsung (nach Oberländer) mit Stacheln und zwei starken Wirbeln zum Wenden, wenn ausnahmsweise einmal kräftige Zwangseinwirkung erforderlich wird;

③ flaches Würgehalsband (besser mit Begrenzung) als „Alltagshalsung“;

④ Umhängeleine mit Spezialdruckschloss zum schnellen Schnallen des Hundes. Diese Leinenart ist der kurzen Führleine vorzuziehen, da Sie hier beide

Hände frei haben. Beim Öffnen der Scherenzange wird die Leine einseitig frei gegeben und gleitet durch den Halsungsring;

⑤ Foto nächste Seite: Umhängeleine mit gekoppelter Halsung. Ein Druck auf den Karabinerhaken, der Hund ist geschnallt – ohne Halsung!

⑥ Foto nächste Seite: Feldleine – 40 Meter lang – aus Perlon; bei der Ausbildung unentbehrlich und vielseitig einzusetzen. Sie gibt Ihrem Hund viel Bewegungsfreiheit, verhindert aber gleichzeitig, dass er sich Ihren Einwirkungen entziehen kann. Die Leine ist Ihr verlängerter Arm;

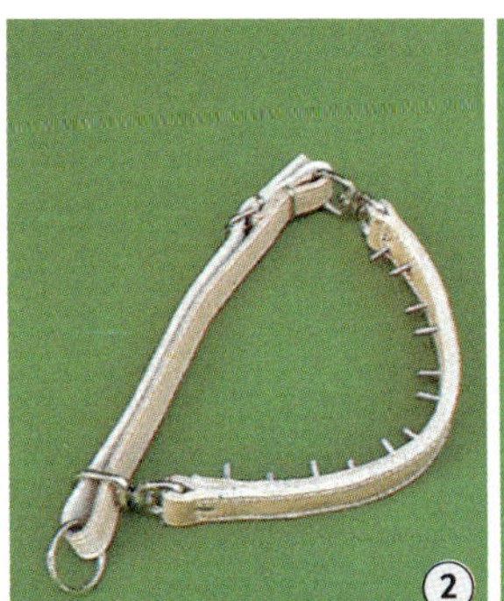

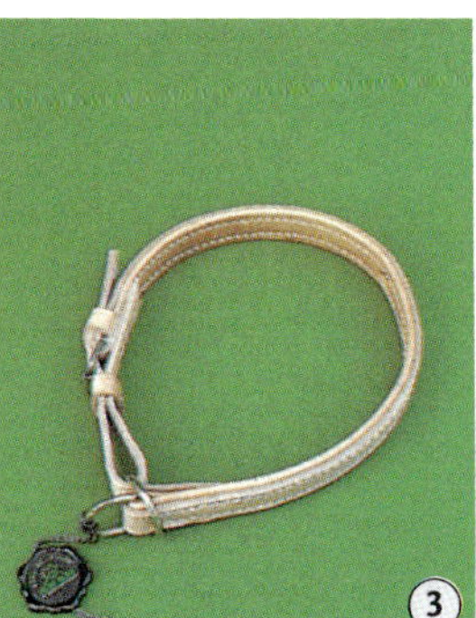

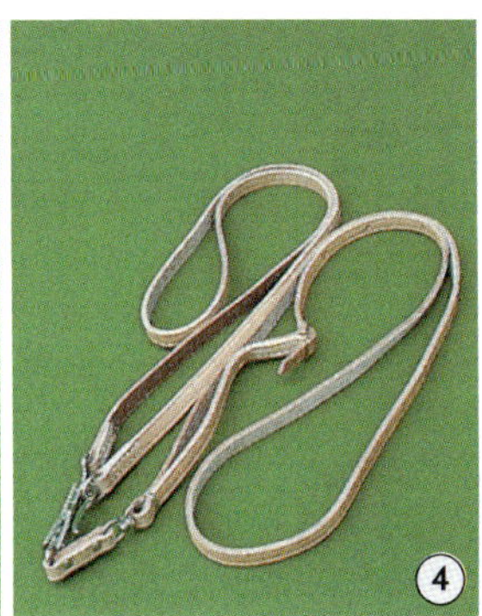

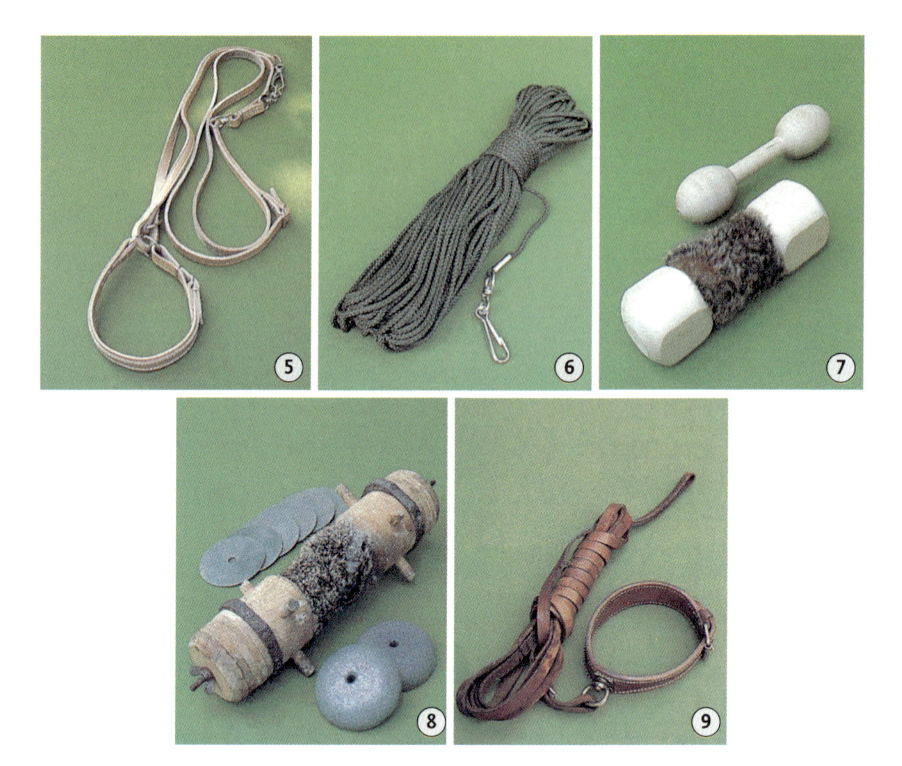

⑦ Apportierböcke aus Holz für die erste Grundausbildung „Apport", die Sie gleich mit Kanin- oder Hasenbalg umwickeln sollten, um Ihrem Hund die Übungen zu erleichtern;
⑧ schwerer Apportierbock (nach Oberländer) mit zehn auswechselbaren Holzscheiben, die durch Eisenscheiben und Eisenkopfscheiben (zur Gewichtssteigerung) ersetzt werden können. Den Mittelsteg umwickeln Sie ebenfalls fest mit einem Balg;
⑨ Schweißhalsung mit Schweißriemen – möglichst gleich acht Meter lang. Die breite, nicht würgende Halsung schnürt den Hund nicht ein, wenn er sich heftig in den Riemen legt.

Als Hilfsmittel sind weiter erforderlich

- die Doppelpfeife mit Pfiff und Triller für die akustischen Signale (Lautzeichen) „Hier", „Achtung" und „Down",
- eine Gerte, ein dünnes Haselnuss- oder Weidenstöckchen und
- eine Wurfkette (ein kurzes Stück Kette).

Teleboc

Neben der eben vorgestellten Grundausrüstung geben uns die Technik und die Elektronik weitere Ausbildungshilfen bzw. Einwirkungsmöglichkeiten auf den Hund.

Genannt sei hier der bekannte *Teleboc*, ein fliegender Apportierbock, der sich als recht praktische Ausbildungshilfe erwiesen hat.

Das Gerät ist etwa 35 Zentimeter lang und 1100 Gramm schwer, besteht aus zwei Teilen, dem Handgriff mit Abschussvorrichtung und Stahlschaft sowie dem 200 Gramm schweren schwimmfähigen Bringbock. Daran befestigte Balgstreifen oder Federn (Schwingen von Federwild) erhöhen den Anreiz für den Hund, den Bock zu fassen.

Dieses Gerät und andere derartige Schussapparate sind derzeit in Deutschland nicht erhältlich, da sie als Waffen eingestuft werden und ihnen die gesetzlichen Zulassungsvoraussetzungen fehlen. Die Geräte ausländischer Hersteller dürfen von Jägern nur benutzt werden, soweit sie in der Waffenbesitzkarte eingetragen sind. In der Regel sind auch die Voraussetzungen dafür nach Ansicht der Behörden nicht erfüllt.

An der Entwicklung genehmigungsfähiger Geräte wird nach Auskunft einschlägiger Unternehmen aber gearbeitet. Eines soll 2003 bereits auf dem Markt erhältlich sein.

Die Vorteile solcher Schussapparate sind:

1. Der Hund gewöhnt sich an den Knall (Schuss) und wird gleichzeitig zur Schussruhe erzogen. Er lernt, dem Flugobjekt ruhig nachzuäugen, sieht es also fliegen und fallen.
2. Der Hund lernt Entfernungen einzuschätzen, die durch Halten des Gerätes in steilem oder flachem Ab-

Dem Teleboc (in den Bildern), einem sehr nützlichen Ausbildungshilfsmittel, fehlen gegenwärtig für Deutschland die Zulassungsvoraussetzungen. Ähnliche, genehmigungsfähige „fliegende Apportierböcke" sollen aber bald auf dem deutschen Markt sein.

Der Hund gewöhnt sich an den Knall, er wird zur Schussruhe erzogen und lernt Entfernungen einzuschätzen, die der Hundeführer durch Halten des Gerätes in steilem oder flachem Abschusswinkel bestimmen kann.

Konnte der Hund der Hund das Fliegen oder Fallen des abgeschossenen Apportierbockes nicht eräugen – er darf sich eben nicht zu sehr auf seine Augen verlassen –, lernt er, mit der Nase zu suchen und zu finden.

schusswinkel variiert werden können, und dadurch rasch und sicher zu finden.

3. Er lernt insbesondere, dass er unbedingt finden und bringen muss, wenn etwas nach dem Schuss zu Boden gefallen ist, also das freudige, ausdauernde Suchen bis zum Finden und Bringen.

Der Hund verknüpft so, dass er unbedingt finden und bringen muss, wenn etwas zu Boden gefallen ist.

4. Das Gerät ist auch gut am Wasser einsetzbar, da der Bringbock schwimmfähig ist. Deshalb können Sie damit fast alle Arten der Wasserarbeit simulieren.

Bei allen Übungen mit diesem Gerät ist es aber erforderlich, dass Sie neben dem Sichtzeichen des fliegenden oder fallenden Objektes zusätzlich ein bestimmtes Lautzeichen (z. B. „Such verloren!") geben, damit ihr Hund für die Arbeit der zielstrebigen und ausdauernden Suche auch ein Lautzeichen kennen lernt und dauerhaft verknüpft.

Nach meinen Erfahrungen ist die Gefahr, dass sich der Hund zu sehr auf seine Augen verlässt und nicht mehr ausdauernd sucht, wenn er einmal nichts fliegen und fallen sah, nicht zu unterschätzen. Lassen Sie deshalb Ihren Hund hin und wieder weder das Fliegen noch das Fallen des Bringbockes äugen und geben ihm zum Verlorensuchen nur das Handzeichen sowie das gewohnte Lautzeichen „Such verloren!"

▸ **Teletakt**

Die „unsichtbare, lange Leine“, das Teletakt, ist ein Gerät, das auch unter erfahrenen Rüdemännern nicht ganz unumstritten war, teils auch heute noch ist. Allerdings kommt es entscheidend darauf an, wer das Gerät bedient und wie es eingesetzt wird. Früher bestand z. B. das „719 TP“, schon damals technisch einwandfrei, aus einem schweren Halsband mit außen liegender Antenne (Foto) und einem großen Sender mit langer, loser Sendeantenne, bei der immer die Gefahr bestand, darauf zu treten.

Heute gibt es aber superflache Teletakt-Geräte auf dem Markt. Sie sind sehr anschmiegsam und so unauffällig, dass sie bei einem langhaarigen Hund so gut wie nicht auffallen, zumal bei braunem Haar. Auch der Sender ist klein und handlich. Ich habe ein solches Gerät über einige Monate getestet – im Ergebnis mit Erfolg. Zusammenfassend ist dabei festzustellen:

Tipp

Durch falschen Einsatz des Teletakt-Gerätes besteht die große Gefahr, beim Hund Fehlverknüpfungen zu erzeugen! Das Gerät darf deshalb nur von Fachleuten bedient werden. Dies fordert auch der Jagdgebrauchshundverband (JGHV), nach dessen Auffassung der Einsatz von Elektroreizgeräten, zu denen auch das Teletakt gehört, nicht gegen das Tierschutzgesetz verstößt. Der JGHV verlangt zu Recht neben der persönlichen Eignung einen Sachkundenachweis und bietet auch entsprechende Lehrgänge an.

Bei *sachgemäßer* Anwendung kann das Teletakt eine wertvolle Ausbildungshilfe sein, die vor allem dem älteren, ungehorsamen oder gar „wilden“ Hund zeigt, dass dem Einwirkungsbereich seines Führer so gut wie keine Grenzen gesetzt sind, zumal es auch eine Reichweite von bis zu 600 Metern hat. Das Teletakt ersetzt aber nie die erforderliche gründliche Ausbildung des Hundes! Es kann nur der Festigung des Erlernten, dem Befolgen und Durchsetzen eines vom Hund verstandenen, aber eindeutig missachteten

Die früheren Teletakt-Empfangsgeräte waren recht schwer, ihre frei liegende Senderantenne barg die Gefahr, darauf zu treten.

Befehles dienen, insbesondere auf größere Entfernung – nicht mehr!

Vor dem ersten Einsatz des Gerätes muss der Hund das Teletakt-Halsband nach meiner Erfahrung mindestens drei bis vier Wochen getragen haben, und zwar nicht nur die Attrappe, sondern auch das Empfangsgerät. Auch

Heute bietet der Handel leichte, sehr flache und unauffällige Empfangsgeräte an, die am Hals des Hundes kaum auftragen und entsprechend unauffällig sind.

Stromreizgeräte gehören nur in die Hand erfahrener, besonnener Hundeführer. Dort können sie eine gute Hilfe sein, wenn z. B. dem unverbesserlichen Hetzer bedeutet werden muss, dass der Trillerpfiff („Down") zu beachten und die Hatz damit beendet ist.

müssen beide immer wieder gegeneinander ausgetauscht werden, auch gegen die Alltagshalsung. Dieser Austauschprozess muss für den Hund zur Gewöhnung werden. Auch muss er dabei verknüpfen können, dass ein Anlegen der Halsungen, auch der Teletakt-Halsungen für ihn freudige, lustbetonte Ereignisse bringt, z. B. Ausgehen oder Suche.

Stromreizgeräte gehören auf keinen Fall in die Hände eines Erstlingsführers; denn – ich kann es nur wiederholen – Anwendungsfehler können die Arbeit von Monaten in Sekunden zunichte machen, ja den Hund sogar unumkehrbar fehlbeeinflussen. Demgegenüber hat es bei sachgerechter Anwendung einen nachhaltigen Lerneffekt, sehr häufig schon beim Einsatz des geringsten elektrischen Reizes .

Laut- und Sichtzeichen

Akustische Befehle (Lautzeichen) versteht Ihr Hund im Sinne der Worte nicht. Erst durch zahlreiche Wiederholungen verknüpft er, dass auf ein bestimmtes Lautzeichen ein bestimmtes Tun oder Unterlassen von ihm gefordert wird. Wichtig ist deshalb, dass Sie für jede Übung immer ein und dasselbe Lautzeichen mit möglichst derselben Betonung geben. Ob Sie dabei „Hier“ oder „Komm“, „Down“ oder „Halt“ vorziehen, bleibt Ihnen überlassen. Nur achten Sie darauf, dass jedes Lautzeichen kurz, klar, eindrucksvoll und von anderen Lautzeichen zweifelsfrei zu unterscheiden ist. Auch müssen Sie bei dem einmal gewählten Lautzeichen bleiben, wofür schließlich ein allgemein gebräuchliches Wort benutzt wird.

Zum jeweiligen Lautzeichen gehört regelmäßig auch ein markantes Sichtzeichen: eine bestimmte, stets gleiche Bewegung für eine bestimmte Übung, auf die der Hund als „Bewegungsseher“ häufig besser reagiert als auf das entsprechende Lautzeichen.

Ich selbst verwende folgende in der Praxis bewährte Laut- und Sichtzeichen

- „Fuß“: Stehen bleiben, kreisende Handbewegung des rechten, zum Rücken geführten Unterarmes
- „Apport“: Zeigen mit der rechten Hand und gestrecktem Zeigefinger in Richtung des zu bringenden Gegenstandes
- „Verloren – Apport“: Arme in die Hüften stemmen,

und darüber hinaus die in den Fotos auf der nächsten Seite dargestellten Zeichen.

Diese Aufzählung von Laut- und Sichtzeichen ist kein allumfassender, abschließender Katalog der Möglichkeiten, sondern liefert nur Beispiele. Sobald Ihr Hund nach fleißigem Üben sowohl das Laut- als auch das zugehörige Sichtzeichen sicher beherrscht, können Sie nach und nach das Lautzeichen weglassen und später Ihren Hund in vielen Situationen in der Jagdpraxis nur noch mit Sichtzeichen lautlos dirigieren, so z. B. bei der Pirsch, wo ohnehin alles lautlos ablaufen muss.

Die wichtigsten Lautzeichen überhaupt dürften „Pfiff“ und „Triller“ sein. Sie dienen der akustischen Verständigung zwischen Führer und Hund. Am meisten verwendet wird die Hundedoppelpfeife: Mit deren einer Hälfte kann ein Pfiff gleicher Tonhöhe, mit

Links – „Sitz“: Heben des rechten Zeigefingers bei angewinkeltem Arm

Rechts – „Hier“: Stehen bleiben, seitlich ausgestreckten Arm an den Oberschenkel schlagen

Links – „Down“: (Triller) Heben des Armes mit Handfläche nach vorn

Rechts – „Gib Laut“: a) Heben des gespreizten Daumens und Zeigefingers der rechten Hand bei angewinkeltem Arm;

b) (im Bild) Zurückwerfen des Kopfes

Links – „Such voran“: Wink mit dem Unterarm in Richtung der Suche

Rechts – „Ablegen“: abgespreizter, abgesenkter linker Arm mit nach hinten gekehrter Handfläche

der anderen der Triller abgegeben werden. Aber auch durch die „lautlose" Hundepfeife, die Töne auch im Ultraschallbereich erzeugt, kann der Vierläufer für das menschliche Ohr nahezu unhörbar gelenkt werden.

Leinenführigkeit

Leine und Halsung sind Ihrem Hund längst vertraut. Ihren Anblick verbindet er mit freudigen Erlebnissen wie ausgedehnten Spaziergängen und Auslauf. Der Junghund ist fast von ganz allein (schon) leinenführig geworden. Was jetzt folgt, ist nur eine straffe, exakte Durcharbeitung der korrekten Leinenführigkeit, bei der nicht die geringste Abweichung geduldet wird.

Ihren Hund führen Sie stets an der linken Seite (nur am Fahrrad rechts); das Lautzeichen ist „Fuß". Dabei hat sich der Hund Ihrer jeweiligen Gangart anzupassen. Sein Kopf muss – gemäß Prüfungsordnung – bei locker durchhängender Leine stets etwa neben Ihrem linken Knie bleiben.

Zur Einarbeitung in der Leinenführigkeit gehen Sie mit Ihrem Hund kreuz und quer durch ein Stangenholz, immer rechts an den Stämmen vorbei. Wenn Ihr Zögling links vorbeizieht, spannt sich die Leine und reißt ihn ruckartig zurück. Mit dem Befehl „Fuß" ziehen Sie den Hund um den Stamm herum zurück.

Nach weiteren Verleitungen verknüpft der Hund bald, dass ein Hindernis zwischen ihm und Ihnen sehr unangenehm sein kann und wird sich dicht an Ihrem Knie halten.

Meine Hunde laufen dagegen mit ihrer Schulter in Kniehöhe – jedenfalls nach Ablegen ihrer Prüfungen. Ihr Verhalten ist dadurch besser zu beobachten, insbesondere das Markieren von Wittrung leichter festzustellen.

Beginnen Sie die Übung mit der „Alltagshalsung", dem begrenzten Würger. Nehmen Sie eine Zwangshalsung nur dann, wenn es unbedingt erforderlich ist. Bei der Früherziehung können Sie auf Zwangshalsungen in der Regel verzichten – ich habe sie bis heute nicht gebraucht. Üben Sie zunächst kurze Zeit und wählen Sie dazu einen ruhigen Ort, am besten ein Stangenholz. Hier kann und muss sich ihr Hund auf Sie konzentrieren.

Gehen Sie in wechselnder Gangart kreuz und quer durch das Stangenholz immer dicht rechts an den Stämmen vorbei. Schon am ersten oder zweiten Stamm wird Ihr Zögling links vorbei wollen. Der Baum ist dann zwischen Hund und Führer. Gehen Sie weiter, die Leine spannt sich und reißt den Hund ruckartig zurück. Mit dem Befehl „Fuß" ziehen Sie Ihren Hund um den Baum zu sich – für ihn recht unangenehm.

Noch einige Male wird sich das Verhängen wiederholen. Geben Sie aber jetzt nicht auf! Jedes Mal ziehen Sie unter dem Kommando „Fuß" Ihren Hund wieder an sich. Bald hat er gemerkt, dass ein Hindernis zwischen Ihnen und ihm nicht nur recht unangenehm, sondern sogar schmerzhaft sein kann und er sich deshalb dicht an Ihrem Knie halten muss, will er dem Unangenehmen entgehen. Loben Sie den Hund, wenn er es richtig macht, und geben Sie ihm einen Leckerbissen.

Später geht es dann rechts und links an den Stämmen vorbei mit Kehrtwendungen, dann aber auch so dicht, dass Ihr Lehrling kurz hinter Ihnen bleiben muss, will er nicht gegen den Stamm laufen.

Zweckmäßig ist, dass Sie bei all diesen Übungen eine Gerte mit sich führen. Prescht Ihr Hund vor, heißt es „Fuß", und ein Gertenstreich gegen die Vorderläufe folgt. Sodann schließt sich eine Linkswendung an. Bleibt er zurück, genügt ein kurzer kräftiger Ruck an der Leine mit anschließender Rechtswendung. Stetes Wiederholen festigt die Arbeit, denn später muss der Hund ja auch „frei bei Fuß" so dicht bei Ihnen folgen.

„Sitz"

Das Kommando „Sitz" ist Ihrem Lehrling aus seiner Welpenzeit schon durchaus geläufig. Gleichzeitig mit der Leinenführigkeit bringen Sie ihm jetzt aber exaktes, schnelles Setzen und ruhiges Sitzenbleiben auch bei Ablenkungen bei.

Führen Sie Ihren Hund angeleint ein Stück, bleiben Sie stehen und fas-

Links – Mit dem Kommando „Sitz" greifen Sie mit der rechten Hand in die Halsung und mit der linken über die Hinterhand des Hundes.

Rechts – Anschließend drücken Sie den Hund nieder.

Hat der Hund begriffen, dass „Sitz" nicht nur „setzen", sondern auch „sitzen bleiben" bedeutet, lassen Sie ihn längere Zeit sitzend verweilen, bis Sie ihn abrufen.

Wiederholen Sie das „Sitz“ anschließend mit dem Handzeichen (erhobener Zeigefinger der rechten Hand) und sparen Sie nicht mit Lob.

sen Sie mit der rechten Hand in die Halsung, während die linke Hand den Auszubildenden über der Hinterhand greift und ihn bei dem Zuspruch „Sitz“ ruckartig niederdrückt. Dies wiederholen Sie einige Male. Bleibt Ihr Hund sitzen, wenn Sie die linke Hand lockern, loben Sie ihn. Will er aufstehen, drücken Sie ihn mit „Sitz“ erneut nieder oder geben ihm einen Gertenstreich auf die Hinterhand.

Hat Ihr Hund begriffen, dass er sich schnell setzen und auch ruhig sitzen bleiben muss, gehen Sie mit ihm und geben immer wieder das Kommando „Sitz“. Lassen Sie ihn nun längere Zeit ruhig sitzen, gehen Sie um ihn herum, entfernen Sie sich und kommen wieder zurück. Macht er keinerlei Anstalten mehr aufzustehen, verwenden Sie nun neben dem Lautzeichen „Sitz“ auch das Sichtzeichen (= erhobener Zeigefinger der rechten Hand).

Hat er begriffen, dass er sich auch dann zu setzen hat, wenn Sie ihm nur das Sichtzeichen geben, muss er lernen, dass er sich immer dann sofort zu setzen hat, wenn Sie stehen bleiben.

Mit „Fuß“ gehen Sie mit ihm ein Stück, bleiben stehen und geben gleichzeitig den Befehl „Sitz“. Dies geschieht nun bei jedem Stehenbleiben. Schnell wird er das Stehenbleiben mit „Sitz“ verknüpft haben und sich ohne besonderen Befehl setzen.

Verbinden Sie weiter die Übungen „Fuß“ und „Sitz“ und wiederholen Sie „Sitz“ so lange, bis Ihr Zögling begriffen hat, dass er sich nur wieder erheben darf, wenn ein anderes Kommando, z. B. „Fuß“ oder „Voran“, ihn dazu auffordert!

Achten Sie bei der Übung „Sitz“ von Anfang an darauf, dass der Hund korrekt sitzt, z. B. nicht nur auf einer Keule, dann auch ordentlich sitzen bleibt, wenn Sie um ihn herumgehen oder sich entfernen, und dass er stets Blickkontakt zu Ihnen hält; Ihr Zögling muss sich auf Sie konzentrieren. Äugt er irgendwo in die Gegend, ermahnen Sie ihn. Lässt die Konzentration dennoch nach, unterbrechen Sie die Übung, lockern Sie den Hund z. B. durch Spiel oder Freilauf auf und gehen sodann wieder zu dieser Übung über. Klappt es diesmal sofort, sollten Sie die Übung unter Lob beenden.

„Hier“

Wichtig für den späteren jagdlichen Alltag und oft auch für die Sicherheit des Hundes z. B. auf der Straße ist das schnelle Herankommen auf Ruf und Pfiff. Um dieses zu erreichen, muss der junge Hund das Herankommen auf Kommando mit etwas Angenehmen verbinden.

Wir beginnen zunächst mit der Umhängeleine, später nehmen wir die lange Feldleine, lassen den Hund sich setzen, treten ein Stück zurück, geben den Befehl „Hier“, rucken gleichzeitig an der Leine und gehen dabei noch einen weiteren Schritt rückwärts. Durch das Rucken an der Leine üben wir also einen leichten Zwang auf den Hund aus, der ihn zum Aufstehen und zum Herankommen veranlasst.

Ist er beim Führer, muss er sich auf Laut- und/oder Sichtzeichen korrekt hinsetzen. Hat er dies getan, tätscheln Sie ihn, und geben Sie ihm hin und wieder auch einen Leckerbissen. Er muss schnelles Herankommen mit Annehmlichkeiten verbinden.

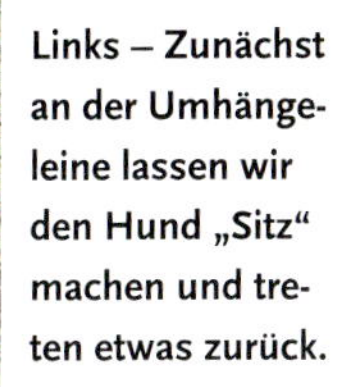

Links – Zunächst an der Umhängeleine lassen wir den Hund „Sitz“ machen und treten etwas zurück.

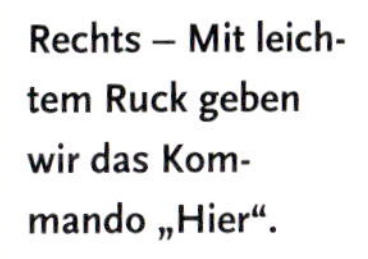

Rechts – Mit leichtem Ruck geben wir das Kommando „Hier“.

Links – Wir ziehen den Hund zu uns heran.

Rechts – Später erfolgt die gleiche Übung an der langen Feldleine mit entsprechend größerem Abstand.

Am Ende wird die Übung mit dem leisen Doppelpfiff und dem Handzeichen verbunden. Nach dem Herankommen muss der Hund lernen, dass das Kommando „Hier“ Annehmlichkeit bedeutet und er bei seinem Führer Geborgenheit findet.

Nun setzen Sie gleichzeitig zum Rufzeichen „Hier“ auch das Sichtzeichen (= ausgestreckter, nach unten auf den Oberschenkel geschlagener Arm) ein.

Hat Ihr Zögling auch diesen Lernschritt bewältigt, was sehr schnell geht, kommt er also auch nur auf Sichtzeichen flott heran, dann gehen Sie zu dem leisen Doppelpfiff über. Mit Doppelpfiff und Wink des rechten Armes rufen Sie Ihren Hund unter Ausnutzung der gesamten Länge der Feldleine einige Male heran – und jedes Mal belohnen: z. B. durch Streicheleinheiten oder Futterbrocken.

Bei diesen Übungen dürfen Sie nie eine drohende Haltung einnehmen oder Ihren Hund gar einschüchtern, wenn mal etwas nicht läuft. Setzen Sie hier auch keine Gerte und keine Zwangshalsung ein!

Führen Sie immer wieder Situationen herbei, aus denen Ihr Hund lernt, dass bei Ihnen auf Ruf oder Doppelpfiff sofort Annehmlichkeiten zu erwarten sind.

Missachtet Ihr Zögling z. B. das Rufzeichen „Hier“, schleudern Sie ihm die Wurfkette entgegen, die klirrend neben ihm niedergeht und ihn erschreckt, lassen Sie aber gleichzeitig den Doppelpfiff oder Ihr freundlichstes „Hier“ ertönen. Ihr Hund wird heraneilen und bei Ihnen, seinem „Beschützer“, jetzt Geborgenheit suchen und finden.

Ihr Junghund wird so erfahren, dass Herkommen stets nur Annehmlichkeiten für ihn bringt.

Das Herkommen in schneller Gangart können Sie auch noch fördern, indem Sie sich klein machen, also in die Hocke gehen.

▸ **„Down“ oder „Halt“**

Dieser Befehl ist in meinen Augen das A und O der Ausbildung, die wichtigste Übung überhaupt. Denn mit „Down“ haben Sie Ihren Hund zu jeder Zeit und in fast allen Situationen in der Gewalt. „Down“ ist auch wie eine lange, unsichtbare Leine! Vorausgesetzt, Ihr Hund beherrscht diese Übung.

Für jeden Hund ist „Down“ eine sehr unangenehme Übung, ja, eine Strafe. Je älter er ist, um so mehr Widerstand wird er dem „Down“ entgegenzusetzen versuchen. Entsprechend dem Widerstand erfordert die Durchsetzung der Übung dann Zwang: Gegen Eigensinn und Auflehnung hilft leider nichts anderes.

Nun zum ersten „Down“. Sie treten neben den stehenden oder sitzenden angeleinten Hund. Fast gleichzeitig geschieht nun Folgendes: Auf das Kommando „Down“, kurz und hart gesprochen, ertönt der schrille Trillerpfiff, gleichzeitig drücken Sie Ihren Hund ruckartig und kräftig nieder oder ergreifen seine Vorderläufe und ziehen ihn zusätzlich herunter. In dieser Lage halten Sie ihn einige Sekunden. Jeder Aufstehversuch wird sofort mit Niederhalten unterbunden. Das „Down“ muss für den Hund etwas Ur plötzliches und Unausweichliches haben: deshalb auch von Anfang an der schrille Triller!

Die „korrekte Downlage“ ersparen Sie Ihrem Hund vorerst. Seinen Kopf kann er ruhig erhoben halten; er wird nicht auf den Boden gepresst!

„Down“ wiederholen Sie nun so lange, bis Ihr Hund bei Wegnahme der Hände keine Aufstehversuche mehr macht. Treten Sie über ihn, dann ein bis zwei Schritte zurück und beenden die Übung mit „Hier“ und dann „Sitz“.

Sobald Ihr Hund auf „Down“ selbstständig niedergeht, achten Sie darauf, dass dies immer blitzschnell, reflexartig, nicht „pomadig“ geschieht. Weder Nachlässigkeit noch gar Auflehnung dürfen Sie durchgehen lassen. Er wird so schnell begreifen, dass sein Lehrmeister hier keinerlei Zugeständnisse macht.

Übertreiben Sie diese Übung aber anfangs nicht. Denken Sie an das jugendliche Alter des Hundes: drei bis vier Minuten genügen zunächst.

Hat er eindeutig verknüpft, was Sie von ihm verlangen und was er tun muss, vergrößern Sie die Abstände. Dazu bedienen Sie sich der Feldleine. Geübt haben Sie bisher mit Rufzeichen und Triller. Dieses Rufzeichen lassen Sie nun weg. Als Lautzeichen schrillt jetzt nur noch der Triller. Gleichzeitig geben Sie dem Hund

Tipp

Setzen Sie die „Down“-Übung nicht an den Beginn, sondern stets an das Ende einer Übungsstunde. Ihr müder Zögling ist dann eher geneigt, diese für ihn wirklich nicht lustbetonte Arbeit auszuführen. Später, wenn er begriffen hat, dass er auf das Kommando „Down“ um jeden Preis in die Halt-Lage zu gehen hat, führen Sie diese Übung in verschiedenen Situationen aus, insbesondere aber umgehend dann, wenn der Vorwärtsdrang des Hundes zu stark wird.

Links – Auf ein scharf gesprochenes „Down“ und gleichzeitigen Trillerpfiff drücken Sie den Hund ruckartig nieder.

Rechts – Gegebenenfalls ziehen Sie zusätzlich die Vorderläufe herunter.

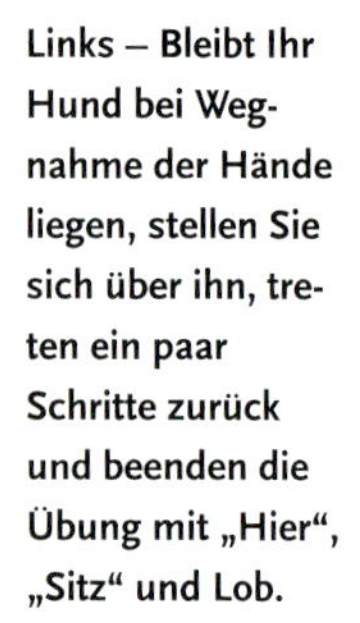

Links – Bleibt Ihr Hund bei Wegnahme der Hände liegen, stellen Sie sich über ihn, treten ein paar Schritte zurück und beenden die Übung mit „Hier“, „Sitz“ und Lob.

Rechts – Später schrillt als Lautzeichen nur noch der Triller, unterstützt durch das Sichtzeichen.

aber auch das Sichtzeichen (ruckartiges Hochheben des rechten Armes mit nach vorn gekehrter Handfläche). Das Unverhoffte dieser Übung wird durch dieses Sichtzeichen noch betont, wirkt es auf den Hund doch eindringlicher.

Sobald Ihr Zögling nun auch in einiger Entfernung auf Laut- und/oder Sichtzeichen in die Downlage geht, wird diese Übung wiederholt, wiederholt und abermals wiederholt. Die Zeit in der Downlage verlängern Sie von Mal zu Mal und beenden jede Übung mit „Hier“, „Sitz“ und kurzem Lob.

Bei jeder Nachlässigkeit in der Ausführung der Übung nehmen Sie den Hund sofort an die kurze Leine und trillern ihn einige Male nieder; notfalls gibt ein Gertenstreich über den Rücken den erforderlichen Nachdruck.

Und immer wieder üben Sie „Down", in allen Situationen, an jedem Ort, zu jeder Zeit, mit und ohne Leine, mit Laut- und Sichtzeichen und schließlich lautlos nur mit Sichtzeichen.

▸ Folgen frei bei Fuß

Ihr Hund ist nunmehr in der Leinenführigkeit perfekt. Er hat gelernt, dass nach dem Zuspruch „Fuß" jedes Aus- und Abweichen von Ihrem Knie Unannehmlichkeiten für ihn bringt. Nun muss er lernen, ohne Leine, also frei bei Fuß zu folgen.

Geben Sie Ihrem Hund zunächst hinreichend Auslauf, rufen ihn dann heran und lassen ihn sich setzen. Da dies alles vorzüglich klappt, liebkosen Sie seinen Kopf und Hals, und mit dem Befehl „Fuß" gehen Sie los, ohne ihn angeleint zu haben. Meist klappt es schon auf Anhieb – 20, 50, 80 Meter genügen fürs Erste. Dann heißt es „Sitz", und mit „Voran" gibt es wieder einige Minuten Auslauf.

Alsdann beginnt die Übung von neuem. Diesmal steigern Sie die Wegstrecke. Beim geringsten Ab- oder Ausweichen vom Knie ertönt es scharf „Fuß". Macht er es richtig, tätscheln Sie ruhig seinen Kopf: „So recht, mein Hund". Denken Sie auch an den Leckerbissen in Ihrer linken Hand!

Übung und Auslauf wechseln sich jetzt ab, die Wegstrecken werden immer länger.

Laufen die Übungen dagegen nicht so, wie erwartet, weicht Ihr Hund zu weit ab, schicken Sie ihn jedes mal in die „Down"-Lage. Nach einigen Augenblicken geht es dann mit „Hier" und alsdann „Fuß" weiter. Häufiges „Down" kann natürlich den Hund einschüchtern. Kneift er die Rute ein oder schleicht er hinterher, müssen Sie auflockern: Reden Sie freudig auf ihn ein, liebkosen Sie seinen Kopf. Wirken Sie auf keinen Fall jetzt noch mit Zwang auf Ihren Hund ein!

Folgen frei bei Fuß können Sie Ihrem Vierläufer aber auch mit Hilfe einer dünnen Schnur beibringen. Diese ziehen Sie durch das Halsband und halten beide Schnurenden in der Hand. Dann gehen Sie los und zeigen Ihrem Hund zu Anfang bewusst, dass er an der Leine ist, indem Sie schon bei der geringsten Abweichung an der

Nach längerem Auslaufen rufen Sie Ihren Hund heran und lassen ihn „Sitz" machen.

Links – Nach einigen Metern „Fuß"-Gehens heißt es wieder "Sitz" und "Voran". Später rufen Sie den Hund erneut und wiederholen die Übung mit unangeleintem Hund.

Oben rechts – Kneift der Hund die Rute ein oder schleicht er hinterher, müssen Sie ihn auflockern und auf weiteren Zwang verzichten.

Unten – Manchmal hilft eine dünne Schnur, durch die Halsung gezogen und an beiden Enden festgehalten. Bei der geringsten Abweichung rucken Sie mit „Fuß" daran. Später lassen Sie die Schnur aus der Halsung gleiten: Der Hund merkt dies nicht sofort und folgt dem Kommando.

Schnur rucken. Ihr Hund wähnt sich angeleint. Nach einigen Metern lassen Sie die Schnur – für den Hund unmerklich – durch den Halsungsring gleiten; Ihr Hund ist frei. Mit „Fuß" geht es weiter. Spätestens bei der ersten Rechtswendung wird er merken, dass er frei ist, und auszubrechen versuchen. Ein scharfes „Fuß" ruft ihn an Ihr Knie zurück. Wiederholen Sie fleißig und gewähren Ihrem Zögling dazwischen immer wieder Auslauf. Vergessen Sie auch nicht, Ihre Gangart bis zum Laufschritt zu wechseln.

Nutzen Sie von nun an jede Gelegenheit, Ihren Hund frei bei Fuß laufen zu lassen, insbesondere bei Ihren Reviergängen. Achten Sie auch darauf, dass er sich immer ohne Befehl setzt, wenn Sie stehen bleiben.

▸ „Ablegen“

Diese Übung bereitet dem inzwischen vier bis sechs Monate alten Hund hauptsächlich anfangs einige Schwierigkeiten, soll er nun nicht wie beim „Hier“ oder „Down“ nur einige Augenblicke, sondern jetzt sogar Minuten, ja, bis Stunden liegen bleiben, ohne seinen Herrn, Führer und Leithund äugen zu können.

Schicken Sie Ihren Hund in die Downlage, geben sodann das Lautzeichen „Ablegen“ oder „Bleib“, verbinden es mit dem dazugehörigen Sichtzeichen und bewegen sich langsam von Ihrem Zögling Schritt für Schritt fort, bleiben aber zunächst in Sichtweite Ihres Hundes. Ob Sie das Ablegen an einem Gegenstand oder ohne vorziehen, sollten Sie selbst entscheiden. „Ablegen“ ohne Gegenstand dürfte praxisnäher sein.

Sie vereinfachen Ihrem Zögling aber die Übung, wenn Sie zunächst mit dem „Ablegen“ an einem Gegenstand, z. B. Ihrem Rucksack, beginnen und/oder ihn anfangs mit einem Stück Leine ablegen. Werden Sie nicht ungeduldig, wenn Ihr Zögling aufsteht und Ihnen folgt. Gehen Sie zurück, legen Sie ihn erneut ab und entfernen Sie sich wieder. Wiederholen Sie die Übung und vergrößern Sie langsam den Abstand, schlagen einen Bogen und kommen schließlich zu Ih-

Dem Hund im Down geben Sie den Befehl „Ablegen“ oder „Bleib“ und das dazugehörige Sichtzeichen. Dann entfernen Sie sich langsam, bleiben jedoch in Sichtweite.

Steht Ihr Zögling auf, gehen Sie zurück und legen ihn erneut ab. Vergrößern Sie den Abstand, schlagen Sie einen Bogen und kommen Sie zum Hund zurück. Beim „Ablegen“ holen Sie den Hund stets wieder ab.

Mit Konsequenz muss jede Nachlässigkeit in den Anfängen unterbunden werden, auch wenn Verleitungen wie Schießen, erst in Sichtweite und später in der Dickung, hinzukommen.

Mit „Down – Vorwärts“ wird der Hund zurück auf seinen Platz verwiesen.

rem Hund zurück. Beim „Ablegen“ holen Sie den Hund stets wieder ab; er wird nie abgerufen oder abgepfiffen. Kommen Sie zu ihm zurück, so darf er erst dann aufstehen, wenn er ein erneutes Kommando erhält, z. B. „Hier“. Sodann ist Lob fällig.

Wenn Ihr Jagdhund dann schließlich verknüpft hat, was er tun soll, verlegen Sie die Übung an einen Dickungsrand, „legen“ ihn ab, entfernen sich langsam in Richtung Dickung und entschwinden schließlich dort seinen Blicken. Außer Sichtweite lange liegen bleiben zu müssen, wäre für den Junghund in diesem Alter zu viel verlangt. Also entziehen Sie sich seiner Sicht anfangs nur kurzzeitig, wenige Sekunden also, und steigern die Zeit dann langsam. Beim Abholen des Hundes vergessen Sie aber nie, ihn ausgiebig zu loben.

Verharrt Ihr „Lehrling“ dann schon minutenlang an seinem Platz, ohne Sie äugen zu können, müssen nun Verleitungen hinzukommen. Bemühen Sie z. B. einen Freund, der mit seinem Hund am Dickungsrand entlanggeht. Steht Ihr Hund auf, heißt es scharf: „Zurück auf deinen Platz“. Und die Übung beginnt von neuem. Später, wenn Ihr Hund auch das „(Down-)Vorwärts“ beherrscht, also etwa ab dem achten Monat, lassen Sie ihn nach unerlaubtem Verlassen des Platzes herankommen, in Down-Lage gehen, und mit „(Down-)Vorwärts“ geht es zurück zu seinem Platz. Auch bei dieser Übung müssen Sie stets konsequent vorgehen; keine Nachlässigkeit des Hundes geht durch! Lassen Sie z. B. den Hund Ihres Freundes Laut geben, Ihren Freund auch einige Schüsse abfeuern, erst in Sichtweite des Hundes, schließlich in der Dickung. Will sich Ihr Zögling erheben, greifen Sie mit „Down" ein. Selbst auf einen Schuss hin darf Ihr Hund seinen Platz nie verlassen.

Beherrscht er schließlich das „Ablegen", gehen Sie über zum „Warten", eine Übung, die der heutigen Jagdpraxis mehr entspricht. Der Übungsablauf ist ein und derselbe. Nur geht der Hund dabei in die Downlage nach dem Zuruf „Warten". Auch holen Sie ihn nicht selbst ab, sondern er kommt auf leisen Zuruf, Pfiff, leises Zischen oder ein Sichtzeichen zu Ihnen. Bedenken Sie aber, dass Sie als Verleitungen beim „Ablegen" weder Ihren Pfiff noch den Zuruf gebrauchen dürfen, den Sie später beim „Warten" anwenden wollen! Mit „Warten" können Sie z. B. beim Pirschen Ihren Hund immer wieder nachholen, warten lassen, nachholen oder ihn nach dem Schuss in wenigen Augenblicken heranrufen.

Ist Ihr Hund dann acht Monate alt geworden, steigern Sie die Zeit des Ablegens langsam weiter. Sie beide haben dazu noch viel Zeit – wird „Ablegen" doch erst auf der Verbands-Gebrauchsprüfung gefordert.

Ausbildung im Wasser, im Wald und im Feld

In den vergangenen Monaten haben Sie Ihren Zögling an fast alle seine späteren wesentlichen Aufgaben herangeführt; er ist nun schon gehorsam, beherrscht auch fast perfekt das „Down", meines Erachtens eine der wichtigsten Übungen überhaupt. Wald und Feld sind ihm vertraute Elemente – dort fühlt er sich wohl: Die Wildwittrung stachelt seinen Beutetrieb immer wieder an. Auch die kleinen Schleppen mit unterschiedlichstem Wild machen ihm sichtbar Freude. Die Schweißfährte arbeitet er auch, lockt am Ende doch immer der begehrte Leckerbissen.

Auf der Jagdeignungs- oder Brauchbarkeitsprüfung wird von Ihrem Hund „Arbeit nach dem Schuss" verlangt. Auf kleinen Schleppen hat der junge Hund bereits gelernt, unterschiedliches Wild zu bringen.

Sogar den Fuchs bringt er schon.

Der Leckerbissen und das Lob am Ende der künstlichen Schweißfährte sind Anreiz für den Hund, zum „Stück“ zu finden.

Es ist nun an der Zeit, den Junghund langsam auf die Brauchbarkeitsprüfung und/oder auch die Herbstzuchtprüfung (HZP) vorzubereiten. Bei der *Brauchbarkeitsprüfung* (nach den Richtlinien der Landesjägerschaft Niedersachsen) werden neben dem Allgemeinen Gehorsam, der Schussfestigkeit im Feld oder Wald und am Wasser sowie dem Fach Stöbern mit Ente im deckungsreichen Gewässer nur Arbeiten nach dem Schuss verlangt:

- Schweißarbeit (400 Meter Übernachtfährte)
- Bringen
  a) von Haarwild (300 Meter Schleppe
  b) von Federwild (150 Meter Schleppe)
- Freiverlorensuche und Bringen von Federwild
- Freiverlorensuche und Bringen toten Wasserwildes aus deckungsreichem Gewässer

Bei der *HZP* kommen dann noch Arbeiten vor dem Schuss, wie z. B. Suche und Vorstehen, hinzu; dazu später.

Erfahrungsgemäß macht von diesen Aufgaben die Wasserarbeit häufig größere Schwierigkeiten, zeigt sich doch immer wieder, dass Junghunde am Wasser oft nicht so recht wissen, was sie dort sollen. Parallel zur Wasserarbeit beginnen Sie auch mit der intensiven Arbeit im Wald. Erst wenn Ihr Hund im Wasser und Wald firm ist, gehen Sie ins Feld.

Wollen Sie die angestrebten Ausbildungsziele erreichen, kommt in den nächsten Wochen viel Arbeit auf Sie beide zu. Auch so mancher Misserfolg wird sich einstellen. Irgendwann wird auch ein Punkt erreicht werden, wo Sie meinen, gescheitert zu sein. Dies ist schon jedem Rüdemann so gegangen. Aber – es geht weiter!

Tipp

Verlieren Sie bei Misserfolgen und Rückschlagen nie die Beherrschung! Lassen Sie sich vor Erregung oder gar Wut nie zu Handlungen hinreißen, die für Ihren Vierläufer unverständlich sind. Üben Sie Selbstbeherrschung, gönnen Sie sich und Ihrem Hund gegebenenfalls ein paar Tage Ruhe, und denken Sie darüber nach, wie Sie die momentane Klippe umschiffen können, wo der Fehler wirklich liegt – beim Hund sicherlich nicht!

Wasserarbeit

Auch am Wasser muss sich Zögling zunächst an den Knall des Schusses gewöhnen. Schießen Sie zuerst aber in die Luft, wenn Ihr Hund noch am Ufer steht, später aufs Wasser und schließlich auch dann aufs Wasser, wenn Ihr Hund schwimmt oder stöbert.

Auch bei der Wasserarbeit soll der Hund vorerst totes Wild bringen. Benutzen Sie zunächst jedenfalls keine Attrappen. Nehmen Sie den Hund an die Leine mit einer selbst lösenden Halsung (Wasserarbeit immer ohne Halsung!) und werfen eine tote Ente nur wenige Meter vom Ufer ins Wasser. Halten Sie den Hund noch etwas zurück, ermuntern ihn dabei jedoch gleichzeitig mit „Apport“, und lassen ihn ins Wasser gleiten – nicht springen!

Am Wasser sollte als Apportiergegenstand gleich eine tote Ente genommen werden, die Sie während der Einarbeitung auf kurze Entfernung ins Wasser werfen. Später auf der Brauchbarkeitsprüfung wird der Breitschnabel in oder hinter eine Schilfpartie geworfen, und zwar nicht vom Hundeführer selbst.

Mit dem Kommando „Apport" lassen Sie Ihren Hund (ohne Halsung) ins Wasser gleiten – nicht springen!

Bringt der Junghund die Ente, nehmen Sie ihm diese sofort mit dem Kommando „Aus“ ab; am besten anfänglich noch im Wasser, so verhindern Sie, dass er sich schüttelt und/ oder die Beute fallen lässt.

Wenn Ihr Hund die tote Ente einwandfrei bringt, bekommt er im Alter von etwa sechs Monaten seine erste Gelegenheit, eine „geflügelte“ Ente zu arbeiten.

Führen Sie den jungen Hund in Schrotschussentfernung zum Aussetzungsort (ohne dass ein Anschuss markiert wird) und animieren Sie ihn mit dem Kommando „Such voran", die Ente zu suchen, die Schwimmspur zu arbeiten.

Wichtig ist, dass der Junghund gleich bei der ersten Ente zum Erfolg kommt.

Welche Schwierigkeiten ergeben sich nämlich, wenn er eine Schwimmspur arbeiten soll, nachdem er mit einem Riesensatz ins Wasser gesprungen ist? Denken Sie auch an mögliche Verletzungsgefahren.

Ihr Junghund wird auch im nassen Element die Ente greifen und ans Ufer bringen. Die Ente nehmen Sie ihm mit „Aus" ab, sobald er das Ufer erreicht, möglichst noch im Wasser. So verhindern Sie, dass Ihr Hund die Beute fallen lässt oder sich schüttelt.

Das korrekte Abgeben der Ente lernt er erst später, zumal bei der Brauchbarkeitsprüfung allein maßgebend ist, dass Sie als Führer in den Besitz des Wildes kommen. Wie der Hund bringt, spielt hier eine noch untergeordnete Rolle.

Sollte es eintreten, dass Ihr Junghund nicht ins Wasser oder die Ente nicht greifen will, erinnern Sie sich an die Bewegungs-Angel. Die „lebende" Ente hält ihn sicher nicht mehr am Ufer!

Ist Ihr Zögling schließlich an den Schuss am und auf das Wasser gewöhnt und bringt er die tote Ente einwandfrei, setzen Sie ihm im Alter von etwa sechs Monaten seine erste lebende „geflügelte" Ente aus; eine ausgewachsene Stockente, deren Flugfähigkeit nach der Methode von Prof. Müller (Papiermanschette über einzelne Schwungfedern einer Schwinge) für kurze Zeit eingeschränkt wird. Ihr Hund muss bei seiner ersten Ente in jedem Fall zum Erfolg kommen! Er

Der Hund sollte jedes Mal zu seiner „Beute" gelangen.

Die Arbeit auf der Schwimmspur muss unser Vierläufer lernen.

Bei jeder Jagd auf Wassergeflügel muss ein brauchbarer Jagdhund mitgeführt werden.

Die waidgerechte und tierschutzkonforme Durchführung der Jagd auf Wasserwild setzt den Einsatz brauchbarer Jagdhunde voraus. Die Wasserarbeit hat deshalb den Zweck, den Jagdhund auf seine späteren Aufgaben in der Jagdpraxis, insbesondere auf die Nachsuche von krankem oder verendetem Wasserwild im Wasser vorzubereiten, das Ergebnis durch eine Prüfung zu beweisen und für die Zucht zu dokumentieren.

lernt dabei, dass die Ente in unterschiedlichen Situationen mit Ausdauer zu bekommen ist. Schießen Sie erst in dem Augenblick, in dem Sie meinen, Ihr Hund wolle die Verfolgung abbrechen.

Bei der Arbeit hinter der lebenden Ente, die in einigen Bundesländern nach wie vor verboten, in Niedersachsen auf Grund eines Urteils des OLG Celle vom 12. Oktober 1993 aber wieder zulässig ist, war in Niedersachsen seit 1994 in jedem Fall die „Vereinbarung zwischen dem Niedersächsischen Ministerium für Landwirtschaft und Forsten (MELF) und den in Niedersachsen ansässigen Mitgliedsvereinen des Jagdgebrauchshundverbandes (JGHV)" zu beachten. Im Januar 2001 haben sich MELF und JGHV darauf geeinigt, dass diese Vereinbarung auch in der Fassung vom 1. Mai 1997 nicht mehr anzuwenden ist. Die Ausbildung und Prüfung von Jagdhunden an der lebenden Ente richtet sich nunmehr allein nach der auf Grundlage dieser Vereinbarung erlassenen „Verbandsprüfungsordnung Wasser" (*PO Wasser*) des JGHV. Die *PO Wasser* ist strikt einzuhalten. Dies gilt entsprechend für andere Länder, soweit sie die Arbeit hinter der lebenden Ente zulassen. Die *PO Wasser* ist im Serviceteil dieses Buches abgedruckt.

Am Wasser arbeitet der Hund nach Möglichkeit viel länger mit dem Auge als in Wald und Feld. Verständlich, ist doch die Wittrung auf dem Wasser viel schwerer zu arbeiten als auf dem Boden. Und dann ist da an heißen Tagen oder um die Mittagszeit noch die Thermik, die die Wittrung oft senkrecht nach oben steigen lässt und auch einem älteren, erfahrenen „Wasserhund" Probleme bereiten kann.

Sie müssen ihm also helfen, auch hier frühzeitig seine Nase zu gebrauchen. Erst wenn er das tut, wird er auch Freude am Stöbern im Schilf und ohne sichtige Ente haben.

Früher war diese Hilfestellung einfach. Man setzte einige Wasser gewohnte, schwimmerfahrene und flugfähige Stockenten auf dem Übungsgewässer aus. Die Breitschnäbel nahmen das Schilf als Deckung an und verhielten sich bald wie „wilde" Stockenten. Wildwittrung war damit stets am Übungswasser vorhanden. Man führte sodann den Junghund zunächst in die Nähe der Stelle, wo sich vermutlich die Enten drückten und forderte ihn auf, zu stöbern. Schon nach dem zweiten oder dritten Mal drängte der Junghund von selbst ins Schilf. Später setzte man den Hund an beliebiger Stelle am Wasser an und leitete ihn durch Ruf- und Sichtzeichen. Wichtig war, dass der Hund jedes Mal zum Erfolg kam, wenn er eine der flugfähigen Breitschnäbel aus dem Schilf herausdrückte oder gar die Schwimmspur gearbeitet hatte.

Heute kann diese Hilfe z. B. im Land Niedersachsen aus Gründen des Tierschutzes, die Priorität haben, nur noch im Rahmen der oben genannten „Niedersächsischen Vereinbarung" in Verbindung mit der PO-Wasser erfolgen, das heißt unter anderem, der Hund darf an nicht mehr als drei Enten eingearbeitet werden. Dies ist in aller Regel auch ausreichend, wenn der Hund jedes Mal zu „seiner Beute" kommt. Melden Sie sich also bei Ihrem Jagdgebrauchshund- bzw. Zuchtverein rechtzeitig zu den so genannten Wasserübungstagen an. Durch die gemeinsame Arbeit mit mehreren Hunden und entsprechend vielen Enten ist am Übungsgewässer ausreichend Wittrung vorhanden.

Und die Arbeit auf der Schwimmspur muss unser Vierläufer lernen, um nicht nur „brauchbar" im Rechtssinne zu werden, sondern um später insbesondere die Leiden einer krank geschossenen Ente abkürzen zu können.

So schreiben die Landesjagdgesetze verschiedener Länder (z. B. Niedersachsen, Mecklenburg-Vorpommern, Rheinland-Pfalz) die Verwendung brauchbarer Jagdhunde unter anderem auch bei der Jagd auf Wasserwild vor.

▸ **Bringen**

Mit den Vorübungen zum Bringen hatten Sie schon im Welpenalter begonnen. Sie weckten und nutzten dazu den natürlichen Beutetrieb Ihres Hundes, indem Sie von Anfang an mit totem Wild der verschiedensten Art arbeiteten.

An der Angel übten Sie das Beutemachen, Fassen, Aufnehmen, Tragen, Herantragen des Wildes und das Ausgeben noch mit Hilfen. Durch die Arbeit mit Wild der verschiedensten Art lernte Ihr Hund auch, Haarwild fest, Federwild dagegen vorsichtig zu greifen, spätestens dann, wenn er Ringeltauben aufzunehmen und bei zu festem Zugriff den Fang voller Federn hatte.

Später setzten Sie diese Übungen auf den kleinen Schleppen fort, die

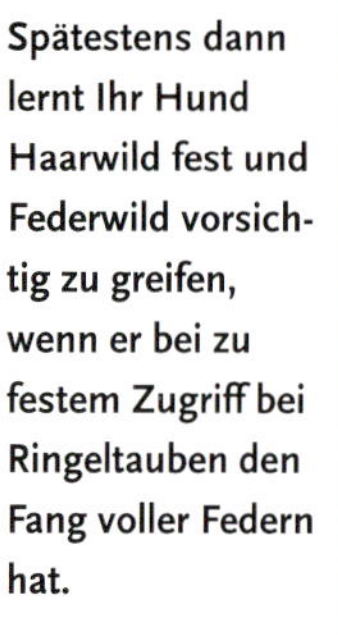

Spätestens dann lernt Ihr Hund Haarwild fest und Federwild vorsichtig zu greifen, wenn er bei zu festem Zugriff bei Ringeltauben den Fang voller Federn hat.

Links – Halten Sie dem sitzenden Hund den Bringgegenstand, einen Balg oder ein umwickeltes Apportierholz, vor die Nase.

Rechts – Wenn er zufasst, vergrößern Sie die Entfernung zum Bringgegenstand.

Links – Bald müssen Sie selbst dazu einige Schritte gehen.

Rechts – Den gefassten Bringgegenstand soll der Hund eine kurze Zeit tragen. Dann muss er sich setzen und auf „Aus“ ausgeben.

der Hund stets an kurzer oder langer Leine arbeitete. Ihr Zögling hatte so keine Gelegenheit, nach Aufnehmen „seiner Beute“ damit zu spielen oder auszuweichen. Er musste zu Ihnen zurück.

Und von Übung zu Übung klappte es besser. Wollte er einmal ein Stück Wild doch nicht greifen, kam dieses Stück an die Übungsangel und war plötzlich „lebendig“. Der Beutetrieb Ihres Hundes war stets stärker als sein Dickkopf!

Bei dieser Lernmethode des Bringens brauchen wir den *Zwangsapport* nicht, der selbst heute noch von nicht wenigen Rüdemännern gepriesen wird! Bei unserer Methode steht am Anfang das Erlebnis mit dem Wild, der geweckte Beutetrieb, ein freiwilliges, freudiges Bringen. Das „Bringen-Müssen“, mit dem der Zwangsapport immer wieder begründet wird, lernt Ihr Hund auch anders. Warum ihm dann also die Bringfreude erst austreiben?

Das Verlorensuchen können Sie auf der Führerrückspur üben. Wenn Sie beispielsweise einen Handschuh oder den Apportierbock „verlieren" ...,

... wird Ihr Hund auf das Kommando „Zurück – Such verloren – Apport!" losstürmen und Ihnen den Gegenstand in aller Regel freudig bringen.

Zur Festigung des Bringens, insbesondere des Rufzeichens „Apport", mit dem Ihr Zögling ja schon vom Welpenalter an vertraut ist, üben Sie mit einem Hasen- oder Kaninbalg oder einem damit überzogenen Apportierholz. Die Wildwittrung wird Ihren Hund zum Fassen veranlassen.

Lassen Sie den Hund sich setzen, halten Sie ihm den Bringgegenstand vor die Nase, bewegen ihn und geben das Rufzeichen „Apport". Ich möchte den Hund sehen, der dann nicht zufasst. Vergrößern Sie die Entfernung bis Sie selbst einige Schritte mitgehen müssen. Hat Ihr Lehrling den Bringgegenstand gefasst, soll er ihn einige Zeit tragen. Danach muss er sich setzen, und mit „Aus" nehmen Sie ihm seine „Beute" wieder ab.

▸ „Bringen-Müssen"

Auch durch Verlorensuchen auf der Führerrückspur können Sie Ihren Hund das „Bringen-Müssen" lehren. Bei Reviergängen, zunächst auf Wegen, Schneisen, später auch abseits davon, legen Sie, wenn Ihr Hund es nicht äugt, z. B. Ihren Handschuh aus, entfernen sich einige Meter, und geben Ihrem Lehrling das Rufzeichen „Zurück – Such verloren – Apport!"

Er wird losstürmen, Ihren Handschuh eräugen, greifen und damit freu-

Das „Bringen-Müssen" können Sie dadurch fördern, dass Sie Niederwild unauffällig auslegen und Ihren Hund dorthin leiten; meistens wird er es greifen und bringen.

Will der Hund auch einmal nicht bringen, fordern Sie ihn mit scharfem „Apport" und Handzeichen in Richtung Wild dazu auf. Notfalls nehmen Sie die Leine zu Hilfe.

dig zurückeilen. Die Entfernung vergrößern Sie nun stets; je größer sie wird, desto mehr muss Ihr Hund nun seine Nase einsetzen. Sie werden sehen, wie viel Freude Ihr Hund an dieser Arbeit hat. Da er bald zu Ihnen zurück will, lernt er, schnell aufzunehmen und zügig zurückzukommen.

Wichtig ist, stets Entfernung und Ort zu wechseln; lassen Sie ihn mal eine kurze, mal eine längere Strecke arbeiten. Wechseln Sie häufig auch den Bringgegenstand. Nehmen Sie auch das Bringholz, ein Stück Wild, Ihr Taschenmesser, Ihr Schlüsselbund. Ihr Hund lernt so, dass am Ende Ihrer Fährte immer etwas liegt, was er bringen muss. Denn findet er einmal nicht gleich, wird er so lange wieder zurückgeschickt, bis er findet.

Das „Bringen-Müssen" können Sie ferner dadurch fördern, dass Sie Niederwild unauffällig in einer Dickung auslegen, Ihren Hund alsdann buschieren lassen und ihn langsam auf das „Objekt" zuleiten. In der Regel wird der Hund das Stück sofort greifen, wie er es ja schon im Welpenalter gelernt hat.

Will er das ausnahmsweise mal nicht, fordern Sie ihn mit einem scharfen „Apport" dazu auf. Führt er schließlich auch diese Übung einwandfrei aus, kommt nunmehr der

Schuss hinzu. Nach dem unauffälligen Auslegen des Wildes lassen Sie den Hund buschieren, schießen sodann und fordern den Hund mit Handzeichen in Richtung des Stück Wildes auf: „Such verloren – Apport!"

Achten Sie aber darauf, dass der Hund nicht sofort nach dem Schuss losstürmt. Der Schussknall darf für ihn kein stellvertretender Such- oder Bringbefehl werden. Lassen Sie also zwischen Schuss und der Aufforderung zum Suchen und Bringen stets einige Sekunden vergehen. Bald wird Ihr Zögling verknüpfen, dass nach einem Schuss und dem Lautzeichen „Such verloren – Apport!" etwas zu finden ist, wenn er nur ausdauernd sucht.

Auch der Teleboc ist ein sehr gutes Hilfsmittel, den Hund das „Bringen-Müssen" zu lehren.

So verknüpft er, dass er unbedingt finden und bringen muss, wenn „Beute" nach dem Schuss zu Boden gefallen ist; er lernt somit das freudige, ausdauernde Suchen bis zum Finden und Bringen.

Sie werden sehen, es geht auch ohne Zwangsapport!

▸ Schleppen

Auf den großen Schleppen muss Ihr Hund letztlich frei laufen und spätestens dann auch lernen, Wild exakt auszugeben. Machen Sie aber jetzt nicht den Fehler, sofort ohne Leine zu üben. Denn hat der Hund erst einmal erfahren, ausbrechen oder mit seiner Beute spielen zu können, wird er es immer wieder versuchen.

Also arbeiten Sie Ihren Hund auch auf den ersten großen Schleppen vorerst noch an der langen Feldleine. Erst wenn dies einwandfrei klappt, kommt der nächste Schritt. An der Halsung befestigen Sie ein etwa zwei Meter langes Stück Leine, das lose herunterhängt, und setzen den Hund jetzt damit an. Treten auch hier nach mehreren Übungen keine Schwierigkeiten mehr auf, können Sie es wagen, ihn völlig frei laufen zu lassen. Bricht er doch mal nach Aufnehmen des Wildes aus, muss er für die nächsten Schleppen wieder konsequent an die lange Leine.

Nun zu den Schleppen selbst. Anfangs sind sie vom Schleppenzieher so zu ziehen, dass der Hund unter Nackenwind arbeitet. So erreichen Sie, dass Ihr Hund die Nase tief herunternehmen muss. Später, wenn er die Schleppenarbeit beherrscht, spielt die Windrichtung keine Rolle mehr: Die Jagdpraxis erfordert ja auch eine Verlorensuche unter allen gegebenen Windverhältnissen.

Verwenden Sie – jedenfalls anfangs – möglichst nur mit Schrot geschossenes Schleppwild. Sie verringern so die Gefahr des Anschneidens. Und hämmern Sie dem Schleppenzieher ein, sich gut zu verstecken und erst dann aus seiner Deckung herauszutreten, wenn der Hund das Stück aufgenommen und zumindest ein Drittel der Strecke zu Ihnen zurückgelegt hat! Es gibt nicht selten Hunde, die vor dem plötzlich hinter ihnen auftauchenden Schleppenzieher so erschrecken, dass sie das Wild fallen lassen und nur mit viel Mühe wieder zur Schleppenarbeit bewegt werden können.

Der Schleppenzieher sollte sich mit Ihnen auch nicht durch Ruf verständi-

Anfangs sind die Schleppen so zu ziehen, dass der Hund sie mit Nackenwind arbeiten muss; das zwingt ihn, die Nase herunterzunehmen. Nehmen Sie immer zwei Stück Schleppenwild.

Unten links – Der „Anschuss“ sollte mit Wolle oder Federn gut markiert sein. Die Schleppe muss auf den ersten Metern möglichst langsam gezogen werden.

Rechts – Sie arbeiten den Hund auf der Schleppe vorerst an der Feldleine. Später befestigen Sie ein etwa zwei Meter langes Stück Leine an der Halsung und lassen ihn erst frei laufen, wenn alles einwandfrei klappt.

Das Ansetzen auf der Schleppe erfolgt in Ruhe und Besonnenheit. Wenn Sie mit der Feldleine arbeiten, sollten Sie dabei Handschuhe tragen. Die schnell durch die Hände laufende Nylonleine kann zu schmerzhaften Verletzungen führen.

Erst wenn sich der Hund auf der Schleppe „festgesogen“ hat, geben Sie ihn frei.

Wichtig ist, dass nicht nur das Schleppwild ständig gewechselt wird, sondern auch der Ort, an dem Sie die Schleppen ziehen lassen.

gen, wenn die Schleppe gezogen ist. Handzeichen sind besser. Ist das Gelände unübersichtlich, kann eine Zeit vereinbart werden, nach deren Ablauf der Hund angesetzt wird. Denn oft orientiert sich ein schon erfahrener Hund an dem Ruf, insbesondere dann, wenn er den Schleppenzieher kennt.

Auch sollte der Schleppenzieher stets Gummistiefel tragen. Es ist leider nicht vermeidbar, dass der Hund auf der Schleppe auch die Bodenverletzungen durch die Trittspur des Schleppenlegers wahrnimmt und bei seiner Arbeit berücksichtigt. Gummistiefel aber dürften zumindest die zur Bodenverletzung hinzukommende menschliche Wittrung in Bodennähe etwas reduzieren.

Auch das Ansetzen des Hundes geschieht in Ruhe und mit Besonnenheit. Sie ziehen ein Stück Leine durch die Halsung und halten beide Enden fest in der Hand. Dann gehen Sie langsam zum Anschuss, lassen Ihren Zögling etwa einen Meter davor „Sitz" machen, warten einige Augenblicke, in denen sich Ihr Hund auf die nun kommende Arbeit konzentrieren kann, zeigen ihm sodann den Anschuss, und mit „Such verloren – Apport!" begleiten Sie ihn noch einige Meter, bis er sich auf der Schleppe „festgesogen" hat, geben das eine Ende der Leine dann frei, der Hund entfernt sich von Ihnen und kann frei suchen.

Immer wenn Sie mit der langen Feldleine arbeiten, schützen Sie bes-

Tipp

Achten Sie stets darauf, dass der Anschuss, der Schleppenanfang also, mit Wolle oder Federn gut markiert ist und das Schleppwild auf den ersten Metern langsam gezogen wird. Selbstverständlich ist, dass der Hund nicht eräugen darf, in welche Richtung die Schleppe geht. Arbeiten Sie auch immer mit zwei Stück Schleppwild, die beide ausgelegt werden: das gezogene Stück zunächst am Ende der Schleppe, das andere kurz vor dem Versteck des Schleppenziehers.

ser Ihre Hände durch Handschuhe. Die durch ungeschützte Hände laufende Nylonleine kann zu erheblichen, schmerzhaften Verletzungen führen. Auch bei der Arbeit mit dem Fuchs sollten Sie Handschuhe tragen, wie es auf den Fotos Seite 78/79 (übertrieben) dargestellt ist.

Hat Ihr Hund das Wild am Ende der Schleppe aufgenommen, soll er damit zügig zurückkommen. Dies können Sie dadurch unterstützen, dass Sie sich klein machen, also in die Hocke gehen. Muntern Sie ihn beim Zurückkommen zunächst ruhig auf (später, insbesondere auf Prüfungen, dürfen Sie das nicht mehr), lassen ihn mit Sichtzeichen „Sitz“ machen, wenn er herangekommen ist, und nehmen ihm nach einigen Sekunden des Wartens das Stück mit „Aus“ ab. Danach sind Lob und hin und wieder auch ein Leckerbissen fällig.

Wichtig ist, dass Sie von Anfang an nicht nur das Schleppwild ständig wechseln, sondern auch den Ort, an dem Sie die Schleppen ziehen lassen. Insbesondere sollten Sie sowohl mit Haar- als auch mit Federwild im Wald und auch im Feld üben, und vergessen Sie nicht, ein oder zwei stumpfe Haken einzulegen.

Üben Sie die Schleppen auf allen Böden und bei jedem Wetter, sei es bei Frost, Regen oder frühmorgens im Tau. So lernt Ihr Zögling z. B. auch das nasse, glitschige Kaninchen zu greifen und mit sicherem Griff zu tragen.

▸ Freiverlorensuche und Bringen von Federwild

Diese Fächer muss Ihr Hund ebenfalls beherrschen, wollen Sie beide die Brauchbarkeitsprüfung z. B. auch nach den Richtlinien des Landes Niedersachsen bestehen.

Hier die Anforderungen: Einer der Prüfer wirft ein Stück Felderwild in ein Feld mit hoher Deckung (z. B. Rüber, Raps, hohes Gras) ohne Verbindung zum Rand. Weder der Hund noch der Führer dürfen dies sehen. In Schrotschussentfernung vom geworfenen Wild wird dem Führer die ungefähre Richtung angegeben, in der das Stück liegt. Auf Befehl des Führers (z.B. „Such verloren – Apport!“) muss der Hund das ausgelegte Stück in Freiverlorensuche finden und seinem Führer zutragen.

Falls der Hund, ohne das Stück gefunden zu haben, zurückkehrt, darf er noch zweimal angesetzt werden. Dabei ist unter „Ansetzen“ jede Einwirkung des Führers auf den Hund zu verstehen, damit dieser die Suche erneut aufnimmt.

Ein Hund aber, der das Wild beim ersten Finden nicht selbstständig

Die Freiverlorensuche von Federwild dürfte Ihrem Hund kaum Schwierigkeiten bereiten. Die anfangs gegen den Wind ausgelegte Ente wird er rasch finden und aufnehmen.

Das flottes Zutragen von ihm verlangt wird, kennt er bereits von anderen Übungen her.

Und auch sauberes Ausgeben nach dem Hinsetzen darf für ihn schon längst kein Neuland mehr sein.

bringt, kann die Prüfung nicht bestehen. Wird der Hund allerdings bei der Suche oder dem Bringen durch außergewöhnliche Umstände gestört, so ist es in das Ermessen der Prüfer gestellt, ihm eine neue Arbeit zu gewähren.

So schwierig, wie diese Anforderungen auf den ersten Blick erscheinen, sind sie in der Praxis in aller Regel nicht – vorausgesetzt, Sie haben Ihren Hund im „Bringen" und „Bringen-Müssen" so ausgebildet, wie ich es in diesem Kapitel beschrieben habe.

Die Freiverlorensuche kennt Ihr Hund schon von der Führerrückfährte, bei der Festigung des „Bringen-Müssens", als Sie Wild beispielsweise in einer Dickung auslegten, der Hund das Stück „buschierend" zu suchen hatte, fand und es Ihnen zutrug, und schließlich von der Wasserarbeit, als Ihr Zögling in Freiverlorensuche totes Wasserwild suchen und bringen musste.

Insoweit ist zu erwarten, dass dieses Fach Ihrem Hund kaum ernsthafte Schwierigkeiten bereiten dürfte. Ich habe es deshalb auch mit an das Ende der Ausbildung des Hundes für die Brauchbarkeitsprüfung gestellt, zumal diese Arbeit für den Hund äußerst lustbetont ist, ihm also Freude bereitet. Geübt werden muss gleichwohl auch dieses Fach.

Bemühen Sie also, einen Helfer, der z. B. in einem Rübenschlag oder im hohen Gras eine Ente auslegt, zunächst gegen den Wind und nur in einer Entfernung von 10 bis 20 Metern vom Feldrand. Der Hund darf dies nicht eräugen. Nachdem Sie einige Augenblicke gewartet haben, damit die Ente Wittrung abgibt, treten Sie an den Feldrand und setzten den Hund mit „Such verloren – Apport!" an. Sie selbst bleiben dort stehen. Der Hund wird losstürmen, in den Wind gehen, die Ente finden und in aller Regel aufnehmen und bringen, wie er es beim „Bringen-Müssen" gelernt hat. Greift er die Ente allerdings mal nicht sofort, fordern Sie ihn mit „Apport" und „Hier" dazu auf. Später dürfen Sie diese Hilfen nicht mehr geben; schon gar nicht bei der Prüfung.

Klappt dieser Übungsteil, wird die Ente jetzt mit Wind in einer Entfernung von 30 bis 50 Metern ausgelegt bzw. geworfen. Die Ente nun auf diese Distanz und unter Wind zu finden, wird Ihrem künftigen Jagdhelfer nach einigen Übungen auch keine Schwierigkeiten mehr bereiten, da er verknüpft hat, dass ausgiebige Such zur Beute führt. Setzen Sie also für die nächsten Tage auch diese Freiverlorensuche mit auf Ihren Übungsplan.

Schweißarbeit

In der so genannten Rudelordnungsphase hat Ihr Hund schon die Anfänge der Schweißarbeit kennen gelernt. Dabei hat er bei den einfachen Fährten für sein Alter schon erfreuliche Leistungen gezeigt, standen am Ende der Arbeit doch immer Annehmlichkeiten.

Nun aber muss Ihr Zögling sowohl die getupfte als auch die getropfte künstliche Schweißfährte arbeiten. Welche dieser beiden Methoden die bessere ist, darüber gehen die Meinungen auseinander. Fest steht, dass jede dieser beiden Handhabungen

Vor- und Nachteile hat. Nach meiner Erfahrung dürfte für den jungen Hund die Arbeit auf der getupften Fährte einfacher sein als auf der getropften. Wir wollen deshalb auch mit der getupften Schweißfährte beginnen.

Als deren Vorteil kommt hierbei offensichtlich die Bodenverletzung hinzu, die beim Aufstoßen des Stockes, an dessen Ende der kleine Schwamm befestigt ist, entsteht. Als besonderer Vorteil gilt, dass der Hund gezwungen wird, die Nase ständig tief zu halten, da die Tupfer stets den Boden berühren, im Gegensatz zur getropften Fährte, wo – je nach Bodenbewuchs – Bluttröpfchen auch verhältnismäßig hoch hängen bleiben.

Da aber auf Prüfungen überwiegend die künstliche Schweißfährte im Tropfverfahren hergestellt wird, müssen wir später auch diese Art der Fährtenlegung üben. Durch den Beginn der Schweißarbeit auf der getupften künstlichen Schweißfährte wird es Ihrem Zögling in aller Regel auch leichter fallen, beim Übergang auf die getropfte Fährte ebenfalls erfolgreich zu sein und den gefundenen Schweiß zu verweisen.

Zweckmäßig ist es, wenn Sie in Ihrem Übungswald gleich mehrere Schweißfährten auszeichnen, z. B. mit farbigen Markierbändern, Farbtupfern oder auch Watte an den Bäumen, die Sie dann nach und nach in Abständen von vier bis fünf Tagen arbeiten. Eine von Ihnen gelegte und ausgezeichnete Schweißfährte wird aber nur einmal gearbeitet! Achten Sie auch bei den ersten Fährten immer

Der Anschuss wird auch schon bei den Übungsfährten mit z. B. einem Band markiert. Dort bringen Sie etwas mehr Schweiß aus als im weiteren Fährtenverlauf …

darauf, dass sie so angelegt sind, dass Ihr Hund sie unter Nackenwind arbeiten muss. Denn das zwingt ihn unausweichlich, die Nase tief herunterzunehmen.

Zunächst lassen Sie die künstlichen Fährten in annähernd gleicher Richtung verlaufen. Mit 50 Metern fangen Sie zunächst an und steigern dann die Strecke langsam bis auf 400 Meter, die Entfernung also, die auf der Brauchbarkeitsprüfung von Ihrem Hund gefordert wird.

Geht er diese Distanz einwandfrei, können Sie beginnen, Haken einzulegen und auch Wundbetten zu schaffen, die er verweisen muss. Für die VGP z. B. sind bei einer Fährtenlänge von 400 Metern zwei stumpfwinkelige Haken einzulegen und ein Wundbett anzulegen, das der Hund verweisen sollte, und nur ein Viertel-Liter Schweiß zu verwenden.

Nun zur Technik der Kunstfährte, zunächst zur getupften. Sie benötigen dazu ein kleines Gefäß mit einem Henkel und einen Stock, an dessen Ende ein etwa sechs Quadratzentimeter großes und zwei Zentimeter dickes Schaumgummistück aufgenagelt ist.

Am Anschuss, den Sie mit einem abgeschärften, in die Erde gesteckten Zweig markieren, tupfen Sie zwei bis drei große Schweiß-/Blutflecken, zu Anfang lieber etwas mehr, damit sich der Hund zu Beginn seiner Arbeit richtig „festsaugen“ kann. Auch etwas Wildhaar (als „Schnitthaar“) macht den Anschuss für Ihren Lehrling be-

Ob man zum Einarbeiten des jungen Hundes die künstliche Schweißfährte besser „tupft“, „tropft“ oder …

… „spritzt", darüber gehen die Meinungen auch bei Fachleuten auseinander. Unbestritten scheint, dass die Bodenverwundung durch das Tupfen für den jungen Hund zumindest in der Einarbeitungszeit einen zusätzlichen Anreiz bedeutet.

stimmt interessanter. Anfänglich tupfen Sie auf den ersten Metern etwas dichter, etwa zweimal, danach nur noch einmal pro Schritt. Geizen Sie zuerst nicht mit dem Blut, und streichen Sie auch nicht den Schwamm am Rande des Behälters ab.

Nach zehn- bis zwanzigmaligem Auftupfen tauchen Sie den Schwamm erneut ein.

Arbeitet Ihr Hund seine ersten Fährten zu Ihrer Zufriedenheit, muss das Blut von Mal zu Mal weniger werden. Schließlich müssen Sie sowohl bei der Brauchbarkeitsprüfung als auch bei der VGP für 400 Meter mit einem Viertel-Liter auskommen; später sollte es bei Übungen noch weniger sein.

Arbeiten Sie keine Fährte sofort nach dem Legen, auch die getupfte nicht. Beginnen Sie mit einer Stehzeit von mindestens zwei Stunden und steigern dann schließlich bis zu fünf Stunden. Längere Stehzeiten werden jedenfalls weder auf der Brauchbarkeits- noch Verbands-Gebrauchsprüfung gefordert. Später, wenn Sie Ihren Hund auch in der Praxis auf Schweiß führen wollen, müssen Sie Fährten bis zu 1500 Metern mit längerer Stehzeit und schließlich auch Übernachtfährten arbeiten. Diese langen Fährten fördern den Durchhaltewillen.

Sobald Ihr Zögling die getupfte Fährte gut annimmt und gründlich ausarbeitet, gehen Sie auf die getropfte Schweißfährte über. Zum Legen dieser Fährte eignet sich am besten eine Plastikflasche, deren Verschluss durchbohrt ist. Durch leichten Druck auf die Flasche tropft oder spritzt das Blut aus der Öffnung. Auch bei dieser Art der Kunstfährte wird am Anschuss und auf den ersten Metern etwas mehr Blut getropft; zum Ende der Fährte wird es dann immer weniger.

Wenn Ihr Hund die getropfte erstmals nach der getupften Fährte arbei-

Um eine künstliche Schweißfährte tupfen zu können, benötigen Sie ein kleines, z. B. mit Rinderblut gefülltes Gefäß mit Henkel und einen Stock, an dessen Ende ein Stück Schaumgummi genagelt wird.

tet, wird er alsbald die ersten größeren Schweißtropfen verweisen. Sodann ist Lob und immer wieder Lob fällig. Mit „Lass' sehen, so recht mein Hund" gehen Sie am Schweißriemen zum Hund vor, interessieren sich ebenfalls für den verwiesenen Tropfen, zerreiben etwas davon zwischen den Fingern und halten es dem Vierläufer mit Lob unter die Nase.

Hat Ihr Hund nach einigen Übungen auch mit dieser Art der künstlichen Schweißfährte keine Schwierigkeiten mehr, wenden Sie bei weiteren Übungen beide Verfahren der Fährtenherstellung abwechselnd an. Vor einer Prüfung arbeiten Sie beide dann nur noch auf die Art, die für die bevorstehende Prüfung ausgeschrieben ist, denn das wird vorschriftsmäßig bekannt gegeben.

Hunde, die beim besten Willen die künstliche Schweißfährte nicht in der erforderlichen Form arbeiten wollen, wurden in der Regel zu spät und/oder nicht umsichtig genug an diese Aufgabe herangeführt.

Zu Beginn sollte ruhig etwas mehr „Schweiß" am „Anschuss" und am Fährtenanfang zu finden sein ...,

Lässt das Interesse Ihres Zöglings an der Schweißarbeit z. B. durch

Überforderung nach, setzen Sie ruhig einmal zwei Wochen mit diesen Übungen aus. Danach treten Sie dann mit hungrigem Hund an, verwenden Wildschweiß und legen ihm einige seiner Lieblingsbrocken in der Fährte aus.

Sollte selbst dieses Mittel nicht weiterhelfen, versuchen Sie folgende Methode: Mit Aufbruch- oder Gescheidestücken oder Teilen von überfahrenem Wild, die Sie in ein Netz tun, ziehen bzw. tupfen Sie eine neue „Übungsfährte". Durch das Ziehen und Tupfen fallen ständig Wolle oder Haar und auch kleine Wildbretteile in die Fährte. Dies gibt Ihrem Hund wieder neuen „Anreiz".

Verweist der Hund bisher noch keinen Schweiß, tropfen Sie an einigen Stellen Schweiß in eine solche „Schleppfährte". Hier wird er dann bestimmt verweisen. Legen Sie auch immer dann, wenn Sie über ein frisch erlegtes Stück Wild verfügen, dies an das Ende der Fährte. Jeder kennt seinen Hund am besten. Sollte dieser – warum auch immer – Lustlosigkeiten bei der Arbeit auf der künstlichen Schweißfährte zeigen, sollten Sie ihm am Ende „zur Belohnung" irgend etwas bieten, was ihn ganz besonders reizt. Das beflügelt die Arbeitsfreude auch des größten „Fährtenmuffels".

Am Anfang der Riemenarbeit steht immer dieselbe Zeremonie, die es

... das macht den Anfang der Arbeit für den jungen Hund interessanter und den Abgang zur Fährte leichter.

Links – Nachdem Sie ruhig, aber interessiert den „Anschuss" untersucht haben, treten Sie zu dem neben dem Riemen abgelegtem Hund und legen ihm die Schweißhalsung an – alles ohne Hast.

Rechts – Unter gutem Zureden führen Sie den Riemen durch seine Vorderläufe ...

... und geleiten ihn zum Anschuss, den er in Ruhe bewinden kann. Dann erst fordern Sie den Hund mit „Such verwundt" auf, den Abgang des Fährtenverlaufes selbst zu finden.

dem Hund insbesondere ermöglichen soll, sich zu sammeln und zu konzentrieren: „Ablegen" des Hundes neben dem niedergelegten Schweißriemen in der Nähe des Anschusses, ruhiges Herantreten des Führers an den Anschuss – genaues Untersuchen des Anschusses – Aufnehmen und Prüfen des Schnitthaares – immer in Ruhe und ohne Hast. Ihr Zögling soll alles eräugen; er kann also auch ruhig sitzen, er braucht nicht zu liegen. Dabei soll sich Ihre Ruhe auf Ihren Hund übertragen.

Dann – langsam zurück zum Hund – Abnehmen der Halsung – Anlegen der Schweißhalsung, an der der Riemen befestigt ist – Durchführung des Riemens zwischen den Vorderläufen des Hundes – alles begleitet von beru-

Ist Ihr Hund von der künstlichen Schweißfährte abgekommen, muss er erneut angesetzt werden. Geizen Sie nicht mit Lob – „So brav, mein Hund" – wenn er wieder „drauf" ist.

Am Ende der Arbeit findet er die gewohnte Decke. Als Anreiz kann man unter ihr einen Hasen oder ein Kanin verbergen, die Ihr Zögling auf dem Rückweg tragen darf. Lassen Sie ihn Ihre Freude, am Stück zu sein, spüren, der Funke wird überspringen.

higendem Zureden – Geleiten des Hundes zum Anschuss und ruhiges Ansetzen.

Lassen Sie ihm dort Zeit, alles in Ruhe zu bewinden, zu untersuchen, und fordern Sie ihn sodann auf: „Such verwundt". Dabei sollte Ihr Zögling den Abgang zum Fährtenverlauf selbst finden. Die Fährte soll er ruhig anfallen, nicht stürmisch. Sie halten deshalb zunächst den Schweißriemen kurz; Ihr Hund bekommt erst dann mehr Riemen, wenn er sich auf der Fährte „festgesogen" hat. Ruhiges Zusprechen wird dem jungen Hund jetzt Hilfe und auch Ansporn sein. Es fällt auch kein „böses Wort", es gibt keine Unannehmlichkeiten, vor allem keinen Zwang.

Kommt der Hund einmal von der Fährte ab, machen Sie nicht den Fehler, ihn sofort mit Worten und/oder dem Riemen zu korrigieren. Bleiben Sie vielmehr einfach stehen, halten Sie den Riemen straff, während der Hund am Riemenende hin und her pendelt. Fordern Sie ihn dann auf mit dem Zuspruch „Zur Fährte" und geben immer dann, wenn er sich zur Fährte eingependelt hat, etwas Riemen nach und sprechen ihm zu, der Fährte zu folgen.

Er muss also immer selbst, erforderlichenfalls durch Bogenschlagen, die Fährte wieder finden. Ihre einzige Hilfe ist hier das Stehenbleiben.

Fällt Ihr Hund die Fährte zu stürmisch, zu temperamentvoll an, „bremsen" Sie ihn mit Stehenbleiben, notfalls unterbrechen Sie die Arbeit und legen den Hund zur Beruhigung, „zum Versammeln", einige Zeit in der Fährte ab. Im Übrigen – einem temperamentvollen Hund sollten Sie vor jeder Schweißarbeit ausreichend Auslauf gewähren.

Ist der Hund von der künstlichen Fährte abgekommen und findet sie selbst durch Bogenschlagen nicht wieder, greifen Sie ein Stück zurück und setzen den Hund erneut an. Will er auf einer Verleitfährte oder -spur davonstürmen, ziehen Sie ihn ruhig unter „Pfui" von dieser Verleitung am Riemen ab, lenken ihn zur Schweißfährte zurück und fordern ihn mit „Zum Bock" oder „Such verwundt" auf, dieser weiter zu folgen. Ist er wieder über der Fährte, loben Sie ihn „So brav, mein Hund".

Achten Sie auch darauf, dass sich der Riemen des Hundes nicht verfängt, was oft eine vermeidbare Störung des Arbeitsrhythmus verursacht.

Dass der Junghund Schweiß und Pirschzeichen verweisen lernt, können Sie dadurch fördern, dass Sie anfangs alle 30 oder 40 Meter geronnenen Schweiß, ein Stückchen Wildbret, Schnitthaar usw. in die Fährte legen und diese Stellen besonders markieren. So können Sie feststellen, ob Ihr Hund etwas überläuft. Sobald er diese Stellen bewindet, loben Sie ihn.

Überhaupt – beobachten Sie genau und prägen Sie sich ein, wie Ihr Hund reagiert, welche Verhaltensweisen, welches Benehmen er zeigt, wenn er z. B. auf der Fährte ist oder von ihr abgekommen ist, wenn er eine Verleitung angenommen hat oder verweist. Jeder Hund reagiert anders. Achten Sie dabei besonders auf die Haltung der Rute!

Den Verlauf der Übungsfährte haben Sie ja markiert, ebenso die Verleitungen. Auf Prüfungen aber und später in der Praxis müssen Sie „blind“ arbeiten, der Nase Ihres Hundes vertrauen. Die Verhaltensunterschiede aber, die Ihr Hund im Einzelfalle zeigt, sind selbstverständlich dieselben auf der markierten wie auf der unmarkierten Fährte. Üben Sie also ruhig hin und wieder auch eine Fährte ohne jegliche Markierung, sobald Sie die Arbeitsmanieren Ihres Hundes schon etwas kennen. Die Bedeutung einer solchen Übung werden Sie bald selbst schätzen.

Auf einer solchen Fährte, deren Verlauf Sie nicht kennen, müssen Sie stets selbst mit auf Schweiß achten, den Sie dann verbrechen, um jederzeit zurückgreifen zu können, falls dies erforderlich wird.

Schweißarbeit dürfen Sie nicht nur bei günstigen Witterungsverhältnissen, sondern müssen Sie bei jedem Wetter üben, insbesondere auch bei Regen, Hitze und Frost. Ebenso wichtig sind Übungen auf den unterschiedlichsten Böden sowie die Arbeit von Fahrten, die einen kleinen Bach, ein Wasser kreuzen.

Mit zunehmender Sicherheit Ihres Hundes werden gleichzeitig die Fährten immer schwieriger, der Schweiß weniger, die Abstände beim Tupfen größer, die Verleitungen häufiger. Am Ende der Kunstfährte liegt dann die gewohnte Decke, die Attrappe. Hier angelangt, erfährt Ihr Hund nur Annehmlichkeiten: Liebkosungen, Lieblingshappen, Ihre übermäßige Freude.

Aber auch das Ende der Fährtenarbeit müssen Sie Ihrem Lehrling abwechslungsreich gestalten. An die Stelle der Decke tritt ein Stück Schalenwild, sobald Sie darüber verfügen, oder unter die Decke kommt ein Kanin oder Hase, den Ihr Zögling dann auf dem Rückweg tragen darf.

Bedenken Sie bei der Arbeit auf der künstlichen Schweißfährte stets, dass auch Ihr Hund verknüpft, dass er hier keiner Wildfährte folgt. Wenn er also die Fährte gleichwohl hält, ist das ein Erfolg Ihrer Anleitung, Ihrer Abführung.

Anmeldung zur Brauchbarkeitsprüfung

Ihr Zögling hat in den vergangenen Wochen und Monaten alles gelernt, was er beherrschen muss, um die Brauchbarkeitsprüfung (BrP) beispielsweise in Niedersachsen nach den zur Zeit geltenden Richtlinien über die Abnahme der BrP bestehen zu können.

Ihr Junghund ist nun schussfest, auch beim Schrotschuss auf das Wasser, zeigt den erforderlichen Gehorsam, kommt auf Pfiff sofort heran, denn er erhält ab und zu immer noch seinen Lieblingshappen. Er bringt freudig Haarwild auf der 300-Meter-Schleppe im Wald und Federwild auf der 150-Meter-Schleppe sowie die Ente schwimmend aus tiefem Schilfwasser. Auch die 400-Meter-Schweißfährte, getupft oder getropft mit nur einem Viertel-Liter Schweiß oder Blut, macht ihm keine Schwierigkeiten. Mit seinen acht bis zehn Monaten ist er jetzt schon so weit, dass Sie ihn bedenken-

Auf der Brauchbarkeitsprüfung (BrP) soll die Ente vom Hund schwimmend aus tiefem Schilfwasser gebracht werden.

los bei Ihrer Kreisjägerschaft (Kreisgruppe) zur Ablegung der BrP anmelden können. In Niedersachsen z. B. schreiben aber die neuen Richtlinien leider vor, dass der Hund mindestens im Jahr zuvor gewölft und zum Zeitpunkt der Prüfung mindestens zwölf Monate alt sein muss. Ihnen bleiben also noch einige Wochen zum Wiederholen und Üben. Diese Zeit sollten Sie auch nutzen.

Die Brauchbarkeitsprüfung wird häufig schon ausgangs des Sommers, etwa im August, abgehalten. Als weitere Prüfung kann Ihr Zögling noch im selben Jahr die HZP ablegen, die regelmäßig im September/Oktober abgehalten wird. Bis dahin muss er dann allerdings noch einige Lektionen lernen, insbesondere zu Fächern vor dem Schuss.

Empfehlenswert ist besonders für unerfahrene Führer im Vorfeld der Brauchbarkeitsprüfung die Teilnahme an einem Ausbildungskurs, den der

Tipp

Falls Sie im Vorfeld der Prüfung mit Ihrem Hund überwiegend allein geübt haben, sollten Sie vor der Brauchbarkeitsprüfung unbedingt noch einige Übungstage einlegen, an denen Sie und Ihr Hund zusammen mit anderen Führern und Hunden gemeinsam arbeiten. Ihr Hund muss nämlich lernen, seine Aufgaben auch in Anwesenheit anderer Hunde, die eine Ablenkung und/oder „Konkurrenz“ darstellen und bei der Prüfung ja anwesend sind, einwandfrei zu erfüllen.

Die Schlepplängen auf der JEP sind in den Bundesländern unterschiedlich, meist jedoch 150 Meter Federwildschleppe mit einem und 300 m Haarwildschleppe mit zwei Haken. Der Hund muss finden, aufnehmen, bringen und ausgeben. Entscheidend ist, dass der Führer in den Besitz des Stückes kommt.

örtliche Gebrauchshundverein oder die Kreisjägerschaft abhalten, um Führer und Hund speziell auf die Brauchbarkeitsprüfung vorzubereiten.

▸ **Tipps für die Prüfung**

Nun noch einige Tipps zur Führung Ihres Zöglings auf der Prüfung:

1. Etwa vier bis fünf Tage vor dem Prüfungstermin üben Sie mit Ihrem Zögling nicht mehr. Ruhe tut ihm besser. Er bekommt nur noch Auslauf.
2. Füttern Sie ihn so, wie Sie es in den letzten Wochen auch getan haben. Er bekommt sein gewohntes Fressen, nicht mehr, nicht weniger, keinesfalls aber kräftigere Nahrung.
3. Auch am Prüfungstag behandeln Sie Ihren Hund wie an jedem anderen (Übungs-)Tag auch. Bleiben vor allem Sie ruhig! Ihre Nervosität überträgt sich allzuleicht auf Ihren Zögling. Seien Sie also völlig gelassen. Sie beide werden es schon schaffen.
4. Futter – ausgenommen den üblichen Lieblingshappen – gibt es am Morgen des Prüfungstages nicht für Ihren Zögling. Gewähren Sie ihm aber kurz Auslauf, damit er nässen und sich lösen kann.
5. Vergessen Sie nicht die Flinte, Patronen, den Impfpass, gegebenenfalls die Ahnentafel, den Jagdschein bzw. Versicherungsnachweis für Führer und Hund und, falls es verlangt wird, auch nicht das Schleppen- bzw. Apportierwild.
6. Nach Abschluss der Prüfung erhält Ihr Hund sein gewohntes gehaltvolles Futter und ein „ruhiges Lager“.

Der Weg zur Verbands-Herbstzuchtprüfung

96 *Feldarbeit*
108 *Wasserarbeit*
114 *Führigkeit, Gehorsam und Arbeitsfreude*
116 *Die HZP – der Prüfungstag*

Feldarbeit

Ihr erstes Etappenziel haben Sie erreicht: Ihr Zögling hat die Brauchbarkeitsprüfung bestanden und damit den Nachweis der Mindestanforderungen an die jagdliche Brauchbarkeit erbracht. Dabei lassen Sie es aber nicht bewenden. Nun gehen Sie beide die zweite Etappe an, die Herbstzuchtprüfung (HZP), deren Sinn und Aufgabe die Feststellung der Entwicklung der natürlichen Anlagen Ihres Hundes ist.

Suche

Hier werden zusätzlich insbesondere Arbeiten vor dem Schuss und eine schwierigere Wasserarbeit verlangt. So soll Ihr Hund im Feld Wild planmäßig und ausdauernd suchen, es finden und vorstehen und Ihnen so Gelegenheit geben, zum Schuss zu kommen. Da Sie ja Ihren Zögling später im vielseitigen Jagdgebrauch einsetzen wollen, müssen Sie ihn in Suche und Vorstehen schon während seiner Erziehung fördern, erst recht aber während seiner Ausbildung.

Bis zu einer flotten, systematischen Quersuche, in Tempo und Nase aufeinander abgestimmt, mit sicherem Ausmachen des Wildes, mit Durchstehen und Nachziehen, ist es allerdings noch ein weiter Weg.

Beginnen Sie die Suche bei gutem Wind (von vorn) in Quersuche. Schicken Sie Ihren Zögling mit Sichtzeichen „Such voran“ nach rechts, folgen Sie ihm langsam, wenden, wenn er sich etwa 50 bis 70 Meter entfernt hat, und gehen alsdann nach links. Ihr Hund, der eräugt, wie Sie sich nun zur anderen Richtung entfernen, wird (bald) ebenfalls wenden und folgen. Lassen Sie ihn herankommen, an sich vorbeilaufen und schicken Sie ihn sodann mit Sicht- und Lautzeichen wieder in die andere Richtung. Dies setzen Sie fort, bis Ihr Zögling den ganzen Schlag gründlich abgesucht hat.

Wichtig ist dabei, dass Sie Ihren Hund kontrolliert, aber frei suchen lassen. Mit einem allzu kurz gehaltenen Hund verbessert man keine Suche! Ihre Aufgabe ist es insbesondere, Ihren Lehrling durch die Quersuche zur

Setzen Sie den Hund mit „Such voran!“ gegen den Wind an, und folgen Sie ihm.

Um die Suchrichtung zu ändern, wenden Sie mit Lautzeichen und geben dem Hund durch Sichtzeichen zu verstehen, wohin er suchen soll. Ändern Sie immer wieder die Richtung, bis der Schlag abgesucht ist. Wichtig ist ständige Anleitung zu flotter Quersuche und Planmäßigkeit mit ständigem Führerkontakt.

Planmäßigkeit anzuleiten. Suchen Sie ein Gelände aus, in dem Ihr Hund auch Wild, am besten Federwild, findet. Er wird dann den Zweck seiner „Arbeit“ begreifen: Bei ausdauernder Suche finde ich. Arbeiten Sie Ihren Hund auch in Gelände mit guter Deckung und später auch ohne Rücksicht auf die Windrichtung.

Beim Richtungswechsel und beim Wenden pfeifen Sie jedes Mal kurz und geben gleichzeitig das Sichtzeichen für die neue Richtung, in die Ihr Hund die Suche fortsetzen soll. Durch die Quersuche und die Laut- und Sichtzeichen erreichen Sie gleichzeitig, dass Ihr Zögling lernt, auf Sie zu achten, zu Ihnen Kontakt zu halten. Später, wenn Sie meinen, Ihr Hund sollte wenden, geben Sie dann nur noch ein Lautzeichen.

Die Suche soll flott sein, geprägt von Finderwillen. In der Regel wird Ihr Hund die Suche auch anfangs zügig angehen. Sobald er aber in Trab fällt und sich dies wiederholt, muntern Sie ihn auf und brechen alsdann die Übung ab. Am nächsten Tag geht es mit neuer Kraft an eine neue flotte Suche. Eine bloße Trabsuche dürfen Sie nicht zulassen.

Vorstehen

Mit den Vorübungen zum Vorstehen haben Sie Ihren Hund bereits im Welpenalter an der Übungsangel vertraut gemacht. Er kennt daher auch schon das Lautzeichen „Ruhe“. Die angewölfte Anlage zum Vorstehen, die Ihr Zögling an der Übungsangel gezeigt hat, muss jetzt weiter gefördert, vertieft und gefestigt werden. Voraussetzung dafür und für sicheres Vorstehen ist unter anderem die völlige Beherrschung der „Down“-Übung.

Schon anlässlich der Quersuche wird Ihr Hund Gelegenheit zum Vorstehen bekommen. Laufen Sie nun

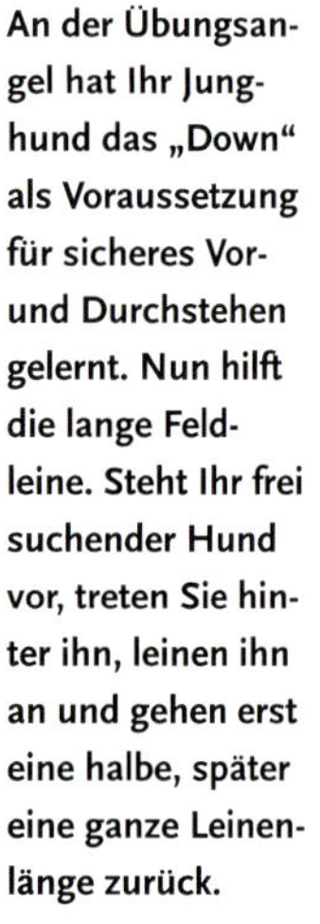
An der Übungsangel hat Ihr Junghund das „Down“ als Voraussetzung für sicheres Vor- und Durchstehen gelernt. Nun hilft die lange Feldleine. Steht Ihr frei suchender Hund vor, treten Sie hinter ihn, leinen ihn an und gehen erst eine halbe, später eine ganze Leinenlänge zurück.

auf keinen Fall einfach auf Ihren Zögling zu. Dies würde ihn nur zum Einspringen verleiten. Nähern Sie sich ihm langsam mit einem stets wiederholten, beruhigenden lang gezogenen „Ruuuhe“.

Zieht Ihr Hund bereits von allein nach, wie er es ja immer wieder an der Angel getan hat, wenn der Balg weiter gezogen wurde, lassen Sie ihn gewähren. Folgen Sie ihm ruhig und achten Sie darauf, dass er immer wieder zum Vorstehen kommt.

Wird er heftig, muss er auf Triller in die Downlage. Gehen Sie sodann behutsam an ihn heran und schicken ihn alsbald mit „Voran, langsam voran, Ruuuhe“ wieder vor. Wird er wieder zu schnell, trillern Sie ihn ’runter. Jeden Versuch Ihres Zöglings, vorwärts zu drängen, müssen Sie schon im Ansatz ersticken!

Vorgestandenes Wild, einen Fasan zum Beispiel, treten Sie immer selbst heraus, schicken aber zuvor Ihren Hund mit Triller in die Downlage. Missachtet er den Pfiff, kommt er an die kurze Leine, und es folgen einige „Down“- Übungen. Bald schon hat Ihr Hund begriffen, dass er vor abstreichendem oder aufstehendem Wild „Down“ zu machen hat. Der eine kapiert es früher, der andere später.

Viele Hunde zeigen bereits nach wenigen Übungswiederholungen befriedigende Vorstehergebnisse, insbesondere wenn die angewölfte Anlage schon im frühen Welpenalter geweckt wurde. Sollte es aber wirklich einmal nicht klappen, nutzen wir wieder den Nachahmungstrieb des Junghundes. Bemühen Sie dazu Ihren Jagdfreund, der einen älteren Vorstehhund führt, der fest durchsteht und mit Ihrem Junghund vertraut sein sollte. Dieser macht ihm einfach das Vorstehen anlässlich einer Quersuche vor. Sobald der ältere Hund Wild festmacht, ge-

Nun ertont ein leiser Doppelpfiff, und gleichzeitig ziehen Sie Ihren Lehrling behutsam zu sich und loben ihn. Später pfeifen Sie ihn ab, ohne an der Leine zu ziehen, und wenn das klappt, lassen Sie diese ganz weg.

hen Sie langsam mit Ihrem angeleinten Hund auf den vorstehenden Hund so zu, dass auch Ihr Hund in den Wind kommt. Und siehe da – auch er erstarrt zur Bildsäule.

Zur weiteren Festigung des Vorstehens benutzen wir jetzt die lange Feldleine. Ihr Hund sucht im wildreichsten Revierteil. Steht er vor, treten Sie langsam an ihn heran, liebkosen ihn, sprechen leise auf ihn ein: „So recht", befestigen die Feldleine an der Halsung und treten auf halbe, später auf ganze Leinenlänge hinter Ihren Hund. Nun ertönt ein leiser Doppelpfiff, und gleichzeitig ziehen Sie Ihren Hund an der Leine zurück.

Sein Ankommen bei Ihnen wird gelobt, Sie sprechen leise auf ihn ein und schicken ihn erneut dann voran. Kommt er wieder zum Vorstehen, treten Sie ganz langsam neben ihn, liebkosen ihn, gehen zurück und pfeifen ihn ab. Diese Übung wiederholen Sie einige Male. Schließlich pfeifen Sie ihn ab, ohne an der Leine zu ziehen, später lassen Sie die Leine ganz weg.

▸ Erstes Bringen über Hindernis

Beginnen Sie mit dem Befehl „Hopp" über einen kleinen Graben oder einem quer liegenden Baum. Springen Sie zusammen mit Ihrem angeleinten Zögling jeweils mit diesem Rufzeichen einige Male selbst über das Hindernis. Dann darf es Ihr Hund allein. Sie werden feststellen, dass er bei „Hopp" jedes Mal freudig zum Sprung ansetzt und es bisher wohl kaum eine Übung gab, die er so schnell „begriff". Nutzen Sie auch bei Ihren Reviergängen und bei der Suche immer wieder Gelegenheiten, Ihren Hund mit „Hopp" über natürliche Hindernisse zu schicken. Mehr als drei bis vier Sprünge hintereinander sollten Sie ihm aber im Entwicklungsalter noch nicht zumuten.

Überspringt er schließlich auf Rufzeichen, ohne zu zögern, in Wald und Feld natürliche Hindernisse, muss er nun ergänzend noch dazu lernen, dies gleichzeitig auch mit Wild (oder auch dem Bringbock) im Fang zu tun.

Gehen Sie deshalb z. B. an einen Graben, lassen Ihren Lehrling etwa zwei Meter davor „Sitz" machen, nehmen ein Stück Wild, z. B. ein Kanin oder eine Taube, treten an den Graben heran, werfen das Stück auf die andere Seite, treten dann wieder neben Ihren Hund zurück, und mit dem Rufzeichen „Hopp – Apport" fordern Sie ihn auf, den Graben zu überwinden und das dorthin geworfene Wild zu bringen.

Bei den ersten Sprüngen Ihres Zöglings mit Wild kann es vorkommen, dass ihm das Stück beim Aufsprung aus dem Fang gleitet, da ihm der rich-

Tipp

Junge Hunde springen im Allgemeinen recht gern; sie haben regelrecht Freude daran. Nutzen wir also diese Freude am Springen so weit als möglich für die Ausbildung aus. Die spätere Jagdpraxis verlangt von einem Jagdgebrauchshund manchmal das Überspringen von Hindernissen auch mit Wild im Fang. Und schließlich ist spätestens auf der VGP das Bringen von Fuchs über Hindernis Prüfungsfach.

Mit „Hopp!“ springen Sie anfangs selbst mit dem angeleinten Hund über natürliche Hindernisse wie Gräben oder Baumstämme.

Schon bald werden Sie feststellen, dass der Hund bei „Hopp!“ problemlos und sogar mit Freude zum Sprung ansetzt.

Später muss Ihr Hund lernen, diese Übung mit Wild oder dem Bringbock im Fang zu absolvieren. Lassen Sie ihn dazu vor einem Hindernis „Sitz“ machen, werfen das Stück auf die andere Seite, und mit dem Rufzeichen „Hopp – Apport!“ fordern Sie ihn auf zu bringen, was er freudig tun wird.

tige Griff noch fehlt. Geben Sie dann nicht sofort ein Rufzeichen, denn Ihr Hund wird in der Regel von allein nachfassen und aufnehmen. Nur wenn er es von sich aus nicht tun sollte, folgt ein scharfes „Apport".

Auch jetzt achten Sie stets auf korrektes Bringen, Hinsetzen und Abgeben, dann folgt Lob. Spätestens nach drei bis vier Sprüngen kennt Ihr Zögling auch den richtigen Haltegriff.

In den nächsten Wochen und Monaten üben Sie nun „Hopp" an den unterschiedlichsten Hindernissen und schließlich mit zunehmend schweren Bringgegenständen, z. B. einem Hasen. Übertreiben Sie das Bringen über Hindernis aber nicht! Klappt eine Übung auf Anhieb, hören Sie vorerst auf! Denn bis zur VGP, auf der Bringen von Fuchs über Hindernis Prüfungsfach ist, haben Sie ja fast ein Jahr Zeit.

Gleichwohl sollten Sie insbesondere zur Kräftigung der Nackenmuskulatur Ihres Hundes hin und wieder auch mal mit ihm schwere Bringbock-Apportierübungen einlegen, z. B. auf der Führerrückfährte.

„Down – Vorwärts"

Diese Übung, ein Vorwärtsbewegen des Hundes, ohne sich dabei aufzurichten, hatten wir bisher zurückgestellt, da das Lehren dieser Übung auf den jungen Hund stark einwirkt, ihn beeindruckt, ja sogar einschüchtern kann. Jetzt aber, im Alter von acht bis zehn Monaten, kann und muss er es lernen.

Denn „Down – Vorwärts" ist eine sehr wirksame Führungshilfe, ein noch besseres Korrekturmittel. Gleichwohl wird meist das Vertrauensverhältnis zwischen Hund und Ihnen dann nicht mehr gestört, beherrscht der Hund diese Übung erst einmal. Auch zur „Einstel-

Bei der Übung „Down – Vorwärts" stehen Sie auf etwa Leinenlänge (später an der langen Leine) vor dem Hund, der sich in der Downlage befindet, und auf das Rufzeichen „Vorwärts" ziehen Sie leicht an der Leine.

Sobald sich der Hund nur ein kleines Stück erhoben hat, heißt es erneut „Down!" Mit abwechselndem „Vorwärts" auf Leinenzug und „Down!" durch Drohen mit der Gerte oder Trillerpfiff bewegt sich Ihr Hund robbend auf Sie zu.

lung" des Hundes auf eine kommende Übung, die er beispielsweise zuvor doch etwas nachlässig ausgeführt hat, ist „Down – Vorwärts" gut geeignet.

Nun zur Übung selbst. Ihr Zögling liegt angeleint in Downlage. Sie stehen kurz vor ihm, in der linken Hand das Leinenende, in der rechten eine Gerte. Mit „Vorwärts" ziehen Sie leicht an der Leine. Erhebt der Hund sich nicht sofort ein wenig, können Sie auch noch ein kurzes „Hier" zwischenschalten. Sobald sich Ihr Hund nur ein kleines Stück erhoben hat, heißt es „Down". Mit abwechselndem „Vorwärts" und „Down" oder Trillerpfiff, mit leichtem Leinenzug auf „Vorwärts" und dem Drohen mit der Gerte auf „Down" bewegt sich Ihr Hund nun kriechend, robbend auf Sie zu, wobei Sie gleichzeitig rückwärts gehen. Eine Entfernung von drei bis vier Metern genügt fürs Erste, denn

Wichtig ist, dass diese Übung immer wieder aufgelockert wird.

die Übung ist für Ihren Zögling sehr anstrengend und für viele Hunde deprimierend.

In den nächsten Tagen können Sie die Entfernung etwas erweitern, die Ihr Hund kriechend zurücklegen muss, und so die Übung auf zwei bis drei Minuten ausdehnen. Sehr wichtig ist, dass Sie den Hund nach der Übung stets ausgiebig auflockern, solange Sie diese Übung lehren! Später ist dies nicht mehr erforderlich, denn Sinn des „Down – Vorwärts" soll ja sein, den Hund zu beeindrucken.

Sitzt die Übung, gehen Sie auf die lange Leine und damit auf größere Entfernung über, sogar 30 bis 40 Meter, aus der Ihr Hund herankriechen muss. Dabei bleiben Sie aber jetzt stehen und verwenden als Rufzeichen nur noch „Vorwärts". Klappt es schließlich auch an der langen Leine, können Sie dann dieses Hilfsmittel ebenfalls weglassen und mit dem Hund unangeleint üben.

Wenden Sie später im Rahmen der weiteren Ausbildung Ihres Zöglings „Vorwärts" aber nur dann an, wenn Sie gezwungen sind, einmal stark auf den Hund einwirken zu müssen, z. B. bei vermehrtem Ungehorsam. Denken Sie stets daran, wie unangenehm diese Übung für Ihren Hund ist und wie sehr sie ihn anstrengt.

▸ Hasenspur

Die Spurarbeit, ohnehin Pflichtfach auf der Verbandsjugendprüfung (außer Derby bei Deutsch Kurzhaar), kann auch Prüfungsfach der Herbstzuchtprüfung sein, wenn dazu vom Veranstalter Gelegenheit gegeben wird. Die Spurarbeit wird auf der Spur des gesunden, für den Hund nicht mehr sichtbaren Hasen geprüft.

Auch diese Arbeit auf der Gesund-Hasenspur muss geübt sein. An die erste warme Hasensasse hatten Sie Ihren Zögling im Alter von vier bis fünf Monaten herangeführt und ihn die Spur ein Stück an langer Leine arbeiten lassen. In den vergangenen Monaten haben Sie gelegentlich eine Hasenspur geübt, stets an langer Leine, um Sichthetzen zu vermeiden. Ihren Hund haben Sie so im Nasengebrauch und Spurwillen geübt, bei jedem Wetter und unterschiedlichsten Bodenverhältnissen. Die Arbeit hat meist recht gut geklappt, zeigte Ihr Junghund doch zunehmend genug Spurwillen und Spursicherheit, was beides beurteilt wird.

Nun aber müssen Sie dem Hund auch freie Folge auf der Gesund-Hasenspur gewähren. Der Übergang von der Leine zur freien Folge macht regelmäßig keine Schwierigkeiten, solange Ihr Hund keinen Hasen sticht und/oder im „Down" bereits durchgearbeitet ist. Wie sonst auch, suchen Sie sich im Feld – weitab von befahrenen Straßen – einen Hasen, machen ihn hoch, ohne dass es Ihr Hund eräugen kann. Sobald der Hase außer Sichtweite ist, setzen Sie Ihren Hund an. Wie bei den Schleppen haben Sie anfänglich ein Stück Schnur durch die Halsung gezogen, deren eines Ende Sie freigeben, sobald sich Ihr Zögling auf der Spur „festgesogen" hat. Klappt auch die freie Folge auf der Gesund-Hasenspur etwa 400 bis 600 Meter, lassen Sie es dabei bewenden.

Weitab von befahrenen Straßen suchen Sie im Feld einen Hasen und machen ihn, ohne dass der Hund es eräugt, hoch. Wie bei den Schleppen haben Sie ein Stück Schnur durch die Halsung gezogen, die Sie freigeben, sobald sich Ihr Hund „festgesogen“ hat.

Ist Ihr Zögling im „Down“ durchgearbeitet, zwingen Sie ihn immer dann in die Downlage, wenn es gilt, Sichthetzen zu vermeiden, die unnötige Unruhe ins Revier bringen.

Irgendwann wird Ihr Hund auch einmal den sich drückenden Hasen stechen. Dies steigert zwar seinen Folgedrang auf der Spur; einer guten Spurarbeit folgt nun aber eine „Hetze aufs Auge". Solche Sichthetzen – kommen sie wiederholt vor – sind aber gerade bei jungen Hunden geeignet, insbesondere die Vorstehanlagen zu verdrängen und eine „Suche aufs Auge" zu fördern, was unerwünscht ist. Vermeiden Sie also solche Situationen und unterbinden Sie Sichthetzen am gesunden Hasen. Ist Ihr Zögling in den Gehorsamsfächern, insbesondere im „Down", durchgearbeitet, zwingen Sie ihn in die „Down"-Lage, sobald ein Hase vor ihm flüchtig wird.

Hat Ihr Zögling die Prüfungen (VJP oder HZP) bestanden, auf denen die Spurarbeit geprüft wird, ist es zweckmäßig, ihn die Gesund-Spur nicht mehr arbeiten zu lassen, vielmehr auf die Krank-Spur des Hasen überzugehen und somit zu unserem eigentlichen Ausbildungsziel, einen möglichst sicheren Verlorenbringer auf der Krank-Spur des Hasen heranzubilden.

Dazu eignen sich unter anderem kleine Treibjagden, wenn der Jagdherr einwilligt. Doch ist in jedem Fall zu gewährleisten, dass sofort ein sicherer Verlorenbringer geschnallt werden kann, sollte Ihr Junghund auf der Krank-Spur noch nicht befriedigend arbeiten oder gar einmal versagen.

Verlorenbringen

Federwild-, Haarwildschleppe und Art des Bringens sind auf der HZP je ein Prüfungsfach. Während noch auf der JEP (oder heute BrP) für eine ausreichende Arbeit nach dem Schuss allein entscheidend ist, dass der Hund Sie in den Besitz des Stückes bringt, der Stil der Arbeit und die Art der Ausführung dabei also nur eine untergeordnete Rolle spielen, wird auf der HZP die Art und Ausführung des Bringens gewertet, das heißt die übungsmäßig erlernte Fähigkeit, wie der Hund z. B. das Huhn, den Hasen aufnimmt, mit richtigem Griff trägt und beim Führer abgibt.

Das Verlorenbringen von Federwild wird mangels anderer Möglichkeiten meist auf der Federwildschleppe geprüft. Diese Schleppe ist mindestens 150 Meter lang und wird auf bewachsenem Boden mit Nackenwind unter Einlegung von zwei stumpfwinkeligen Haken gelegt. Am Schleppenende und vor dem versteckten Schleppenzieher wird je ein Stück der gleichen Wildart ausgelegt.

Schleppen haben Sie mit Ihrem jungen Hund schon ausgiebig gearbeitet; der Hund hat dabei gelernt, selbstständig zu finden, rasch aufzunehmen und freudig zu bringen. Bei der weiteren Vorbereitung ihres Hundes auf die HZP arbeiten Sie von nun an Schleppen von unterschiedlicher Länge zwischen 150 und 300 Metern, mit Haken nach links und rechts, oder auch nur nach links oder nur nach rechts. Sie werden sehen, auch dies bringt für sIhren Zögling keine Schwierigkeiten, stetes Üben vorausgesetzt.

Die Haarwildschleppe der HZP, mindestens 300 Meter lang, hat ebenfalls zwei stumpfwinkelige Haken, wobei der erste nach 100 Metern eingelegt wird. Auch die Haarwildschleppe arbeiten Sie nun mit unterschiedlichen Längen von 200 bis 500 Metern mit jeweils anders angeordneten Haken sowie auf unterschiedlichem Boden, sowohl im Wald als auch auf der Wiese. Tauschen Sie jetzt auch hin und wieder das geschleppte gegen das ungeschleppte (frische) Stück Wild am Schleppenende aus, und lassen Sie dann schließlich am Schleppenende jeweils nur noch das frische Stück liegen, wie es VZPO und VGPO erfordern. Üben Sie Schleppen auch auf feuchtem, nassem Boden, insbesondere bei Regen. So lernt Ihr Zögling auch, ein durchnässtes, „glitschiges" Kanin zu greifen und mit richtigem Griff zu tragen. So vorbereitet, erleben Sie dann auf den Prüfungen sicher keine Überraschung.

Jetzt zahlt sich auch aus, dass Sie von Anfang an mit Wild der unterschiedlichsten Art gearbeitet haben, auch schon bei den Vorübungen zum Bringen. Er lernte schon als Welpe das Beutemachen, also das schnelle Aufnehmen und den richtigen Griff – nicht zu fest, aber auch nicht zu zaghaft –, sowohl bei der Taube und der Ente als auch beim Kanin. Zu Ansätzen von Knautschen haben Sie es erst gar nicht kommen lassen, da Sie jedes Spielen mit der Beute schon früh unterbanden.

Sobald Ihr Zögling die Schleppen zu Ihrer Zufriedenheit arbeitete, achteten Sie auch schon auf korrektes Ausgeben des Wildes. Hier müssen Sie nun weiter üben und dürfen dabei gerade jetzt keine Nachlässigkeit Ihres Hundes mehr dulden. Ist er herangekommen, hat er sich auf leises Rufzeichen „Sitz", wobei ein kaum hörbares

Legen Sie die Schleppen in unterschiedlicher Länge mit Haken, sowohl im Wald als auf der Wiese, mal bei Regen und mal bei Trockenheit. Das geschleppte Wild wird jetzt wiederholt gegen das ungeschleppte am Schleppenende ausgetauscht.

Der Hund beherrscht schnelles, sicheres Aufnehmen, und den richtigen Griff bei unterschiedlichem Wild hat er auch.

Tipp

Auch bei den Schleppen dürfen Sie es nie übertreiben. Wenn Sie Ihrem Hund in der Woche zwei, maximal drei Schleppen ziehen lassen, genügt dies völlig. Wie auch bei der Schweißarbeit, sollte Ihr Zögling Schleppen nur mit leerem Magen arbeiten; Jagdinstinkt und Finderwille sind dann weit mehr geschärft. Außerdem ist es sinnvoll, vor der einen oder anderen Schleppenarbeit einige Gehorsamsübungen einzulegen, um den Vierläufer auf eine konzentrierte Arbeit einzustellen.

Zischen ausreicht, und schließlich allein auf Sichtzeichen zu setzen. Das Wild lassen Sie ihn jetzt ruhig etwas länger im Fang halten, 20, 30, 60 Sekunden. Erst auf das Kommando „Aus" darf er es abgeben. Hat es geklappt, ist ein Lob fällig.

Nachlässigkeit darf beim Ausgeben nicht geduldet werden.

Wasserarbeit

„Verlorensuchen in deckungsreichem Gewässer" und „Bringen der Ente" sind ebenfalls Prüfungsfächer der HZP. Sie werden nach der „Schussfestigkeit am Wasser" und gemäß *PO Wasser* vor dem „Stöbern mit Ente" geprüft.

- **Verlorensuchen in deckungsreichem Gewässer**

Zur Verlorensuche im Wasser wird eine frisch erlegte Ente so in eine Deckung geworfen, dass der Hund über eine freie Wasserfläche in die Deckung geschickt werden muss. Der Hund darf dabei weder das Werfen noch die Ente vom Ufer aus eräugen können; er muss sie aber finden und bringen.

Bei dieser Arbeit dürfen Sie Ihren Hund unterstützen und lenken. Das setzt natürlich voraus, dass Sie wissen, wo die ins Wasser geworfene Ente liegt. Wenden Sie also Ihren Hund vom Helfer ab, der die Ente wirft, nicht aber sich selbst. Sie behalten also den Werfer im Auge, knien sich vor dem sitzenden Hund nieder, nehmen seinen Kopf und Nacken in beide Hände, so dass er nichts äugen kann. Lassen Sie ihn aber das Aufklatschen der Ente auf dem Wasser hören, machen Sie ihn darauf aufmerksam! Er verknüpft sehr rasch, dass nach diesem Geräusch bei ausdauernder Suche Beute zu machen ist.

Die Stelle, an der Sie Ihren Hund über die freie Wasserfläche ins Schilf schicken sollen, wird Ihnen auf der Prüfung angezeigt. Da Sie wissen, in

Der Hund darf weder das Werfen noch die im Wasser liegende Ente eräugen. Sie selbst sollten jedoch (nicht, wie auf dem Bild zu sehen) verfolgen, wohin der Breitschnabel fällt, damit Sie Ihrem vierläufigen Begleiter Unterstützung beim Suchen und Finden geben können.

Lassen Sie Ihren Hund das Aufklatschen der Ente auf dem Wasser hören und machen Sie ihn darauf aufmerksam. Er verknüpft schnell, dass nach diesem Geräusch und ausdauernder Suche Beute zu machen ist.

welcher Richtung dazu die Ente liegt, können Sie Ihren Zögling jetzt durch Laut- oder auch Sichtzeichen, wenn es die Deckung zulässt, in die gewünschte Richtung lenken, vorausgesetzt, Ihr Hund lässt sich wie bei der Suche im Feld – auch im Wasser mit Laut- und Sichtzeichen dirigieren, was vorher geübt und immer wieder geübt werden muss.

Lassen Sie also an Ihrem Übungsgewässer von einem Helfer wiederholt, aber an immer wieder anderen Stellen eine Ente ins Wasser werfen. Vergrößern Sie dabei zunehmend die Entfernung zwischen Ente und Ansetzen des Hundes und lenken Sie den Vierläufer dann mit Laut- und Sichtzeichen, die schließlich leiser und seltener werden.

Erst gehen Sie auf Ihren Zögling zu, dann, beim Aussteigen, drei bis vier Schritte rückwärts. So „ziehen" Sie ihn gewissermaßen aus dem Wasser und bringen ihn wie gewohnt zum korrekten Ausgeben.

Bringen der Ente

Bisher haben Sie Ihrem Hund den Breitschnabel schon abgenommen, sobald er das Ufer erreicht hatte, möglichst noch im Wasser, um so ein Fallenlassen der Ente oder Schütteln des Hundes zu vermeiden. Da die HZP aber auch ein korrektes Ausgeben fordert, muss er dies nun auch bei der Wasserarbeit lernen.

Sobald der Hund mit der Ente das Ufer erreicht, gehen Sie zunächst zwei bis drei Schritte auf ihn zu, dann – vor dem aus dem Wasser steigenden Hund – drei bis vier Schritte rückwärts, „ziehen" Ihren Zögling also quasi aus dem Wasser und bleiben mit dem scharfen Anruf „Sitz" stehen. Danach nehmen Sie ihm die Ente mit „Aus" ab.

Diese Übung wiederholen Sie so lange, bis es klappt. Dabei steigern Sie langsam die Zeit zwischen „Sitz" und „Aus". Schütteln darf sich Ihr Hund erst dann, wenn er ausgegeben hat. Schüttelt er sich vorher und behält dabei aber die Ente im Fang, darf ihm dies auf der HZP allerdings nicht als Fehler angerechnet werden.

▸ **Stöbern mit Ente in deckungsreichem Gewässer**

Seit dem Junghundalter ist Ihr Zögling vertraut mit dem nassen Element. Er nimmt seither das Wasser gern an, zeigt auch Passion, arbeitet freudig, ist er doch dort immer wieder auf Entenwittrung gestoßen. Auf der HZP muss er nun hinter der Ente stöbern, insbesondere also selbst schwimmend die Schwimmspur der nicht sichtigen Ente mit der Nase arbeiten (vgl. § 37 VZPO). Nach der Prüfungsordnung soll die Ente dann vor dem Hund geschossen, von ihm gebracht und korrekt ausgegeben werden.

Die Prüfung hinter der lebenden Ente darf aber erst dann durchgeführt werden, wenn der Hund Schussfestigkeit und sicheres Verlorensuchen und -bringen einer toten Ente unter Beweis gestellt hat.

Am Wasser arbeiten Sie möglichst an kühlen Tagen oder sehr früh morgens, wenn noch keine Thermik die Wittrung davonträgt. Ein Helfer setzt die Ente in der Deckung aus, ohne dass er den Anschuss markiert. Diese Vorbereitung darf der Hund nicht eräugen können. In Schrotschussentfernung zum Aussetzort bzw. von der Ente setzen Sie den Hund an (stets ohne Halsung!) und fordern ihn zur Suche auf. Der Hund soll die Ente selbstständig suchen und finden. Dass Sie von Anfang an auf ein „Ins-Wasser-Gleiten“ geachtet haben, kommt Ihrem Hund jetzt zugute: Stößt er näm-

Ein Helfer setzt die Ente in der Deckung aus, ohne den „Anschuss“ zu markieren. Die Ente wird vorher nach der Methode Prof. Müller vorübergehend flugunfähig gemacht, maßgeblich für die Arbeit hinter der lebenden Ente ist die *PO Wasser* des JGHV.

Die Arbeit des Hundes an der lebenden Ente

Diese Arbeit ist nach wie vor umstritten und in den einzelnen Ländern unterschiedlich geregelt. Es gibt dazu eine Reihe erstinstanzlicher Urteile mit ganz gegensätzlichen Entscheidungen. Aber selbst Oberlandesgerichte sind sich in dieser Frage nicht einig. In der Berufung gegen ein Urteil des Schleswig-Holsteinischen Verwaltungsgerichtes, das auf Tierschutzkonformität der Ausbildung von Jagdhunden auf der Duftspur der lebenden Ente erkannt hatte, befand das Schleswig-Holsteinische Oberverwaltungsgericht am 17. März 1998 (4 L 219/94), dass das Üben und Prüfen von Jagdhunden hinter der lebenden Ente durch die so genannte „Jagdklausel" nicht gerechtfertigt sei. Gegen dieses Urteil läuft derzeit eine Revision.

Eine gegensätzliche Rechtsauffassung vertritt das Oberverwaltungsgericht Nordrhein-Westfalen in Münster. Mit einem Urteil vom 30. Juli 1998 (RdL 1998, 331) befand es, dass die Arbeit hinter der lebenden Ente nach der gültigen Wasserprüfungsordnung des JGHV durch die Jagdklausel gerechtfertigt ist. Daraufhin schlossen das Ministerium für Umwelt, Raumordnung und Landwirtschaft des Landes Nordrhein-Westfalen und der Jagdgebrauchshundverband e.V., die Kynologische Arbeitsgemeinschaft NRW sowie der Landesjagdverband NRW am 8./17. November 1998 eine Vereinbarung, deren Ziel es ist, die Rahmenbedingungen für die tierschutzgerechte Ausbildung und Prüfung von Jagdhunden zur Wasserjagd festzulegen. Damit ist auch die Ausbildung von Jagdhunden legalisiert.

Inzwischen liegt auch ein Urteil des Oberverwaltungsgerichtes Rheinland-Pfalz zu diesem Thema vor. Im Urteil vom 20. März 2001 wird festgestellt, dass wegen fehlender Vorschriften in der Prüfungsordnung für den Nachweis der jagdlichen Brauchbarkeit in Rheinland-Pfalz zum Fach „lebende Ente" diese Hundearbeit auch nicht notwendig sei. Eine Beschwerde gegen dieses Urteil ist anhängig.

Die Zulässigkeit der Arbeit hinter der lebenden Ente in Niedersachsen geht auf das Urteil des OLG Celle vom 12. Oktober 1993 (Natur und Recht 1994, 515) zurück. Als Ausfluss dieser Entscheidung wurde der Erlass, der die Arbeit hinter der lebenden Ente generell verboten hatte, aufgehoben, und vom JGHV die Wasserprüfungsordnung für alle seine Vereine verbindlich eingeführt. Bis zu einer höchstrichterlichen Entscheidung richtet sich die Ausbildung und Prüfung von Jagdhunden an der lebenden Ente auch in Niedersachsen allein nach der *PO Wasser* des JGHV. Deren Grundlage, die auf S. 71 angesprochene frühere Vereinbarung zwischen dem MELF und dem JGHV, haben beide Seiten, wie bereits erwähnt, in gegenseitigem Einvernehmen im Januar 2001 aufgehoben.

Der Hund wird angesetzt, soll ins Wasser „gleiten“ und der frischen Schwimmspur der Ente folgen. Auf der HZP darf der Hund hinter der lebenden Ente erst geprüft werden, wenn er zuvor Schussfestigkeit im Wasser, sicheres Verlorensuchen und Verlorenbringen einer toten Ente unter Beweis gestellt hat. Zur Wasserarbeit wird der Hund grundsätzlich immer nur ohne Halsung geschickt!

Nimmt der Breitschnabel die freie Wasserfläche an und kommt es so zur Sichtarbeit des Hundes, erlegen Sie die Ente und lassen den Hund dann bringen. Überhaupt sollte der Schrotschuss in Richtung einer geworfenen, toten Ente wiederholt geübt werden, wenn der Hund im tiefen Wasser schwimmt.

lich kurz darauf auf die Schwimmspur der Ente, so steht diese und wird nicht durch die Wellen des Sprunges „zerrissen“. Dies erleichtert Ihrem Zögling die Arbeit erheblich, die von Wasserpassion, Härte und Durchhaltewillen geprägt sein soll.

Hat er die Schwimmspur verloren, oder arbeitet er z. B. in entgegengesetzte Richtung, lenken Sie ihn mit Laut- und Sichtzeichen wieder auf die Spur. Dies dürfen Sie auch auf der HZP! Allerdings mindern dort dauernde Einwirkungen die Punkte-Wer-

Führigkeit, Gehorsam und Arbeitsfreude sind Prüfungsfächer, die Ausdruck der „Mensch-Hund"-Zweiermeute sind. „Funktioniert" diese, gibt es in der Regel in diesen Fächern wenig Schwierigkeiten.

tung. Nimmt die Ente die freie Wasserfläche an, kommt es also zur Sichtarbeit Ihres Hundes, dann erlegen Sie die Ente und lassen den Hund anschließend bringen.

Mit den Rahmenbedingungen der *PO Wasser* für die Ausbildung und Prüfung von Hunden, um die Wasserjagd waidgerecht und tierschutzkonform durchführen zu können, können wir Jäger sehr gut leben. Es ist zu wünschen, dass auch in den Ländern, in denen die Arbeit hinter der lebenden Ente derzeit verboten ist, diese gerade unter Tierschutzaspekten notwendige praxisnahe Ausbildung unserer Hunde wieder möglich wird.

Führigkeit, Gehorsam und Arbeitsfreude

Vor diesen Prüfungsfächern der HZP brauchen Sie keine Befürchtungen haben. Denn durch die Bildung der Zweiermeute „Mensch – Hund", in der Sie Leithund sind, und durch die Anleitung, Förderung und Erziehung Ihres Hundes in der Sozial-, Rangordnungs- und Rudelordnungsphase im Rahmen der Frühest- und Früherziehung sowie die anschließende Ausbildung Ihres Hundes – stets mit Konsequenz, aber auf der Basis gegenseitigen restlosen Vertrauens – und schließlich durch die Integration Ihres Zöglings in das (Menschen-)Rudel „Familie" hat Ihr Hund in den vergangenen Wochen und Monaten gelernt, zu Ihnen Kontakt zu halten, sich lenken zu lassen und dabei freudig zu arbeiten.

Tipp

Verwenden Sie mit fortschreitender Ausbildung Ihres Hundes immer mehr Sichtzeichen als Lautzeichen – natürlich nur dann, wenn der Hund Sie sehen kann und Sie im Auge hat. Gerade auf Prüfungen vermittelt eine lautlose Führung des Hundes einen viel besseren Eindruck als eine „Lauthals-Führung", bei der der Hundeführer ununterbrochen pfeift und brüllt.

Führigkeit zeigt sich am deutlichsten bei der Suche. Ein Hund, der mit seinem Führer guten Kontakt hält und sich auch durch Sichtzeichen lenken lässt, hat hier Vorteile. Eine lautlose Führung des Hundes vermittelt auch auf der Prüfung einen guten Eindruck.

Bei „Führigkeit" sollten eigentlich nur die natürlichen Anlagen des Hundes gewertet werden. Führigkeit zeigt sich insbesondere in der Bereitschaft des Hundes, mit seinem Führer jederzeit Verbindung zu halten und sich freiwillig in dessen Dienst zu stellen, also nicht nur Laut- und Sichtzeichen zu befolgen, sondern sich auch ohne solche Zeichen nach seinem Führer zu richten. Bei dem Fach Suche zeigt sich die Führigkeit von allen Prüfungsfächern wohl am deutlichsten.

Es ist für die Richter aber regelmäßig wegen der Kürze der Zeit einer HZP schwierig festzustellen, inwieweit führiges Verhalten des Hundes noch natürliche Anlage ist oder schon unter Gehorsam eingestuft werden muss, mithin als Folge fleißigen Übens und Führens zu betrachten ist.

Fest aber steht eines: Ein gehorsamer Hund wird auch bei dem Fach

Führigkeit selten eine schlechte Note bekommen.

Während der Hund Ihnen die Führigkeit entgegenbringt, wird ihm der Gehorsam abverlangt. So zeigt sich Gehorsam in der Lenkbarkeit des Hundes bei seiner Arbeit und darin, dass er den Laut- und Sichtzeichen seines Führers sofort und willig folgt und sich bei der Arbeit anderer Hunde ruhig verhält. Gehorsam bei Wildberührung wird auf der HZP nicht verlangt.

Bei dem Fach „Arbeitsfreude" wird Arbeitslust und Arbeitswille in allen Fächern bewertet. Arbeitsfreude ist nicht gleich Jagdpassion, Jagdpassion vermittelt jedoch Arbeitsfreude. Und darauf, dass Ihr Hund freudig arbeitet, hatten Sie bei Ihrer bisherigen Arbeit mit Ihrem Welpen, Ihrem Junghund, stets geachtet.

Besonders augenfällig ist Arbeitsfreude bei den Fächern, die dem natürlichen Trieb des Hundes entsprechen, z. B. bei der Suche, dem Bringen und der Wasserarbeit. Dass körperliche Ermüdung die Arbeitsfreude herabsetzt, auch die Freude an zunächst lustbetonten Arbeiten, ist einleuchtend. Gewähren Sie Ihrem Hund deshalb einige Tage vor der HZP Ruhe. Ohnehin wäre es jetzt doch zu spät, Versäumtes nachzuholen.

Aber leider hört man immer wieder gerade das Gegenteil. Da wird gearbeitet und geübt, fast bis zum letzten Tag. Die Ergebnisse werden dabei aber nicht besser, eher schlechter. Von der bevorstehenden Prüfung weiß Ihr Hund nichts. Er spürt aber Ihre Unruhe, Nervosität, ja Ihre Hektik. Dies macht ihn unsicher und ist Ursache eines möglichen Leistungsabfalls. Lassen Sie es also nicht dazu kommen – einige Tage Ruhe tun Ihrem Hund und auch Ihnen wirklich gut.

Die HZP – der Prüfungstag

Nach der Arbeit der letzten Wochen stehen Sie beide jetzt vor dem Ziel der zweiten Etappe, der HZP. Ihr Hund hat jetzt alles gelernt, was erforderlich ist, um auch die Herbstzuchtprüfung mit Erfolg ablegen zu können. Seine Ausbildung in der Feld- und Wasserarbeit ist jetzt im Wesentlichen abgeschlossen.

Bei der HZP, die sich in Anlagefächer (z. B. Suche, Vorstehen, Führigkeit) und Ausbildungsfächer (z. B. Verlorenbringen, Gehorsam) gliedert, steht die Feststellung der Entwicklung der natürlichen Anlagen des Junghundes im Hinblick auf seine Eignung und zukünftige Verwendung im vielseitigen Jagdgebrauch und auch als Zuchthund im Vordergrund.

▸ Prüfungsfächer und Benotung

Welche Fächer geprüft und wie sie gewichtet werden, zeigt die Zensurentafel der HZP (Formblatt 5 des JGHV).

Für die gezeigte Arbeit kann der Hund 0 (ungenügend) bis 12 (hervorragend) Arbeitspunkte erhalten, wobei die 12 Punkte eine wirklich hervorragende Leistung voraussetzen. Die Multiplikation der Arbeitspunkte mit der Fachwertziffer ergibt dann die Wertungspunkte, die Addition der

VERBANDS-HERBSTZUCHT-PRÜFUNG (HZP)

Veranstaltet vom Verein: ____________
Name der Prüfung: ____________
Ort der Prüfung: ____________ **Tag der Prüfung:** ____________
Name des Führers: ____________

Name des Hundes: ____________ **Geschlecht:** ____________
Rasse: ____________ **Zuchtbuch-Nr.:** ____________ **Wurftag:** ____________
aus (Mutter): ____________ **Zb.-Nr.:** ____________ **DGStB-Nr.:** ____________
nach (Vater): ____________ **Zb.-Nr.:** ____________ **DGStB-Nr.:** ____________

Bewertung		Fach	Arbeitspunkte	× Fachwertziffer =	Wertungspunkte	
hervorragend = 12 Punkte	Anlagefächer	1. Spurarbeit (Hase)		3		Punktezahl Anlagefächer ohne Spur
sehr gut = 11 Punkte / 10 Punkte / 9 Punkte		2. Nase		3		
gut = 8 Punkte / 7 Punkte / 6 Punkte		3. Suche		2		
genügend = 5 Punkte / 4 Punkte / 3 Punkte		4. Vorstehen		2		
mangelhaft = 2 Punkte / 1 Punkt		5. Führigkeit		2		
ungenügend = 0 Punkte		6. Arbeitsfreude		1		
nicht geprüft = ________		7. Wasserarbeit				
		a) Verlorensuchen im deckungsreichen Gewässer		1		
		b) Stöbern mit Ente im deckungsreichen Gewässer		3		
	Abrichtefächer	8. Verlorenbringen von Federwild				Punktezahl Abrichtefächer
		a) Arbeit am geflügelten Huhn (Fasan) oder ________		1		
		b) Verlorensuchen und -bringen oder ________		1		
		c) Bringen auf der Federwildschleppe ________		1		
		9. Haarwildschleppe zur Feststellung des selbständigen Bringers ________		1		
		10. Art des Bringens				
		a) Hase oder Kanin ________ Punkte ________				
		b) Ente ________ Punkte ________		1		
		c) Federwild ________ Punkte ________				
		11. Gehorsam		1		
		Gesamtpunktzahl Zusatzpunkte Hasenspur				

Art des Jagens: spurlaut ☐ sichtlaut ☐ fraglich ☐ stumm ☐ waidlaut ☐
Schußfestigkeit: Feldarbeit: schußfest ☐ leicht schußempf. ☐ schußempf. ☐ stark schußempf. ☐ schußscheu ☐
Wasserarbeit: schußfest ☐ schußempfindlich ☐[1] stark schußempf. ☐[2]

Feststellung zu besonderen Verhaltensweisen:

Scheue oder Ängstlichkeit: nicht feststellbar ☐ scheu ☐ schreckhaft ☐ nervös ☐ handscheu ☐
Scheue bei lebendem Wild ☐ ängstliche Haltung gegen Fremde ☐ andere Mängel ____________

Körperliche Mängel:
Gebiß: ohne Mängel ☐ Zangengebiß ☐ Kreuzgebiß ☐ Vorbeißer ☐ Rückbeißer ☐
Prämolarfehler: ________ Molarfehler: ________ andere Zahnfehler: ________
Augen: ohne Mängel ☐ Entropium ☐ Ektropium ☐ andere Augenfehler: ________
Hodenfehler: ____________
Andere grobe körperliche Mängel: ____________ **Form- und Haarwert:** ____________
(Nur für Zuchtvereine)

Bestanden mit ______ Punkten

Nicht bestanden – Grund des Ausscheidens: ____________

Prüfungsleiter ________ Richter ________ Richter ________ Richter ________

[1] = steigt auf den Schuß hin aus und nimmt auf Befehl das Wasser sofort wieder an
[2] = steigt auf den Schuß hin aus und nimmt auf Befehl das Wasser nicht sofort wieder an

Ein Hund ist keine Maschine und nicht jeden Tag gleich gut aufgelegt. Die Richter können aber nur das bewerten, was sie am Prüfungstage zu sehen bekommen. Das muss nicht immer das sein, was der Hund wirklich kann.

Wertungspunkte schließlich die Gesamtpunktzahl.

Messen Sie den Arbeitspunkten und schließlich der Gesamtpunktzahl aber nicht allzu viel Bedeutung bei und seien Sie nicht enttäuscht, wenn Ihr Zögling nicht die Punktzahl erreicht hat, die Sie erhofft hatten. Auch Ihr Vierläufer ist nicht jeden Tag „gleich aufgelegt". Außerdem können die Richter nur die Arbeiten werten, die der Hund während der Prüfungszeit im jeweiligen Fach aufgrund vielgestaltiger Umstände tatsächlich zeigt, nicht dagegen all das, was er wirklich kann. Auch die HZP ist nur eine Momentaufnahme!

Um Erfolg zu haben und damit auch eine höhere Punktzahl zu erreichen, muss dann auch noch das erforderliche Bisschen Suchenglück hinzukommen, an dem es allerdings sehr oft mangelt und das gelegentlich schon mal bei den Richtern beginnen kann.

▸ Tipps für den Prüfungstag

Neben der gründlichen Ausbildung und Vorbereitung des Hundes im Vorfeld der Prüfung gibt es einige andere Dinge, die zu beachten sind. Auf Grund langjähriger Erfahrungen möchte ich Ihnen nachfolgend noch die wichtigsten Ratschläge geben, die Sie beachten sollten:

1. Melden Sie Ihren Hund rechtzeitig zur Prüfung an, möglichst schon kurz nach Erscheinen der Ausschreibung. Überprüfen Sie dabei auch gleich im Impfpass, ob die Schutzimpfung gegen Tollwut noch wirksam ist. Erforderlichenfalls ist der Tierarzt für die Wiederholungsimpfung aufzusuchen.
2. Fordern Sie Ihrem Hund gegen das Ende seiner Ausbildung immer etwas mehr ab, als die Prüfungsordnung für das jeweilige Prüfungsfach fordert. Ziehen Sie z. B. die Schleppen 100 bis 200 Meter länger, legen Sie dabei rechtwinkelige und auch spitze Haken ein.
   So vorbereitet, dürften Ihr Hund und Sie auf der Prüfung keine bösen Überraschungen erleben.
3. Stellen Sie den Hund gegen Ende der Ausbildung auch darauf ein, dass er Sie, seinen Rudelführer, auch unter vielen Menschen erkennt, wenn er von der Schleppe zurückkommt. Bisher standen am Ausgangspunkt der Schleppe in aller Regel nur Sie als Führer. Auf der Prüfung stehen da auf einmal drei Richter, vielleicht auch ein Richteranwärter, dann Sie und in einiger Entfernung oft auch ein Pulk Zuschauer – für den Hund ein völlig ungewohnter Anblick. Wo ist mein Rudelführer? Beim Hund kann sich eine momentane Unsicherheit einstellen, die ein Ablegen des Stückes bis hin zum Vergraben auslösen kann. Das darf (und muss) aber nicht sein!
   Zeigen Sie Ihrem zurückkehrenden Hund durch stetes jagdnahes Verhalten, wo Sie stehen. Gehen Sie z. B. quer zum Schleppenverlauf einige Schritte auf und ab, schlagen Sie die Arme mehrmals über dem Kopf zusammen oder klopfen Sie seitlich auf Ihren Oberschenkel.
4. Dass Sie ein besseres Bild hinterlassen, wenn Sie Ihren Hund lautlos, also nur mit Sichtzeichen arbeiten, habe ich schon wiederholt erwähnt. Dies gilt natürlich nicht nur bei der Suche, sondern z. B. auch bei den Schleppen. Ein scharfes „Apport" ist zwar kein Fehler, wird aber die Gehorsamsnote eher mindern als verbessern. Wenn schon

Auch beim Ansetzen auf der Schleppe ist das leise gegebene Kommando „Apport" für die Wertung besser als ein mehrfach und laut „gebrülltes".

Ein Beispiel aus der Prüfungspraxis

Jüngst passierte es mir selbst auf einer HZP, dass ein Richter die Federwildschleppe in Form eines Hufeisens zog, wobei er den linken Schenkel im spitzen Winkel verlängerte (!), was nach der Prüfungsordnung unzulässig ist – hierauf wies der Richterobmann sofort hin und bot eine Ersatzschleppe an. Auf Grund früherer Erfahrungen hatte ich aber mit meinem Hund ähnliche „Unzulänglichkeiten" geübt. Ich nahm diese „Hufeisen"-Schleppe also an, und der Hund arbeitete sie zügig. Im Bereich des Hufeisenkopfes bögelte er erstmalig, arbeitete dann den linken Schenkel des Hufeisens weiter, überschoss den spitzen Winkel, bögelte erneut, kam dann wieder auf die rückläufige Schleppe, gelangte ans Stück, nahm auf und apportierte es ordnungsgemäß. Nach Art der Schleppe und Leistung des Hundes wurde die Arbeit für meine Einschätzung mit 10 sicher nicht überbewertet ... Der Hund hätte sie nie erbringen können, wäre er in der Ausbildung nicht auf rechte und spitze Winkel vorbereitet worden.

ein weiteres Kommando, ist das leise gesprochene für die Wertung sicher besser.

5. Soweit Sie noch an keiner Hundeprüfung teilgenommen haben, gehen Sie zuvor bei einer gleichartigen Prüfung als Zuschauer mit, Ihren Hund aber lassen Sie zu Hause! So können Sie sich mit dem Prüfungsablauf vertraut und sich ein Bild vom Leistungsstandard Ihres Hundes machen. Das trägt meist auch dazu bei, dass Sie selbst etwas von der Prüfungsangst verlieren.
6. Nach der „Prüfungsgeneralprobe" und einigen Nacharbeiten in den nächsten Tagen wird mit dem Hund etwa eine Woche vor dem Prüfungstermin nicht mehr geübt. Ruhe ist für den Hund und auch für Sie besser. Täglich bekommt er jetzt zweimal seinen kleinen Auslauf, dem Sie jeweils nur einige Gehorsamsübungen bis hin zum „Halt" und „Ablegen" anschließen. Wer Gelegenheit dazu hat, sollte sich die letzten beiden Tage vor der Prüfung zurückziehen, z. B. in die Jagdhütte im Revier. Ich habe es stets so gehalten. Wir sind dort gemeinsam spazieren gegangen, haben gepirscht, gemeinsam angesessen, Wild beobachtet, gemeinsam geruht und der Hund bekam sein gehaltvolles Fressen immer dann, wenn auch ich mich zu Tisch begab. Bei allen Reviergängen wurden Gehorsamsübungen eingelegt. Dieser unmittelbare, sich über zwei Tage erstreckende Kontakt zwischen Hund und Führer fixiert den Hund völlig auf seinen Meuteführer und vertieft ungemein die Vertrauensbasis, die für Erfolge der Zweiermeute „Mensch – Hund" Voraussetzung ist.
7. Gefüttert wird der Hund in den letzten Tagen vor der Prüfung so, wie es auch in den letzten Wochen

geschehen ist. Er bekommt zu seinen üblichen Zeiten sein gewohntes Fressen – nicht mehr, nicht weniger und keinesfalls zu kräftige Nahrung. Futter – ausgenommen den üblichen Lieblingshappen – gibt es am Morgen des Prüfungstages für Ihren angehenden Jagdhelfer nicht.

8. Am Prüfungstag planen Sie genug Zeit ein und fahren Sie rechtzeitig zum Ort der Prüfung, damit keinerlei Hektik aufkommen kann. Gewähren Sie Ihrem Vierläufer vorher etwas Auslauf, damit er nässen und sich lösen kann. Am Abend vorher legen Sie sich alles zurecht, was Sie mitzunehmen haben – z. B. Flinte, Patronen, die Bescheinigung über die gültige Tollwutschutzimpfung (Impfpass), gegebenenfalls die Ahnentafel, den Jagdschein bzw. den Versicherungsnachweis für Führer und Hund und, falls dies in der Prüfungsausschreibung verlangt wird, auch das Schleppwild. Auf keinen Fall dürfen Sie Wasser vergessen, das Sie Ihrem Hund hin und wieder anbieten sollten. Die gilt insbesondere vor der Schweißarbeit.
9. Auch am Prüfungstag behandeln Sie Ihren Hund wie an jedem anderen (Übungs-)tag auch. Bleiben vor allem Sie ruhig – auch dann, wenn Sie sich über irgendetwas ärgern sollten. Ihre Nervosität überträgt sich allzu leicht auf Ihren Zögling, der dadurch unsicher werden könnte. Seien Sie also völlig gelassen – Sie beide werden es schon schaffen!
10. Während der Prüfung halten Sie sich stets unweit der Richter auf, damit Sie bei Aufruf Ihres Hundes sofort antreten können, allerdings ohne den Anschein zu erwecken, die Gespräche der Richter belauschen zu wollen, und befolgen Sie vor allem die Anordnungen des Richterobmanns genau. Bleiben Sie jedoch möglichst soweit abseits von der übrigen Korona, dass Ihr Hund und Sie zwischen den einzelnen Prüfungsfächern Ruhe finden und sich auf das nächste Fach konzentrieren können. Führen Sie einen Rüden, halten Sie ihn von teilnehmenden Hündinnen fern, denn sie könnten Ihren künftigen Jagdhelfer zu sehr ablenken.
11. Sollte das eine oder andere Prüfungsfach nicht so laufen, wie Sie sich dies vorgestellt haben, oder sollte der Hund gar die Prüfung nicht bestehen, seien Sie nicht traurig – das ist jedem Rüdemann schon einmal passiert. Jede Prüfung ist nur eine Momentaufnahme und – unsere Hunde sind eben keine Maschinen!

Analysieren Sie, wie es zu den Mängeln und Fehlern kam und suchen Sie die „Schuld“ zunächst bei sich und nicht beim Hund. Die Erfahrung zeigt nämlich, dass ein Versagen des Hundes gerade bei Prüfungen nicht selten auf Führerfehler zurückgeht. Erforschen Sie genau die Ursache des Misserfolges und stellen Sie diese so bald als möglich ab. Beim nächsten Mal wird es dann sicherlich klappen.

Vorbereitung auf die Verbands-Gebrauchsprüfung

122 *Buschieren*
125 *Stöbern*
129 *Die Fuchsfächer*
132 *Riemenarbeit – Verhalten am Stück*
134 *Totverweisen und Totverbellen*
142 *Gehorsamsfächer*
149 *Stöbern ohne Ente*
151 *Vorstehen, Manieren am Wild*
154 *Konditionstraining*
156 *VGP – die „Meisterprüfung“*

Buschieren

Dank Ihrer ausgiebigen Vorbereitung und mit Hilfe des erforderlichen Suchenglücks haben Sie beide auch die HZP bestanden. Gemeinsam wollen wir nun die dritte Etappe angehen, die Verbands-Gebrauchsprüfung (VGP) – die „Meisterprüfung“ Ihres Hundes. Bei dieser Prüfung sollen allein die Ermittlung und Feststellung der abgeschlossenen Ausbildung des Hundes erfolgen, wie sie für den praktischen Jagdbetrieb notwendig sind. Nehmen Sie deshalb in der vor Ihnen liegenden Zeit auch jede sich bietende Gelegenheit wahr, die Ihrem Hund Jagdpraxis verschafft.

Bis zur VGP haben Sie normalerweise zwar noch gut ein Jahr Zeit. Zu überstürzen brauchen Sie daher nichts, aber hinzulernen muss Ihr Zögling doch noch einiges. Welche Fächer dies insbesondere sind, können Sie der Zensurentafel für die VGP des Jagdgebrauchshundverbandes (Formblatt 7) entnehmen. Und üben müssen Sie beide auch weiterhin regelmäßig – auch das, was der Hund schon kann.

Das *Buschieren* ist eines der Waldfächer, die Ihr Zögling jetzt erlernen muss. Buschieren ist eine Suche im Wald mit Unterwuchs (z. B. Stangenholz, Kulturen) unter der Flinte, bei der der Hund also kurz gehalten werden und sich leicht und fast lautlos, jedenfalls ohne viele und laute Kommandos, leiten lassen muss. Denn beim Buschieren ist die gute Verbundenheit zwischen Führer und Hund auch zu bewerten.

Verbands-Gebrauchsprüfung (VGP)

Verein: ______________________ EDV-Nr.: __________
Prüfungsort: ______________________ Prüfungstage: __________
Führer: ______________ PLZ: ______ Wohnort: __________

Name des Hundes: ______________________ gew.: __________ Rüde/Hündin
Rasse: ______________ ZB-Nr.: __________ DGStB-Nr.: __________
Mutter: ______________ ZB-Nr.: __________ DGStB-Nr.: __________
Vater: ______________ ZB-Nr.: __________ DGStB-Nr.: __________

I. Waldarbeit	FWZ	LZ	UZ
Riemenarbeit / Übernachtfährte	8		
Riemenarbeit / Tagfährte	5		
Totverbellen (zusätzlich, Mindest – LZ 2)	4		
Totverweisen (zusätzlich, Mindest – LZ 2)	3		
Bringen von Fuchs über Hindernis	3		
Fuchsschleppe	5		
Bringen von Fuchs auf der Schleppe	2		
Hasen- oder Kaninchenschleppe	4		
Bringen von Hase oder Kaninchen	2		
Stöbern: lt., spl., wdl., st., ?	4		
Buschieren	3		
Summe Waldarbeit:			

II. Wasserarbeit	FWZ	LZ	UZ
Stöbern ohne Ente im deckungsreichen Gewässer	3		
Verlorensuchen im deckungsreichen Gewässer	3		
Stöbern mit Ente im deckungsreichen Gewässer	3		
oder lt. beiliegendem Zeugnis	3		
Bringen von Ente	2		
Summe Wasserarbeit:			

Härtenachweis des Stammbuchamtes hat vorgelegen ☐ ja ☐ nein

Formwert:
Haarwert:
(nur vorliegende Zuchtschauergebnisse eintragen)

III. Feldarbeit	FWZ	LZ	UZ
Nasengebrauch	6		
Suche	4		
Vorstehen	4		
Manieren und Nachziehen am Wild	3		
a. 1. Arbeit am geflügelten Huhn oder Fasan	4		
a. 2. oder Federwildschleppe	3		
b. 1. Freies Verlorensuchen eines frisch	–	–	–
geschossenen Stückes Federwild	3		
b. 2. oder Freies Verlorensuchen eines	–	–	–
ausgelegten Stückes Federwild	3		
Bringen von Federwild	2		
Summe Feldarbeit:			

IV. Gehorsam	FWZ	LZ	UZ
Allgemeines Verhalten – Gehorsam	3		
Verhalten auf dem Stand	2		
Leinenführigkeit	1		
Folgen frei bei Fuß	2		
Ablegen	2		
Benehmen vor eräugtem Federwild	2		
Benehmen vor eräugtem Haarnutzwild	3		
Schußruhe	2		
Summe Gehorsam:			
Gesamt-Punktzahl I-IV:			

Zensuren: 4 h = hervorragend 4 = sehr gut 3 = gut 2 = genügend 1 = mangelhaft 0 = ungenügend nicht geprüft = ______

Körperl. Mängel (Gebiß-, Hoden-, Augenfehler u. a.): ______________________

Begründung der Note 4 h: ______________________

Grund des Ausscheidens: ______________________

__________ **Preis**

(Prüfungsleiter) (Richter) (Richter) (Richter)

Buschieren – Suche „unter der Flinte“ im Wald, der Hund muss kurz bleiben.

Ergeben sich bei diesem Fach darüber hinaus auch Beurteilungsmöglichkeiten zum Vorstehen, zum Benehmen an eräugtem Wild, zur Schussruhe und zum Bringen von Wild, so sind diese Feststellungen jeweils bei den entsprechenden Fächern zu berücksichtigen.

Von der weiträumigen flotten Suche im Feld zum ruhigen Buschieren in Reichweite der Flinte ist es natürlich für Ihren Hund eine große Umstellung. Machen Sie sich nicht zu viel Sorgen, mit Geduld und „Down“ kön-

Entfernt sich der Hund weiter als etwa 20 bis 30 Meter oder begibt er sich aus Ihrem Blickfeld, muss er auf ein leises Lautzeichen hin wenden. Reagiert er nicht sofort, folgt „Down“, und er bleibt einige Sekunden lang liegen – erst dann geht die Suche weiter.

nen Sie Ihren Vierläufer entsprechend einarbeiten.

Mit „Such voran" und Sichtzeichen beginnen Sie das Buschieren gegen den Wind. Hat sich der Hund etwa 20 bis 30 Meter entfernt, muss er auf leises Lautzeichen, z. B. ein Zischen oder Zirpen, wenden. Reagiert er nicht sofort, folgt „Down". Der Hund bleibt jetzt einige Sekunden liegen. Dann darf er auf entsprechendes Zeichen die Suche in die Gegenrichtung fortsetzen. Wieder ertönt nach etwa 20 bis 30 Metern das Lautzeichen zur Wende bzw. das „Down", wenn er das Zeichen zur Wende nicht sofort befolgt, und sodann folgen abermals einige Sekunden Verharren.

Nach nur wenigen Wiederholungen wird Ihr Zögling in der gewünschten Entfernung das Lautzeichen zum Wenden – verbunden mit dem neuen Richtungszeichen – schon erwarten. Nach kürzester Zeit hat er auch verknüpft, dass seine Suche kurz sein muss, um nicht ständig in die Downlage gehen zu müssen.

Jetzt ist es Zeit, ihn auch an Wild heranzuführen. Begehen Sie dabei aber nicht den Fehler, in Schusshitze zu verfallen, wenn sich z. B. ein Karnickel davonmachen will. Ihr Hund hat auf Lautzeichen in die Downlage zu gehen, erst dann fällt der Schuss. „Such verloren – Apport!" heißt es erst, wenn weitere zwei bis drei Minuten vergangen sind!

Zieht Ihr Hund an oder steht er vor, treten Sie an ihn heran, loben ihn mit „Ruhe", schicken ihn in die Downlage und treten das vorgestandene Stück Wild dann selbst heraus.

Gefundenes Wild hat er vorzustehen.

Erst nachdem der Hund auf Lautzeichen in die Downlage gegangen ist (nicht vorher), fällt der Schuss. Nach wenigen Minuten heißt es dann: „Such verloren – Apport!"

Stöbern

Beim Stöbern soll der Hund Dickungen planmäßig durchsuchen, im Gegensatz zum Buschieren Wild nicht vorstehen, sondern es vielmehr nach Aufnehmen und Verfolgen von Fährten und Spuren hoch machen und dem am Dickungsrand stehenden Schützen zutreiben. Das Stöbern geschieht somit ohne direkte Verbindung zum Führer, wobei der Hund das Gelände selbstständig und gründlich durchstöbern muss, ja, sogar hetzen soll. Bei der Einarbeitung des Hundes müssen Sie deshalb auch Stöbern und Buschieren zeitlich voneinander trennen.

Beim Stöbern legen Sie Ihren Hund ab und schicken ihn dann (ohne Halsung) mit dem Lautzeichen „Such" und einem Sichtzeichen in die Dickung.

Häufig kommt es vor, dass der Hund nicht verknüpft, was er im dichten Baumbestand soll. Machen Sie es ihm interessant: Ziehen Sie ihm eine Schleppe in die Dickung hinein.

Beginnen Sie mit der Ausbildung zum Stöbern erst, wenn Sie sicher sind, dass der Hund am Wild gehorsam ist. Lassen Sie ihn möglichst nicht in Revierteilen stöbern, die mit Rehwild besetzt sind. Zu leicht könnte er zu einem Rehhetzer verdorben werden. Suchen Sie sich vielmehr Dickungen aus, in denen z. B. Fuchs, Hase und Kanin regelmäßig anzutreffen sind.

Nun zur Übung selbst. Legen Sie Ihren Hund einige Schritte entfernt am Rande einer wildreichen Dickung ab und schicken ihn dann (ohne Halsung!) mit „Such" oder „Hetz" und dem richtungsweisenden Sichtzeichen voran. Folgen Sie ihm anfangs einige Schritte in die Dickung, bis er auf die erste warme Spur trifft, die er dann verfolgen wird. Hetzt er z. B. einen Hasen heraus, wird er am Dickungsrand abgepfiffen oder in die Down-

Lage gezwungen und sodann von neuem in die Dickung geschickt.

Leider hat nicht jeder angehende Rüdemann ausreichend Gelegenheit, seinen Hund in wildreichen Dickungen arbeiten zu lassen. So kommt es vor, dass der Hund anfangs nicht begreift, was er in der Dickung soll. Unlustig stöbert er nur in Randbereichen. Nun – machen Sie es ihm interessant: Ziehen Sie ihm in der Dickung eine Schleppe, die Sie erst zehn bis 15 Meter vom Dickungsrand entfernt beginnen lassen. Die Schleppe legen Sie in Schleifen durch die Dickung. Den Hund haben Sie vorher abgelegt; die Vorbereitungen zum Schleppenziehen und das Schleppenziehen selbst darf er also nicht eräugen. Sodann wird er mit der Aufforderung zum Stöbern in die Dickung geschickt. Schon bald wird er auf die Schleppe stoßen, ihr folgen, das Stück finden und bringen. Die Dickung wird auf einmal für Ihren Zögling interessant.

In den nächsten Tagen und Wochen wird dies mehrmals wiederholt. Sodann lassen Sie die Schleppe weg, legen aber an unterschiedlichen Stellen der Dickung ein Stück Wild aus, das Ihr Hund nun bei seiner Stöberarbeit findet. Er verknüpft so recht bald, dass er die Dickung nur gründlich durchstöbern muss, um „Beute machen" zu können. Anlässlich dieser Stöberarbeit stößt er früher oder später auch auf Hasen oder Kanin, lebendes Wild also, das er hetzen wird. Am Dickungsrand wird die Hetze mit dem Trillerpfiff abgebrochen. Je häufiger sich eine solche Wildberührung in der Dickung wiederholt, desto schneller begreift der Hund, was er auf „Such" oder „Hetz" zu tun hat.

Am Dickungsrand ist die Hetze vorbei, der Hund wird hier mit dem Trillerpfiff in die Downlage gebracht.

Nach mehrfacher Stöberarbeit ist es erforderlich, gerade den jungen Hund wieder auf Vorstehen „umzustellen". Lassen Sie ihn dazu auf freiem Gelände suchen und führen dabei einige Down-Übungen durch. Sobald er Wild in der Nase hat und versuchen sollte, es herauszustoßen, ertönt der Trillerpfiff. Sodann pfeifen Sie ihn heran, und mit „Ruuuhe" schicken Sie ihn wieder langsam voran. Schon nach zwei bis drei Übungen hat er begriffen, dass er gefundenes Wild jetzt nicht mehr herausstoßen und hetzen darf, sondern vorstehen muss.

Auf der VGP muss Ihr Hund einen Fuchs bringen. Gelegenheit dazu hat er zunächst auf der 300-Meter-Schleppe im Wald. Gelingt es da nicht, wird zur Feststellung der Bringleistung als „Ersatzaufgabe“ ein Rotrock 30 Meter entfernt vom Richter so ausgelegt, dass Führer und Hund dies nicht sehen können. Soll der Hund die „Meisterprüfung“ bestehen, muss er zumindest diese Aufgabe lösen.

Die Fuchsfächer

Die Arbeit auf den Haarwildschleppen der VGP wird mit Fuchs und mit Kanin oder Hase geprüft. Die Schleppen werden unter Nackenwind 300 Meter weit im Wald gelegt und haben zwei Haken. Am Schleppenende wird ein frisches Stück der geschleppten Wildart niedergelegt; das geschleppte, von der Schleppleine befreite Stück wird beim Schleppenleger niedergelegt.

Als Führer können Sie aber auch verlangen, dass Ihrem Hund das geschleppte Stück zum Bringen am Schleppenende ausgelegt und/oder die Schleppe mit nur einem Stück der betreffenden Wildart hergestellt wird.

Bei fertigen Gebrauchshunden, wie sie VGP verlangt, begründen Verleitungen keine Ersatzschleppe. Sie dürfen aber den Hund jeweils dreimal auf den Schleppen ansetzen. Nach dem Ansetzen ist jedoch jede weitere Beeinflussung des Hundes als ein erneutes prädikatsminderndes Ansetzen anzusehen.

▸ **Fuchsschleppe**

Ein Hund, der ein auf der Schleppe gefundenes Stück Nutzwild beim erstmaligen Finden nicht selbstständig bringt, scheidet aus der weiteren Prüfung aus. Bei der Fuchsschleppe kann jedoch der Hund auch dann insgesamt dreimal angesetzt werden, wenn er den gefundenen Fuchs nicht sofort bringt.

Schleppen haben Sie in der Vergangenheit ausgiebig und mit Erfolg geübt. Hasen-, Kanin-, Tauben- und Huhnschleppen bereiten Ihrem Zögling keinerlei Schwierigkeiten mehr. Früh, noch bevor er die „liebliche" Wittrung des Hasen kennen lernte, haben Sie ihn an kaltes Raubwild mit für ihn unangenehmer Wittrung herangeführt, so an den Marder und den Jungfuchs; problemlos griff Ihr Hund zu, spätestens dann, wenn der Jungfuchs „lebendig" wurde.

Zum Einarbeiten des Bringens über Hindernis empfiehlt sich ein kleiner Kral aus Stangenholz mit variierbarer Sprunghöhe, an dem sich der Hund nicht verfangen oder verletzen kann.

Diese Übungsschleppen setzen Sie nun fort, zunächst wieder mit einem Jungfuchs, später dann mit ausgewachsenen Füchsen. Ein VGP-Fuchs muss zumindest sieben Pfund schwer sein. Auch für die Fuchsschleppe gilt:

Wenn man anfänglich so lange mit dem Apportierbock und einem Kanin geübt hat, bis der Hund die Aufgabe beherrscht, nimmt man anschließend einen Fuchs.

Üben Sie bei jedem Wetter, auch in der Mittagshitze und bei Dauerregen, auf trockenem und nassem Waldboden mit und ohne Bewuchs. Da Sie bei Ihren Übungsschleppen sicher nicht immer über zwei Füchse verfügen, lernt Ihr Hund auch einen schweren Fuchs mit durchnässtem Balg richtig aufzunehmen und über die 300-Meter-Distanz zu tragen.

▸ **Bringen von Fuchs über Hindernis**

Dieses Fach ist neben der Fuchsschleppe schon manch einem Hund auf der VGP zum Verhängnis geworden. Die Gründe dafür sind vielgestaltig. Häufig liegt es aber an mangelnder „Fuchsfreudigkeit“ infolge zu späten Heranführens des Welpen bzw. Junghundes an diese Wildart. Das Bringen des Fuchses über ein Hindernis wird in der Regel an Gräben und Hürden geprüft, wobei der Hund das Hindernis nicht durchwaten, überklettern oder umgehen darf.

Deshalb muss der Graben mindestens 80 Zentimeter tief, einen Meter breit sein und steile Ränder haben, die

Tipp

Auf der VGP ist es dem Führer gestattet, für die Prüfung seines Hundes auf der Fuchsschleppe (und auch über Hindernis) einen geeigneten Fuchs mitzubringen. Davon sollten Sie nach Möglichkeit Gebrauch machen. Ihr Vierläufer braucht so nicht mit einem Prüfungsfuchs zu arbeiten, den schon andere Hunde apportiert haben oder der gar schon am Vortage verwendet wurde. Hängen Sie aber Ihren Fuchs in der Nacht vor der Prüfung luftig ins Freie.

Hürde 70 bis 80 Zentimeter hoch und so hergestellt sein, dass sich der Hund beim Überspringen nicht mit den Läufen verfangen kann. Gut geeignet ist hier ein kleiner Kral aus Stangenholz, bei dem die Höhe der vorderen Wand durch Hinzufügen oder Wegnehmen von Stangen variiert werden kann. Wenn Sie beim Veranstalter der VGP die Hindernisart nicht erfragen können, sollten Sie mit Ihrem Hund an beiden Hindernisarten üben, um auf der VGP keine bösen Überraschungen zu erleben.

Die VGPO verlangt, dass Sie als Führer Ihren Hund mindestens fünf Meter vom Hindernis entfernt abzulegen haben. Von dieser Stelle aus müssen Sie dann den Hund zum Bringen ansetzen, nachdem Sie zuvor den Fuchs ausgelegt haben. Nach dem ersten Ansetzen müssen Sie dort verweilen, die Entfernung zum Hindernis dürfen Sie nicht verringern.

Als Bringen ist dabei die Art des Aufnehmens, Tragens und Abgebens des Fuchses (auch von sonstigem Raubwild, Haarnutz- und Federwild) zu bewerten. Korrektes Aufnehmen und Tragen zeigt sich darin, dass der Hund seinen Griff nach Art und Schwere des Wildes auslegt, also weder zu stark noch zu zaghaft zufasst. Korrektes Abgeben liegt dann vor, wenn der Hund mit dem Stück zum Führer kommt, sich ohne Kommando oder auf einfachen, nicht lauten Befehl bei ihm setzt und das Wild so lange im Fang festhält, bis der Führer es ohne hastiges Zugreifen gefasst hat und der Hund es nach einem entsprechenden Kommando ausgibt.

Nach *einmaligem Kommando* muss Ihr Hund nun das Hindernis nehmen, den Fuchs ohne längeres Verweilen mit festem Griff aufnehmen und Ihnen über das Hindernis bringen. Die Lautzeichen „Hopp“ und „Apport“ sind Ihrem Hund seit langem geläufig, hat er doch während seiner bisherigen Ausbildung schon manch ein Hindernis auch mit Wild unterschiedlichster Art übersprungen. Bei der Einarbeitung des Hundes auf ein VGP-Hindernis beginnen Sie zweckmäßigerweise nicht gleich mit dem schweren Fuchs, sondern mit einem leichteren Stück Haarwild wie einem Kanin.

Treten Sie beide etwa fünf bis sechs Meter an das Hindernis heran. Der Hund hat sich zu setzen. Das Kanin legen Sie auf der anderen Seite des Hindernisses aus oder werfen es dorthin. Sobald Sie zu Ihrem Zögling zurückgetreten sind, ertönt das Lautzeichen „Hopp – Apport!“ Ihr Hund muss jetzt das Hindernis überspringen, das Stück Wild aufnehmen und ohne ein weiteres Kommando mit dem Stück im Fang das Hindernis wieder überspringen, herankommen, sich setzen und sodann korrekt auf ein entsprechendes Lautzeichen ausgeben.

Diese Übung muss einige Male wiederholt werden, zweckmäßigerweise mit unterschiedlichem Wild, aber auch hin und wieder mit dem schweren Apportierbock. Erst wenn Ihr Hund die Übung beherrscht, gehen Sie auf den Fuchs über, wobei Sie zunächst möglichst mit einem Jungfuchs arbeiten sollten.

Hat ein Hund auf der Fuchsschleppe versagt, was mit „ungenügend“ zu werten ist, gleichgültig ob er am Stück war oder nicht, muss er für das Fach „Bringen von Fuchs über Hindernis“ mindestens das Prädikat „genügend“ erhalten, um noch in die Preise kommen zu können. Die Übung muss also Ihrem vierläufigen Jagdgefährten „in Fleisch und Blut übergehen“, sie muss einfach klappen. Dies bedeutet für Sie beide üben, üben und immer wieder üben.

Riemenarbeit – Verhalten am Stück

Auf Ausführung und Durchführung der Schweißarbeit bin ich bereits eingegangen. Das dort Gesagte gilt im Grundsatz auch für die Vorbereitung Ihres Hundes auf die Riemenarbeit bei der VGP. Hier soll aber noch kurz auf einige wesentliche Bestimmungen der VGPO zu dieser Arbeit hingewiesen werden, die in der Fassung vom 19.03.2000 bis zum 31.12.2003 gültig sind.

Die Schweißfährte der VGP ist 400 Meter lang und im Wald im Tropf- oder Tupfverfahren zu legen, wobei es gestattet ist, die Fährte bis zu einer Länge von 100 Metern auf freiem Feld beginnen zu lassen.

Als Führer haben Sie die Wahl zwischen einer Tagfährte und einer Übernachtfährte. Die Stehzeit der Tagfährte beträgt zwei bis ca. fünf Stunden, die Übernachtfährte steht mindestens 14 Stunden und durch eine Nacht hindurch.

Bei der Herstellung der Fährten sind zwei stumpfwinkelige Haken und ein Wundbett einzufügen; sie dürfen nur vom Anschuss zum Stück gelegt werden. Verwendet werden soll grundsätzlich frischer Schweiß, dem Haustierblut beigemischt werden darf, falls nicht genug Wildschweiß zur Verfügung stehen sollte. Für die Fährte darf nicht mehr als ein Viertel-Liter Schweiß verwandt werden.

Auf der VGP kommt es auch entscheidend darauf an, wie der Hund die künstliche Schweißfährte hält: Er soll ruhig, konzentriert und zügig, nicht stürmisch arbeiten. Ihr Vierläufer soll den Willen zeigen, die Fährte zu halten, voranzubringen, und sich bemühen, durch Bogenschlagen die Fährte selbst wieder zufinden, wenn er von ihr abgekommen ist.

Auf der VGP können und dürfen Sie Ihren Hund bei seiner Arbeit unterstützen und korrigieren, z. B. durch Vor- oder Zurückgreifen oder indem Sie selbst nach Schweiß suchen, wenn Sie an seinem Benehmen feststellen, dass er offensichtlich von der Fährte abgekommen ist. Ein Korrigieren Ihres Zöglings durch Sie selbst gilt nicht als erneutes Anlegen.

Die Richter sollen erst dann eingreifen, wenn der Hund die Ansatzfährte verloren hat, weit abgekommen ist und Sie dies nicht bemerkt haben sollten. Der Hund darf dann zurückgenommen oder neu angelegt werden, und zwar insgesamt zweimal, was allerdings die Wertung mindert.

Das Verhalten am Stück wird im Anschluss an die erfolgreiche Riemenarbeit geprüft. Dazu wird Ihr Zög-

Um das Verhalten des Hundes am Stück zu beurteilen, wird er unangeleint abgelegt und verlassen.

Anschneiden bedeutet Ausscheiden. Deshalb müssen Sie bei den Übungen sofort einwirken, wenn der Hund sich am Stück zu schaffen macht.

ling am Stück unangeleint abgelegt zurückgelassen. Richter, Führer und sonstige Personen müssen sich weit außer Sichtweite des Hundes begeben, wobei zwei Richter, die sich ebenfalls so verborgen haben müssen, dass sie der Vierläufer nicht eräugen kann, den Hund beobachten. Sobald beide Richter das Verhalten Ihres Hundes beurteilen können, soll diese Prüfung beendet werden, spätestens jedoch nach fünf Minuten Dauer. Einwirken dürfen Sie dabei nicht auf Ihren Hund. Er darf in dieser Zeit zwar das Stück verlassen, ohne dass dies als Fehler gewertet wird – Anschneiden aber bedeutet Ausscheiden!

Deshalb sollten Sie beide diese Prüfungsaufgabe einige Male vorher geübt haben, und zwar möglichst prüfungsnah. Verwenden Sie dabei ein frisch geschossenes Stück Wild und vernähen Sie vorsorglich (zumindest anfangs) die Aufbruchstelle und etwaige sonstige Verletzungen, nicht jedoch den Ein- und Ausschuss. Auch auf der VGP muss bei dieser Prüfung das Stück vernäht sein.

Lassen Sie auf der Übungs-Schweißfährte, die Sie beide arbeiten, gelegentlich auch einige dem Hund fremde Personen folgen, die dann am Stück wieder seinem Sichtfeld entschwinden, was er ruhig bemerken soll. Verbergen dann auch Sie sich, aber so, dass Sie Ihren Hund im Auge behalten können. Die Übung ist in der Regel einfach, wenn Ihr Jagdgefährte „Ablegen“ sicher beherrscht.

Auf ihn einwirken müssen Sie jedoch sofort, wenn er sich am Stück zu schaffen machen will. Schon nach vier bis fünf Übungen wird Ihr Zögling verknüpft haben, dass er ruhig beim Stück liegen bleiben soll. Meist interessiert ihn auch mehr, wo Sie plötzlich geblieben sind, als das Stück selbst.

Totverweisen und Totverbellen

Die heute wohl häufigste Art des Totverweisens ist das Bringselverweisen. Dies mag in erster Linie daran liegen, dass Bringselverweisen dem vierläufigen Jagdhelfer relativ einfach zu vermitteln ist, handelt es sich doch überwiegend um eine Bringleistung. Im Gegensatz zum Totverbeller hat der Bringselverweiser am gefundenen Stück das „Bringsel“ aufzunehmen, das Stück wieder zu verlassen, zum Führer zurückzukehren, ihm durch das aufgenommene Bringsel anzuzeigen, dass er gefunden hat, und sodann den Führer frei zum Stück zu führen.

▸ Der Bringselverweiser

Als Bringsel können Sie z. B. ein Stück Leder, aber auch einen Rehlauf verwenden, den Sie über eine Schnur mit Haken an einer Bringselhalsung befestigen, die beispielsweise aus einer signalfarbenen Borte mit Klettverschluss, der sich bei einem Verhaken der Halsung öffnet, bestehen kann. Diese Bringselhalsung wird unter der Schweißhalsung getragen.

Nun zu den Übungen, mit denen Sie beginnen können, sobald Ihr Hund das Apportieren beherrscht. Das Bringsel, was es auch immer sein mag, geben Sie dem Hund einige

Male mit „Apport" in den Fang. Alsdann legen Sie das Bringsel auf die etwa vier bis fünf Meter entfernt liegende Rehdecke und fordern Ihren zunächst noch angeleinten Zögling auf, „zum Bock" voranzusuchen.

An der Decke angelangt, soll der Hund das Bringsel in den Fang nehmen, wobei Sie ihn anfangs, falls erforderlich, noch mit einem aufmunternden „Apport" unterstützen. Alsdann muss er Ihnen dieses Bringsel zutragen, wobei Sie es dem sitzenden Hund unter viel Lob mit „Aus" abnehmen. Diese Übung wiederholen Sie, vergrößern dabei jedes Mal die Distanz und legen das Bringsel immer an einer anderen Stelle der Decke ab.

Bringt Ihr Zögling schließlich das lose abgelegte Bringsel auch auf Entfernung, können Sie zum zweiten Teil der Übung übergehen. Dazu wird das Bringsel in die Bringselhalsung eingehakt. Es hängt jetzt vor der Brust des Hundes, der wieder angeleint ist. Die Decke liegt zunächst nur wenige Meter entfernt. Mit „Zum Bock" folgen Sie dem Hund zur Decke, auf der er das vertraute Bringsel suchen wird. Das jetzt an der Bringselhalsung befestigte Bringsel wird dabei auch die Decke streifen und den Hund zum Greifen veranlassen. Falls notwendig, fordern Sie ihn dazu auf.

Schon nach wenigen Übungen hat Ihr Zögling begriffen, dass er jetzt – am Stück/der Decke angekommen – das vor seiner Brust hängende Bringsel greifen und zu Ihnen zurücktragen muss. Wieder wird die Entfernung zwischen dem Ansetzen des Hundes, der nun nicht mehr angeleint ist, und der Decke von Mal zu Mal vergrößert.

Links – Als Bringsel können Sie ein Stück Leder, aber auch einen Rehlauf nehmen.

Rechts – Geben Sie dem Hund das Bringsel anfangs mit „Apport" in den Fang.

Nun legen Sie das Bringsel auf eine wenige Meter entfernte Rehdecke und fordern den vorerst angeleinten vierläufigen Jagdhelfer auf, „zum Bock“ zu suchen.

An der Decke angelangt, soll er das Bringsel mit dem Fang aufnehmen, wozu Sie ihn anfangs mit „Apport“ unterstützen, – und auf immer größere Entfernung bringen.

Bringt der Zögling das Bringsel auch auf große Entfernung, wird es an der Bringselhalsung befestigt und der angeleinte Hund erneut „zum Bock" geschickt. Dort wird er das vertraute Bringsel – das ihm zwangsläufig vor den Fang gerät – „finden", greifen und zutragen.

Jedes Mal, wenn er zurückkommt, wird er ausgiebig gelobt und sodann schließlich mit „Zum Bock – zeig mir den Bock!" aufgefordert, Sie zum Bock/zur Rehdecke zu führen. Dies klappt fast regelmäßig auf Anhieb. Erreichen Sie beide die Decke, sparen Sie nicht mit Lob, zeigen Sie Ihrem Jagdhelfer Ihre Freude!

Auf der VGP werden Bringsel-(Tot-) Verweiser und auch Totverbeller am zweiten Wundbett geschnallt und müssen dann in Freiverlorensuche das im dritten Wundbett ausgelegte Stück Schalenwild finden. Während der freien Arbeit des Hundes haben Führer und Richter am zweiten Wundbett zu bleiben und dort zehn Minuten abzuwarten, bis/ob der Hund verbellt oder verweist. Der Führer darf sich während der freien Arbeit seines Hundes weder durch Laut-, noch durch Sichtzeichen bemerkbar machen.

Der Totverbeller

Totverbellen und Totverweisen sind zwar keine Pflichtfächer der VGP, bringen aber im Anschluss an die Riemenarbeit (noch) Zusatzpunkte, und zwar 16 beim Totverbellen und 12 beim Totverweisen. Totverbeller und -verweiser werden, wie vorher schon ausgeführt, nach der Riemenarbeit am zweiten Wundbett geschnallt und müssen dann in Freiverlorensuche das Stück finden. Während der Verweiser das gefundene Stück alsbald zu verlassen und zum Führer zurückzukehren hat, um ihm zu zeigen, dass er gefunden hat, muss der Totverbeller am Stück bleiben, innerhalb von zehn

Später muss der Hund unangeleint auf immer größere Entfernung zur Decke oder zum Stück finden und das Bringsel bringen. Tut er dieses sicher, wird er mit „Zum Bock – zeig mir den Bock!" aufgefordert, Sie zum Stück zu führen und dort ausgiebig gelobt.

Minuten laut werden und sodann zehn Minuten verbellen.

Die Grundlagen für den Totverbeller müssen Sie schon im frühen Welpenalter legen. Dies geschieht bereits anlässlich der Futterschleppe. Die Rehdecke muss schließlich für Ihren Welpen stellvertretendes Zeichen für „Gib Laut!" werden. Darauf bauen Sie anschließend auf.

Eine Erfolg versprechende Ausbildung zum Totverbeller gelingt aber in

Schon im Welpenalter haben Sie bei der Futterschleppe die Grundlagen für das spätere Totverbellen gesetzt. Die Rehdecke ist für Ihren Hund stellvertretend für „Gib Laut!" geworden.

aller Regel nur dann, wenn der Hund von Natur aus einen recht lockeren Hals hat und ihm auch längeres anhaltendes Lautgeben keine Beschwerden bereitet.

Nun zur weiteren Ausbildung: Der ausgelegten Rehdecke nähern Sie sich mit angeleintem Hund. An der Decke wird er auf Grund der Verknüpfung zur Futterschleppe laut werden, spätestens dann, wenn Sie ihn dazu auffordern. Lassen Sie ihn dann verbellen, muntern Sie ihn immer wieder dazu auf und loben Sie ihn unterdessen auch.

Apportieren oder greifen darf er allerdings die Decke nicht, selbst dann nicht, wenn Sie diese in die Hand nehmen und damit wedeln. Er darf nur verbellen, verbellen und immer wieder verbellen und erhält dafür jedes Mal Lob.

Die Übungen freudigen Bellens setzen Sie fort, bis Ihr Zögling stets laut wird, sobald er die Decke eräugt.

Alsdann legen Sie die Decke etwa zehn bis 15 Meter entfernt ab und fordern ihren Hund mit „Zum Bock" auf, vorzusuchen, anfangs noch angeleint (Feldleine), um (durch Rucken) einwirken zu können, später in freier Suche.

In der Regel wird der Hund sofort laut, wenn er die Decke erreicht. Dann wird er gelobt und weiter angefeuert. Langsam nähern Sie sich jetzt dem Hund, treten unter Lob und Abliebeln an ihn heran, ermuntern ihn zum weiteren Lautgeben, leinen ihn an, nehmen ihn ein Stück zurück und schnallen ihn wiederum mit einem erneuten „Zum Bock".

Achten Sie stets darauf, dass er anhaltend verbellt, bis Sie an ihn, an die

Der ausgelegten Rehdecke nähern Sie sich mit angeleintem Hund. An der Decke wird er spätestens nach Aufforderung laut werden. Muntern Sie den Hund auf und loben Sie ihn.

Auch wenn Sie die Decke in die Hand nehmen und damit wedeln, darf der Hund nicht danach greifen.

Das freudige Verbellen wird so lange gübt, bis Ihr Zögling ganz von allein laut wird, wenn er die Decke eräugt.

Gibt der Hund sofort Laut, wenn er nach Ablegen und Suchen zur Decke gekommen ist – also gefunden hat –, wird er gelobt und aufgemuntert.

Wenn Sie oder ein Helfer nicht mehr eingreifen müssen, können Sie Ihren Zögling nach der Riemenarbeit auf der Kunstfährte das erste Mal zum Totverbellen schnallen.

Decke herangetreten sind. Die Distanz wird nun von Mal zu Mal größer, 50, 100, 200 Meter. Wir bleiben dabei in übersichtlichem Gelände, um jederzeit einwirken zu können. Später kommen dann noch Haken hinzu: Ihr Zögling muss also stets Ihre Führerfährte ausarbeiten, will er zur Decke kommen!

Wird die Übung beendet, zeigen Sie Ihrem Hund Ihre Freude, liebeln Sie ihn ab, reichen Sie ihm seine Lieblingshappen, und vor allem: Nehmen Sie die Decke mit auffälliger Geste an sich.

Bei der Einarbeitung des Hundes auf größere Distanzen ist es zweckmäßig, anstelle der Decke mit einer festgebundenen oder schweren Attrappe zu arbeiten, um ein Apportieren zu verhindern. Auch ein Helfer, den der Hund kennt, sollte verfügbar sein: Er hält sich in Nähe der Attrappe auf und wirkt erforderlichenfalls auf den Hund ein, insbesondere, wenn der die Attrappe verlassen will. Braucht schließlich auch der Helfer nach einigen Übungen nicht mehr einzugreifen, können Sie Ihren Zögling nach der Riemenarbeit auf der Kunstfährte das erste Mal zum Totverbellen schnallen.

Gehorsamsfächer

Wurde der Gehorsam auf der HZP nur allgemein beurteilt, werden bei der VGP spezielle Gehorsamsfächer geprüft. Das Verhalten des Hundes auf dem Stand zählt zu den Gehorsams-Prüfungsfächern der VGP (und auch der BrP).

▸ **Verhalten auf dem Stand**

Führer mit Hunden werden als Schützen am Rande einer Dickung angestellt, während andere Personen in einem Treiben mit dem üblichen Treiberlärm die Dickung durchdrücken. Während dieses Treibens wird in der Dickung mehrmals geschossen. Auch die Führer selbst müssen schießen und werden dazu von einem Richter besonders aufgefordert.

Der Hund kann bei dieser Prüfungsaufgabe angeleint oder frei neben dem Führer liegen. Ist er an der Leine, erhält er nur das Prädikat „gut“. Entscheidend ist, dass sich Ihr Jagdhelfer bei diesem Treiben ruhig zu verhalten hat. Insbesondere darf er nicht winseln, Hals geben, am Riemen zerren, falls er angeleint ist, oder gar ohne Befehl von Ihrer Seite weichen, ist er frei abgelegt.

Zur Überprüfung des Verhaltens auf dem Stand bei der VGP und beim Üben des Fachs im Vorfeld wird eine Treibjagd praxisnah simuliert. Treiber lärmen, Schüsse fallen, und auch der Hundeführer selbst muss schießen. Der Hund kann frei neben dem Führer liegen oder angeleint sein.

So einfach diese Prüfungserfordernisse auf den ersten Blick erscheinen mögen, so schwierig ist es doch für Ihren Vierläufer, sie zu erfüllen, wird ihm hier doch absoluter Gehorsam abverlangt. Er hat den Treiberlärm zu ignorieren, auf Schüsse im Treiben nicht zu reagieren und schließlich Schussruhe zu bewahren, vor allem, wenn Sie selbst schießen.

Für Sie beide bedeutet dies mal wieder üben und abermals so prüfungsnah wie möglich üben, wollen Sie nicht nur den Erfordernissen der VGPO gerecht werden, sondern auch im späteren Jagdbetrieb einen Hund führen, der sich auf dem Stand absolut ruhig verhält, sodass auch Sie Anlauf haben, und mit dem Sie beispielsweise auf Drückjagden und bei Standtreiben gern gesehener Jagdgast sind.

Als prüfungsnah eignen sich am besten gestellte Treiben. Lassen Sie dazu befreundete Rüdemänner (mit Hunden) als Treiber eine Dickung durchdrücken, während Sie sich mit Ihrem zunächst noch angeleinten, in die Platzlage geschickten Hund vor die Dickung stellen. Die „Treiber“ sollen lärmen, hin und wieder Schrotschüsse abgeben, die Hunde gelegentlich laut werden. Reden Sie bei diesen Übungstreiben beruhigend auf Ihren Zögling ein, ersticken Sie vor allem jeden Versuch des Hundes sich aufzurichten, zu winseln oder gar Laut zu geben schon im Ansatz, z. B. durch ein scharfes „Pfui“, einen kräftigen Ruck an der Leine oder auch einen leichten, überraschenden Gertenstreich, sollte es erforderlich werden.

Schon nach zwei bis drei dieser Übungstreiben wird Ihr vierläufiger Jagdhelfer begriffen haben, was Sie von ihm verlangen: ruhig zu sein und liegen zu bleiben, egal was in der Dickung und um ihn herum geschieht.

Tipp

Immer dann, wenn der „Jagdkumpan“ frei arbeitet, sollte er grundsätzlich keine Halsung tragen, insbesondere nicht bei der Wasserarbeit. Es gibt aber so genannte Signalhalsbänder, die sich eng an den Hals des Hundes anschmiegen, auffallend – z. B. leuchtend rotorange – gefärbt sind und mit Ihrer Anschrift versehen werden können. Sie weisen den Hund als Jagdhund aus und erhöhen seine Sicherheit – vor allem im praktischen Jagdbetrieb. Diese Signalhalsungen sind mit Druck- oder Klettverschlüssen versehen, die aufgehen bzw. aufreißen, wenn der Hund sich irgendwo verhängen sollte.

Bei den weiteren Übungen bleibt Ihr Hund dann unangeleint, was angestrebtes Ziel ist und zudem das Prädikat auf der VGP verbessert.

▸ Folgen frei bei Fuß und Ablegen

Meist werden die Fächer „Folgen frei bei Fuß“ und „Ablegen“ in Verbindung miteinander geprüft, es sind jedoch zwei gesonderte Fächer der VGP. Beide dürften keine Schwierigkeiten bereiten, beherrscht Ihr Zögling sie nach der bisherigen Ausbildung doch schon im Wesentlichen.

Die VGPO schreibt dazu vor, dass der unangeleinte Hund seinem Füh-

Der unangeleinte Hund hat dicht hinter oder neben dem Fuß des Führers zu folgen, der das Tempo gelegentlich wechseln und auch einmal stehen bleiben wird, um das Verhalten des Hundes in unterschiedlichen Situationen zu festigen.

Selbst Verleitungen wollen geübt sein. Hierzu lassen Sie beispielweise einen Bekannten mit einem anderen Hund – beide sollte Ihr Hund kennen – am abgelegten Vierläufer vorbeigehen und auch einen Schuss abgeben.

rer (ohne lautes Kommando) dicht hinter oder neben dem Fuß zu folgen hat, wobei eine Strecke von mindestens 50 Metern in wechselndem Tempo zurückgelegt wird, der Führer mehrmals stehen bleiben und der Hund ebenfalls sofort verhalten, sich zweckmäßigerweise setzen soll.

Beim anschließend zu prüfenden Ablegen gehen Sie dann bis zu einer von den Richtern bezeichneten Stelle vor, die mindestens 100 Meter von den Zuschauern und den übrigen Führern und Hunden entfernt sein muss und auf der Sie Ihren Zögling frei oder bei einem Gegenstand (beispielsweise Jagdtasche, Rucksack) abzulegen haben. Der Befehl dazu ist durch Sichtzeichen oder leises Lautzeichen zu geben. Alles hat in größter Stille zu geschehen, verlangt die Prüfungsordnung.

So sind entscheidend für das Prädikat in diesem Prüfungsfach jagdgemäßes Verhalten und Ruhe des Hundes. Wird der Hund mit der an der Halsung befestigten Leine abgelegt, was die VGPO auch zulässt, darf seine Leistung höchstens mit „Gut" bewertet werden.

Nach dem Ablegebefehl gehen Sie pirschend, ohne sich nach Ihrem Hund umzusehen oder ihm zuzurufen, zu einem Punkt vor, den Ihnen ein Richter bezeichnet und den Ihr Zögling nicht mehr eräugen kann. Hier haben Sie zwei Schrotschüsse im Abstand von zehn Sekunden abzugeben, während der Hund auf seiner Stelle bleiben muss. Er darf zwar seinen Kopf hochhalten, auch sich vorübergehend auf der Vorderhand aufrichten, nicht aber seinen Platz verlassen, winseln oder gar Hals geben.

Das „Folgen frei bei Fuß" brauchen wir hier nicht weiter zu vertiefen, begleitet Ihr Zögling Sie doch bei Ihren Reviergängen stets unangeleint. Ablegen kennt Ihr Jagdhelfer zwar auch schon, selbst mit ersten Verleitungen. Jetzt ist es aber an der Zeit, die Verleitungen zu verstärken, die Ablegezeit zu erhöhen und schließlich das freie Ablegen sowie nicht zuletzt auch den Prüfungsablauf dieser beiden VGP-Fächer zu üben. Entfernen Sie sich vom abgelegten Hund, um außer Sichtweite Schüsse abzugeben, sollte anfangs ein Helfer in seiner Nähe bleiben, der sofort eingreifen kann, wenn sich der Hund bei der Schussabgabe erheben, Laut geben oder Ihnen gar folgen will. Einige Übungen sind schon nötig, bis dies sicher klappt.

Verleitungen wollen auch geübt sein, soll Ihr Jagdhelfer ihnen widerstehen. Lassen Sie am abgelegten Hund einen befreundeten Rüdemann mit Hund – beide sollte Ihr Hund kennen – vorbeigehen und schließlich auch einen Schuss abgeben. Wiederholen Sie die Übung, wenn Ihr Zögling schon zehn, fünfzehn Minuten abgelegt war. Er muss auch dann noch ruhig liegen bleiben.

Sie sollten den Hund auch an Pässen und Wechseln ablegen. Die Stelle müssen Sie jedoch, z. B. von einem Hochsitz aus, einsehen können, um notfalls sofort einzugreifen, will er vorbeiziehendes Wild anhetzen.

Zum freien Ablegen gehen Sie erst dann über, wenn Ihr Hund das Ablegen am Gegenstand beherrscht.

▸ **Schussruhe**

Ruhe auf den Schuss ist eine der wichtigsten Voraussetzungen eines brauchbaren Jagdhundes im praktischen Jagdbetrieb. Wie wollen Sie einen sicheren Schuss antragen, wenn zum Beispiel der angeleinte Hund flüchtigem Wild nachprellt und Sie dabei herumreißt? Was könnte da passieren? Diese Schusshitze ist eine Unart des Hundes, die Sie leider immer wieder auf Jagden feststellen, die aber absolut nicht sein muss.

Auf der VGP wird das Fach Schussruhe von den Fachrichtergruppen „Wald" (kleine Waldfächer) beim Buschieren, „Wasser" beim Schuss auf die Ente und „Feld" gewertet.

§ 98 Abs. 3 der VGPO sagt dazu: *„Die Schussfestigkeit ist sehr gut, wenn der Hund nach einem Schuss auf abstreichendes oder flüchtiges Wild nicht nachprellt. Bei Federwild soll der Führer auf den Hund nicht einwirken."* Kurz gesagt: Der Schuss muss also für den Hund das stellvertretende Kommando für „Halt" bzw. „Down" sein.

Gleichzeitig mit dem „Abschuss" des Bringbockes erfolgt als Lautzeichen für den zunächst angeleinten Hund der Trillerpfiff, der den Vierläufer blitzschnell ins „Down" bringt.

Dieses „Sehr gut" müssen Sie beide auf der VGP erzielen, nicht nur um die volle Punktzahl zu erreichen, sondern um auch in der späteren Jagdpraxis Freude an Ihrem Jagdhelfer zu haben. Im Fach Schussruhe muss Ihr Zögling deshalb durchgearbeitet sein. Ein gut geeignetes, aber leider in Deutschland kaum mehr einsetzbares Hilfsmittel, den Hund zur Schussruhe zu erziehen, hatte ich bereits vorgestellt – den Teleboc. Wie bereits erwähnt, soll in absehbarer Zeit ein vergleichbares Gerät wieder auf dem deutschen Markt erhältlich sein. Geübt wird zunächst mit angeleintem Hund, den Sie neben sich sitzen lassen. Gleichzeitig mit dem Schuss ertönt das Lautzeichen „Down", der Trillerpfiff, der den Hund blitzschnell in die Downlage bringt – in dieser Lage ist sein Sichtfeld eingeschränkter als beim „Sitz". Dem fliegenden und schließlich fallenden Bringbock kann er allerdings ruhig nachäugen, weiß er dann doch, wo er zu suchen hat. Mit dem „Apport!" lassen Sie sich dann Zeit, viel Zeit – zwei, auch drei Minuten. So bleibt der Hund für die kommende Bringübung konzentriert. Der Schuss darf für Ihren

Klappt diese Übung, tritt die Flinte jetzt an die Stelle des Abschussgerätes.

Dass Ihr Hund bei Standtreiben unangeleint neben Ihnen sitzt, um besseres Sichtfeld zu haben, können Sie erst dann in Betracht ziehen, wenn er in der Schussruhe absolut gefestigt ist.

Zögling nicht zum stellvertretenden Bringbefehl werden!

Klappt die Übung nach mehrmaligem Wiederholen, schnallen Sie den Hund zur Suche. Ist er etwa 20 bis 30 Meter von Ihnen entfernt, fällt der Schuss, und gleichzeitig ertönt der Triller. „Down" muss er dabei allerdings einwandfrei beherrschen! Schon nach wenigen Übungen wird er verknüpfen, dass er bereits auf den Knall hin in die Downlage zu gehen hat. Den Triller können Sie dann weglassen.

Holen Sie auch gelegentlich den abgeschossenen Bringbock selbst wieder, während der Hund in Downlage an seinem Platz zurückbleibt. Dies festigt den Gehorsam und fördert insbesondere die Ruhe des Hundes. Und – gehen Sie stets konsequent vor; Sie dürfen keine Nachlässigkeit Ihres Vierläufers dulden.

Klappt auch diese Übung, geht es mit Flinte und Hund ins Feld, in den Wald oder ans Wasser. Die Flinte tritt jetzt an die Stelle des Abschussgerätes. Nun schickt der Flintenschuss Ihren Zögling in die Downlage. Hat er auch diesen Übungsteil begriffen, können Sie beginnen, vor ihm Wild zu schießen.

Und nach dem Schuss lassen Sie sich mit dem „Apport!" Zeit, viel Zeit. So zur Ruhe gezwungen und konzentriert, wird der Hund beispielsweise ein geflügeltes Huhn eher finden, als wenn er sofort nach dem Schuss hastig davonstürmte.

Dass Ihr Jagdhelfer bei der Schussabgabe beispielsweise bei Standtreiben neben Ihnen (nur) sitzt, um ein besseres Sichtfeld zu haben, sollten Sie erst dann zulassen, wenn Sie sicher sind, dass er in der Schussruhe gefestigt ist.

Stöbern ohne Ente

Am Wasser tritt auf der VGP das Prüfungsfach „Stöbern ohne Ente im deckungsreichen Gewässer" zu den Fächern „Verlorensuche in deckungsreichem Gewässer" und „Stöbern mit Ente in deckungsreichem Gewässer".

Mit Ente wird auf der VGP allerdings nur dann noch geprüft, wenn dies bei vorausgegangenen Prüfungen (z. B. HZP) noch nicht möglich war.

Da die beiden letztgenannten Fä-

Schicken Sie Ihren Hund mit Sichtzeichen immer an dem Ort ins Schilf, der der Stelle gegenüberliegt, an der Sie die Enten wissen oder vermuten.

Sobald Sie am Verhalten des Hundes erkennen, dass er auf Wittrung gestoßen ist, unterlassen Sie jede weitere Einwirkung. Bald wird sich Ihr Jagdhelfer willig in jede Richtung lenken lassen, denn er hat verknüpft, dass er an Wittrung gebracht wird, wenn er Ihre Zeichen befolgt.

cher im Wesentlichen denen der HZP entsprechen, wollen wir uns hier nur mit dem Stöbern im Schilf *ohne* Ente befassen, für viele Hunde eine schwierige Arbeit. Zunächst ist es wichtig, dass der Hund überhaupt verknüpft, was er eigentlich im Schilf soll. Schon als Welpen haben Sie ihn langsam an das nasse Element herangeführt, ihn als Junghund ans Wasser gewöhnt und mit ihm darin gearbeitet. Langsam, aber stetig entwickelte sich seine Wasserpassion.

Seinen Finderwillen weckten und festigten die Breitschnäbel selbst, die auf dem Übungsgewässer lagen, weil so Wittrung auf dem Wasser stand, auf die Ihr Hund bei seiner Stöberarbeit im Schilf früher oder später stieß. Und drückte er schließlich eine Ente auf die freie Wasserfläche und kam er so auch zu „seiner Beute", konnte er immer wieder verknüpfen, dass ausdauernde Stöberarbeit und Durchhaltewillen zum Erfolg führen.

Auf der VGP wird jetzt von Ihrem Jagdhelfer verlangt, dass er auf bloßen, einmaligen Befehl und ohne jede weitere Anregung (z.B. durch Schuss, Steinwurf) das Wasser annimmt und dort selbstständig im Schilf stöbert. Auf höchstens etwa zehn Minuten soll sich diese Stöberarbeit erstrecken. Der Hund soll dabei Finderwillen und Wasserfreudigkeit zeigen und die ihm zugewiesene Deckung gründlich absuchen. Dabei dürfen Sie als Führer Ihren Hund durch Wink und Zuruf unterstützen; dauernde Einwirkungen mindern jedoch das Prädikat.

Zur Vorbereitung Ihres Hundes auf dieses Prüfungsfach müssen Sie jetzt jagdnah vorgehen. Sie brauchen dazu ein Gewässer, auf dem regelmäßig Stockenten einfallen und auch tagsüber liegen. Den Hund schicken Sie mit Sichtzeichen an den Ort ins Schilf, der der Stelle gegenüberliegt, an der Sie die frei lebenden Stockenten vermuten bzw. festgestellt haben. Lassen Sie Ihren Zögling zunächst immer einige Zeit selbstständig stöbern, also ohne auf ihn in irgendeiner Form einzuwirken. Erforderlichenfalls muntern Sie ihn auf, weiterzustöbern. Erst wenn seine Arbeit in die falsche, entgegengesetzte Richtung führt, leiten Sie ihn langsam durch Sicht- oder Lautzeichen auf die Stelle zu, an der die Enten im Schilf stecken. In dessen Deckung halten die Enten es eine Weile lang aus, ohne gleich abzustreichen.

Sobald Sie am Verhalten des Hundes erkennen, dass er auf Wittrung gestoßen ist, unterlassen Sie jede weitere Einwirkung; er muss und wird allein weiterstöbern. Nach einigen Übungen wird sich Ihr Jagdhelfer willig in jede Richtung lenken lassen, hat ihn doch die Erfahrung gelehrt, an Wittrung zu gelangen, wenn er sich durch Ihre Zeichen leiten lässt. Je häufiger Ihr Hund nach ausgiebiger Stöberarbeit ohne Ente auf Wittrung stößt, schließlich eine Schwimmspur arbeitet, gar einen Breitschnabel aufs offene Wasser drückt, den Sie dann sogleich erlegen – der Hund also zum Erfolg kommt –, desto freudiger wird er am Wasser arbeiten, auch ohne Ente im Schilf stöbern. Finder- und Durchhaltewillen werden so gefestigt.

Tipp

Üben Sie kurz vor der VGP mit Ihrem Hund auch noch einmal an einem oder mehreren Gewässern, die der Hund nicht kennt. Dies gilt vor allem dann, wenn Sie bisher ausschließlich oder überwiegend an ein und demselben Übungsgewässer gearbeitet haben. In diesem Fall schleifen sich nämlich gern „Routinen" ein, auf die Ihr Hund bei der Prüfung an einem ihm fremden Gewässer nicht zurückgreifen kann.
Im Idealfall gelingt es Ihnen sogar, vor der Prüfung auch einmal an einem zugelassenen VGP-Prüfungsgewässer zu arbeiten.

Dass Sie auch an Ihrem Übungsgewässer mit Ihrem Hund immer erst nach der Brut- und Aufzuchtzeit arbeiten, um die Wasservogelwelt nicht zu stören, ist für Sie als Jäger, Vogelfreund und Naturschützer eine Selbstverständlichkeit.

Vorstehen, Manieren am Wild

Diese beiden Prüfungsfächer der VGP werden bei der Fachgruppe Feldarbeit geprüft. Zu den „Manieren am Wild" zählt auch das Nachziehen. Eine Vorstehleistung ist nach der VGPO dann hoch zu bewerten, wenn der Hund, der fest liegendes Wild gefunden hat, es so lange ruhig vorsteht (oder auch vorliegt), bis der Führer in bedächtiger Gangart herangekommen, neben ihn getreten ist und ohne Übereilung zu Schuss kommen kann.

Sobald der Hund bei der Suche Wildwittrung in die Nase bekommt, erstarrt er zunächst zur Salzsäule, folgt aber laufendem Wild mit den Blicken. Versucht sich das Wild laufend in Sicherheit zu bringen, zieht der Hund im Idealfall langsam nach.

Die guten Manieren des Hundes zeigen sich in seinen angespannten und dabei eleganten Bewegungen und der ausdrucksvollen Haltung seines Kopfes, seines Körpers und seiner Läufe, sobald er Wildwittrung in die Nase bekommt. Nachziehen soll der Hund zeigen, wenn er bei einer Suche auf ein frisches Geläuf stößt oder Federwild vor ihm weiterläuft. Er soll dann durch ruhiges Nachziehen und schließlich Festmachen des Wildes oder durch zielbewusstes Umschlagen erkennen lassen, dass er genau weiß, wie er den Führer am sichersten zu Schuss bringen kann.

Vorstehen hat Ihr Zögling auch schon auf der HZP unter Beweis stellen müssen, mit Erfolg, hatten Sie doch die angewölfte Vorstehanlage früh geweckt, durch „Ruuuhe" und „Down" gefördert und schließlich durch wiederholtes Abpfeifen zu einem sicheren Durchstehen gefestigt. Zur Förderung der guten Manieren am Wild und des Nachziehens ist zunächst ein Revier mit gutem Hühner- oder Fasanenbesatz Voraussetzung. Einfühlsame, aufmerksame Führung ist dann ein weiteres Erfordernis.

Sobald der Hund bei seiner Suche Wildwittrung in die Nase bekommt

Zieht der Hund dem laufenden Wild nicht von allein in angespannter Haltung nach, ermuntern Sie ihn und folgen ihm dann. Lassen Sie ihn ruhig eine kurze Zeit vorstehend verharren, dann soll er erneut nachziehen.

und plötzlich zur Salzsäule erstarrt, treten Sie, wie Sie es bisher auch gemacht haben, langsam mit „Ruuuhe" an ihn heran, loben ihn und streicheln ihn leicht vom Kopf bis zur Kruppe. Zieht er dem laufenden Wild nicht von allein in angespannter Haltung nach, muntern Sie ihn mit „Langsam voran" dazu auf und folgen Ihrem Hund in einigem Abstand. Steht er wieder fest vor, treten Sie erneut neben ihn und streicheln beruhigend über seinen Rücken, lassen ihn ruhig kurze Zeit verharren. Dann soll er erneut nachziehen, wiederum die Hühner festmachen, nachziehen, verharren. Dabei treten Sie immer wieder unter Lob an ihn heran, nehmen ihn auch einmal ein Stück zurück und schicken ihn dann erneut „Voran".

Je häufiger Sie dieses zunächst mit mehr, später mit weniger Einwirkung üben, desto sicherer kommt er zum Vorstehen, desto eleganter werden die Bewegungen Ihres Zöglings, um so ausdrucksvoller seine Haltung.

Das Nachziehen darf sich aber nicht endlos hinziehen, Verharren nicht schon durch den kleinsten Wittrungshauch ausgelöst werden, denn im praktischen Jagdbetrieb soll Ihr Hund Sie ja an das Wild schussgerecht heranbringen. Sie sehen also, hier ist Einfühlungsvermögen, Fingerspitzengefühl gefordert. Wenn Sie nun am Verhalten Ihres Vierläufers erkennen, dass er wieder nahe genug an den Hühnern dran ist, beenden Sie diese Übung, schicken den Hund in die Downlage und treten die Hühner heraus. Nach sehr guter Vorsteharbeit sollte der Hund auch hier möglichst zum Erfolg kommen!

Konditionstraining

Nichts wirft auf Führer und Hund ein schlechteres Bild als ein Hund, der schon nach der Suche im zweiten oder dritten Rübenschlag starke Ermüdungserscheinungen zeigt. Das darf und muss auch bei einem gesunden Hund nicht sein. Ihr Vierläufer ist ein Lauftier, das täglich, auch bei schlechtem Wetter, zumindest einmal ausreichenden Auslauf benötigt und nicht nur kurz zum Lösen und Nässen ausgeführt werden darf.

Gute Kondition ist wichtig! Das Fahrrad ist ein gutes Hilfsmittel, wenn man den Vierläufer dabei nicht überfordert. Der Hund läuft immer rechts!

Eine regelmäßige Führung im Revier, z. B. bei der Suche und dem Buschieren, insbesondere in Gelände mit unterschiedlicher Bodenstruktur, verschafft dem Hund schon eine gewisse Kondition. Nur – bei dieser Führung bestimmt regelmäßig allein Ihr Hund das Tempo. Lauftempo und -intervall aber müssen Sie festlegen. Ein geeignetes Mittel für ein Lauftraining ist Ihr Fahrrad – allerdings dürfen Sie das Laufenlassen des Hundes am Rad nicht übertreiben. Denn hierbei entwickeln die meisten Hunde einen starken Vorwärtsdrang, den Sie zügeln müssen.

Nehmen Sie also häufiger Ihr Fahrrad mit ins Revier und lassen Ihren Vierläufer mit dem Lautzeichen „ans

Tipp

Gute Kondition erfordert auch ein kräftiges Futter. Gerade bei der Kräfte zehrenden Vorbereitung des Hundes auf die VGP und auch im späteren Jagdbetrieb – insbesondere während der Jagdzeit auf Niederwild, die Ihren Jagdhelfer ungewöhnlich fordert – sollten Sie etwas „Kraftfutter“ zulegen. Sie erhalten dies auch im Handel. Fragen Sie aber ruhig gelegentlich auch Ihren Tierarzt, was gerade für Ihren Hund das Beste ist.

Rad" – zunächst angeleint, erst viel später frei (natürlich nicht auf Verkehrsstraßen) – rechts genau neben dem Rad im Trab laufen. Zwischendurch werden Sie dann mal auf einigen 100 Metern schneller, sodass er schon in Galopp fallen muss, fahren dann wieder Trabtempo und legen ab und zu eine kurze Sprintstrecke ein, bei der sich Ihr Hund strecken muss. Übertreiben Sie aber diese Art Training gerade beim jüngeren Hund nicht, und achten Sie stets darauf, dass sich der Hund nicht selbstständig macht, auch dann nicht, wenn Sie ihn mal voranschicken. Selbstverständlich ist, dass Sie an heißen, schwülen Tagen dieses Training ausfallen lassen oder es aber in die kühleren Morgen- bzw. Abendstunden verlegen.

Auch vom Auto aus können Sie im Revier das Laufbedürfnis Ihres Zöglings stillen und steuern, wenn Sie vorsichtig sind. Am Auto sollte der Hund aber links in Höhe der Fahrer-

Mit dem Auto können Sie dem Laufbedürfnis des Hundes (immer links neben der Fahrertür) entsprechen, wenn Sie langsam genug und nur auf Wegen fahren, für die die Straßenverkehrsordnung nicht gilt.

Einige Hundert Meter mit dem Apportierbock neben dem Fahrrad herzutraben stärkt die Nackenmuskulatur, und auch das Bringen auf der „Rückspur" macht dem Hund Freude.

tür laufen, um besser auf ihn einwirken zu können. Am Auto gilt insbesondere: den Hund nicht überfordern, also nur „Rad-Tempo" fahren; und dies nur auf Wegen, auf denen die Straßenverkehrsordnung nicht gilt.

Zur Stärkung vornehmlich der Nackenmuskulatur sollten Sie jetzt auch des Öfteren mit dem schweren Bringbock arbeiten. Ihr Jagdgefährte kann damit ruhig einige 100 Meter im Trab neben dem Rad herlaufen. Dies macht ihm nichts aus. Auch auf Ihrer Spur können Sie Ihren Hund mit dem Bringbock im Revier trainieren. Legen Sie den Bock aus und lassen ihn vom Hund auf Ihrer Rückspur apportieren. Sie werden erleben, welche Freude Ihrem Zögling diese Arbeit bereitet.

VGP – die „Meisterprüfung"

In den letzten Wochen und Monaten hat Ihr Jagdhelfer nun noch all das hinzugelernt, was er beherrschen muss, um die VGP, seine „Meisterprüfung", zu bestehen. Die Feld-, Wald- und Wasserarbeit klappt. Insbesondere die Schleppen machen dem Vierläufer Freude. Vom Huhn über den Hasen bis hin zum Fuchs bringt er alles.

Auch haben Sie jede Gelegenheit genutzt, ihn jagdpraktische Erfahrun-

Vom Welpen zum Jagdhelfer – ein weiter Weg. Wenn man sich vor Augen führt, was der Jagdgebrauchshund auf der VGP alles zu leisten hat, weiß man, warum sie als „Meisterprüfung“ bezeichnet wird.

gen sammeln zu lassen. Ihr Hund ist also „VGP-fertig“ und müsste sich bei sachgemäßer Führung den Anforderungen der Praxis in allen Fächern gewachsen zeigen. Aber – keine Prüfung ist frei von Überraschungen, schon gar nicht die VGP, erstreckt sie sich doch über fast zwei Tage. Da kann einiges Unvorhergesehene passieren. Sollten Sie wirklich Pech haben, bleibt Ihnen ein Trost: Sie dürfen mit Ihrem Hund grundsätzlich dreimal zur Prüfung auf einer VGP antreten.

Die Prüfungsfächer sind in fünf Fachgruppen zusammengefasst, denen Fachwertziffern zugeordnet sind:

Für die Leistung, die der Hund in einem Fach zeigt, wird ein Prädikat erteilt, und zwar Leistungsziffern von „4“ bis „0“, wobei 4 = sehr gut und 0 = ungenügend bedeuten. Für absolute Spitzenleistungen sieht die VGPO noch das Prädikat „4 h“ = hervorragend vor. Die Multiplikation der in den einzelnen Fächern erteilten Leistungsziffern mit der Fachwertziffer (FwZ) ergibt die Urteilsziffer, eine Punktzahl, nach deren Höhe die Einstufung des Hundes innerhalb der drei Preisklassen erfolgt. Als Höchstpunktzahl sind mit Übernachtfährte und ohne Zusatzpunkte für Totverbellen (16) und Totverweisen (12) insgesamt 340 erreichbar.

Im Gegensatz zur Anlageprüfung haben die Prüfer auf einer VGP allein die Leistung der Hunde in den einzelnen Fächern zu prüfen. Der auf einer VGP leistungsbewertete Hund muss so firm sein, dass ein guter Jäger, der mit der sachgemäßen Führung von Jagdhunden vertraut ist und Hunde auszubilden versteht, mit einem solchen Hund waidgerecht jagen kann.

Als Erstlingsführer ist es zweckmäßig, bereits einmal als Zuschauer an einer VGP teilgenommen zu haben.

Aufgabe der Richter einer VGP ist es, nervenfeste, arbeitsfreudige, leichtführige und gehorsame Hunde mit ihren für den Jagdbetrieb notwendigen Leistungen und Eigenschaften festzustellen und den Hunden, die diese Voraussetzungen ganz oder teilweise nicht erfüllen, voranzusetzen. Insoweit hängt das einwandfreie Ergebnis der Prüfung in gewisser Weise auch von der Qualifikation der Verbandsrichter ab. Sie können aber davon ausgehen, dass auf einer VGP nur Richter antreten, die erfahrene Jäger und Gebrauchshundführer und natürlich vom Jagdgebrauchshundverband als Richter anerkannt sind.

Die VGP darf nur im Herbst abgehalten werden. Obwohl die veranstaltenden Vereine die Prüfung rechtzeitig mit Termin und Bedingungen im Verbandsorgan oder der Fachpresse ausschreiben müssen, erfragen Sie bei Ihrem Verbands-/Zuchtverein besser rechtzeitig den Zeitpunkt und melden sich auch frühzeitig unter Verwendung des beim veranstaltenden Verein erhältlichen Formblattes an. Für die VGP gibt es generell keine allgemeine Altersbeschränkung, je-

I. Waldarbeit

1.	Riemenarbeit/Übernachtfährte	FwZ 8
	Riemenarbeit/Tagfährte	FwZ 5
	Totverbellen (zusätzlich)	FwZ 4
	Totverweisen (zusätzlich)	FwZ 3
2.	Bringen von Fuchs über Hindernis	FwZ 3
3.	Fuchsschleppe	FwZ 5
4.	Bringen von Fuchs auf der Schleppe	FwZ 2
5.	Hasen- oder Kaninschleppe	FwZ 4
6.	Bringen von Hase oder Kaninchen	FwZ 2
7.	Stöbern	FwZ 4
8.	Buschieren	FwZ 3

II. Wasserarbeit

1.	Stöbern ohne Ente im deckungsreichen Gewässer	FwZ 3
2.	Schussfestigkeit (wird nicht bewertet)	
3.	Verlorensuche im deckungsreichen Gewässer	FwZ 3
4.	Stöbern mit Ente im deckungsreichen Gewässer	FwZ 3
5.	Bringen von Ente	FwZ 2

III. Feldarbeit

1.	Nasengebrauch	FwZ 6
2.	Suche	FwZ 4
3.	Vorstehen	FwZ 4
4.	Manieren am Wild und Nachziehen	FwZ 3
5.	Verlorensuche von Federwild	
	a 1. Arbeit am geflügelten Huhn oder Fasan	FwZ 4
	2. oder Federwildschleppe	FwZ 3
	b 1. Freies Verlorensuchen eines frisch geschossenen Stückes Federwild, dessen Fallen der Hund nicht eräugte	FwZ 3
	2. oder freies Verlorensuchen eines ausgelegten Stückes Federwild	FwZ 3
6.	Bringen von Federwild	FwZ 2

IV. Gehorsam

1.	Allgemeines Verhalten – Gehorsam	FwZ 3
2.	Verhalten auf dem Stande	FwZ 2
3.	Leinenführigkeit	FwZ 1
4.	Folgen frei bei Fuß	FwZ 2
5.	Ablegen	FwZ 2
6.	Benehmen vor eräugtem Federwild	FwZ 2
7.	Benehmen vor eräugtem Haarnutzwild	FwZ 3
8.	Schussruhe	FwZ 2

doch darf ein Hund, der im gleichen Jahr gewölft ist, nicht zur VGP zugelassen werden.

Der Hund ist durch den Eigentümer oder Führer zur VGP auf einem Formblatt bei dem veranstaltenden Verein anzumelden. Dabei ist bereits anzugeben, ob der Hund auf der Übernacht- oder Tagfährte, als Riemenarbeiter, als Totverbeller oder Totverweiser geführt werden soll.

Dem Formblatt (Nennung) sind eine Ablichtung der Ahnentafel und Zeugnisablichtungen aller früher bereits absolvierten Verbandsprüfungen beizufügen. Vor dem Prüfungsbeginn sind dem Prüfungsleiter Ahnentafel und Impfpass des Hundes (insbesondere mit dem Nachweis der noch wirksamen Tollwutschutzimpfung) auszuhändigen.

Es ist zweckmäßig, zuvor schon einmal ohne Hund an einer VGP als Zuschauer teilzunehmen, um sich mit dem Prüfungsablauf etwas vertraut zu machen und sich entsprechend darauf einzustellen.

Wichtig ist vor allem, dass Sie am Prüfungstag ruhig und gelassen bleiben, nicht nervös, sondern konzentriert sind. Es darf auch keine Hektik aufkommen. Fahren Sie also rechtzeitig und in Ruhe zum Prüfungsort. Vergessen Sie auch nicht, Wasser für Ihren Vierläufer mitzunehmen, das Sie ihm bei Bedarf in Prüfungspausen reichen.

Das Bringen des Fuchses auf der Schleppe oder sogar über Hindernis ist eine Klippe der „Meisterprüfung". Erst wenn der Hund bei den Übungen sicher gezeigt hat, dass er Reineke aus fast allen „Lebenslagen" bringt, kann man beruhigt zur VGP antreten.

Das Bringen des Hasen ist fast jedem Hund angenehmer – aber auch hieran sind manche VGP-Kandidaten schon gescheitert!

Und denken Sie daran: Auch die VGP ist wieder nur eine Momentaufnahme, zu deren Bestehen das erforderliche Suchenglück Voraussetzung ist. Sollte es – aus welchen Gründen auch immer – im ersten Anlauf nicht gelingen, dürfen Sie auf keinen Fall verzagen, sondern müssen es im zweiten Anlauf auf einer anderen VGP erneut versuchen. Schon manch einem erfahrenen Rüdemann ist dies auch passiert – und nicht nur einmal! Unsere Jagdhelfer sind eben keine Automaten.

Fehler und ihre Beseitigung

162 ▸ *Der Anschneider*
165 ▸ *Der „Totengräber“*
168 ▸ *Der Knautscher*
171 ▸ *Blinker und Blender*
173 ▸ *Der Hasenhetzer*

Der Anschneider

Zweck der VGP ist die Feststellung der Brauchbarkeit der für den vielseitigen Jagdbetrieb (Feld-, Wald-, Wasserarbeit) bestimmten Jagdhunde auf (öffentlichen) Leistungsprüfungen. Neben den Einzelleistungen wird also großer Wert auf die Feststellung und Bewertung einer gründlichen Ausbildung und Führung gelegt; entscheidend ist allein die Leistung.

Mit Bestehen der VGP haben Sie beide eine wichtige Etappe und damit Ihr Hauptziel erreicht: Ihr Zögling hat den Nachweis jagdlicher Brauchbarkeit erbracht. Den Nachweis jagdlicher Brauchbarkeit können aber

Ein Fehlverhalten des Führers – meistens falsche Fütterung des Hundes – kann zum Anschneiden führen.

Der Anschneider auf der VGP

Man erlebt es auf Prüfungen immer wieder: Da wird auf einer VGP ein – jedenfalls nach dem bisherigen Punktergebnis – offensichtlich sehr guter Hund geführt. Auch die Schweißfährte arbeitet der Vierläufer sehr gut, zügig und sicher. Am zweiten Wundbett wird er zum Totverbellen geschnallt. Nach drei Minuten kein Laut, nach sechs Minuten immer noch nichts. Der Führer wird unruhig, war er sich seiner Sache doch sicher. Die Richter blicken sich fragend an. Was ist geschehen? Der Richter, der am Stück beobachtet, klärt bald alles auf.

Am Stück angekommen, griff der Rüde das Stück sofort an der Drossel, ließ wieder los und schnitt es sogleich an der vernähten Bauchdecke an! „Das hat er vorher noch nie gemacht", war der erste Kommentar des Führers. Doch dann gab er auf Befragen des Richterobmanns kleinlaut zu: Er hatte gelesen, dass die Nasenleistung des Hundes erheblich zunimmt, wenn er längere Zeit kein Fleisch, keine Fettsäuren erhält. Gelesen – getan! Einige Tage vor der Prüfung bekam der Hund nur leichte Kost, kein Fleisch. Um den Mangel an für ihn wichtigen Stoffen auszugleichen, „musste" er also anschneiden. Hinzu kam dann auch noch, dass im dritten Wundbett kein frisch geschossenes Stück niedergelegt war, sondern ein aufgetautes aus der Tiefkühltruhe, was wenigstens für die Hundenase insoweit schon anbrüchig wirkte.

Hunde nicht erbringen, die z. B. Anschneider, Totengräber, Hasenhetzer, ausgesprochene Blinker und hochgradige Knautscher und/oder Rupfer sind. Sie sind für die waidgerechte Jagdpraxis nicht geeignet. Solche Hunde werden auch auf der VGP von der Weiterprüfung ausgeschlossen.

Den Anschneider von Geburt an gibt es eigentlich nicht. Anschneiden ist vielmehr überwiegend das Ergebnis falscher, viel zu einseitiger Ernährung des Hundes, mithin ein Fehler des Führers. Durch Umstellung in der Fütterung kann man in aller Regel einen Anschneider heilen. Neben der heute im Handel angebotenen „Hundevollnahrung", die unter anderem Getreide, Fleisch, Fisch, Gemüse, Mineralstoffe und Vitamine in aufeinan-

Neben der handelsüblichen „Hunde-Vollnahrung" sollten dem Vierläufer von Zeit zu Zeit ungereinigte Innereien vom Rind, rohe Knochen oder Ähnliches angeboten werden.

der abgestimmter Dosierung enthält, braucht unser vierläufiger Jagdhelfer regelmäßig, allerdings nicht täglich, ungereinigte oder nur grob gereinigte Innereien vom Rind, beispielsweise Pansen, Därme, Leber und sonstige Schlachtabfälle, auch Rinderknochen, alles in rohem Zustand.

Das Wichtigste ist aber die Zugabe von anbrüchigem Fleisch, das heißt rohem, für die Menschennase schon „riechendem“ Fleisch.

Gute Erfahrungen habe ich mit Rinderkehlköpfen gemacht, die es auf jedem Schlachthof zu kaufen gibt und die vor dem Verfüttern je nach Witterung etwa acht bis 14 Tage eingegraben wurden.

Ein richtig, also artgerecht ernährter Hund, der ausreichend Mineralien, Spurenelemente, Nährsalze, Vitamine usw. erhält, der also an all diesen wichtigen Stoffen keinen Mangel leidet, wird nur in seltenen Ausnahmefällen das Bedürfnis haben anzuschneiden, denn er braucht ja nichts mehr auszugleichen!

Da Anschneiden somit fast immer ein Ernährungsmangel ist, ist es entsprechend auch durch artgerechte Fütterung „heilbar“.

Allerdings ist in den meisten Fällen nach der Futterumstellung doch etwas Aufmerksamkeit geboten, wenn der Hund zum Stück kommt. Und zum Apportieren sollte grundsätzlich nur frisches Wild verwendet werden, nicht Stücke, die schon zwei-, dreimal eingefroren und wieder aufgetaut wurden. Solches Wild ist bereits anbrüchig und verleitet den Hund geradezu zum Anschneiden.

Der „Totengräber“

Der Hund kommt während der Prüfung auf der Kaninchenschleppe flott zum Stück, nimmt sofort auf und eilt mit dem Wild im Fang zurück zum Führer, der wenige Meter vor den Richtern steht. Die weitere Korona, etwa ein halbes Dutzend Zuschauer, ist nur wenige Meter entfernt. Etwa 20 Meter vor dem Führer, der sich dem Vierläufer überhaupt nicht zu erkennen gibt, bleibt der Hund plötzlich stehen, läuft kurz darauf rechtwinklig einige Meter seitwärts unter einen kleinen Busch, beginnt eilig zu graben, legt das Kanin in die Mulde und schiebt anschließend mit dem Fang Erde, Gras und Laub über das Kanin. Ein Totengräber!?

Jeder erfahrene Rüdemann hat eine solche Situation sicher schon einmal erlebt. Und häufig ereignet sie sich gerade auf Prüfungen. Warum?

Ursächlich kann bei dem oben aufgezeigten Beispiel wahrscheinlich in erster Linie eine momentane Unsicherheit des Hundes infolge einer fehlenden Vertrauensbasis zwischen Führer und Hund, zumindest aber eine tief gestörte Verbindung zueinander durch (schwerwiegende) Fehler des Führers sein.

Es liegt in der Natur des Hundes, Beute, die er im Augenblick nicht mehr fressen kann, zu vergraben. Das erleben wir regelmäßig bei Welpen und Junghunden, insbesondere wenn mehrere Vierläufer zusammen gehalten werden. Die Beute, seine Beute, will der Hund für sich sichern, das ist ein ganz natürlicher Vorgang. In der

In den allermeisten Fällen liegt es am Führer – und der kann es also verhindern –, wenn der Hund Schleppenwild vergräbt, also zum „Totengräber" wird.

Was ist zu tun? Erst einmal muss der „Sünder" das eingegrabene Kanin selbst holen, was er meistens auch tut.

Das Wichtigste ist, dass der fehlende Konnex zwischen Hund und Führer durch viel Zuwendung, Kontakt, Geduld und Einfühlungsvermögen überhaupt erst einmal hergestellt wird.

Ist das Vertrauen hergestellt, beginnt die „Apportierüberei“ ganz von vorn. Täglich, wenn es möglich ist, und nicht mit Wild, sondern mit dem Apportierbock ... und mit Geduld und nochmals Geduld.

Zweiermeute „Mensch – Hund“, in der der Führer Leithund ist, gehört die Beute beiden gemeinsam. Der Hund hat es jedenfalls bisher so erfahren. Freudig trägt er „unsere Beute“ dem Leithund, dem Rudelführer Mensch zu, stand dieser bisher doch überwiegend allein am Ende einer Schleppe. Doch nun eräugt der Prüfling da einen Pulk ihm fremder Menschen und kann unter ihnen seinen Leithund nicht mehr erkennen.

Auch die fremde Umgebung bedeutet für den Hund neue, ihm nicht bekannte Verhältnisse. Er wird unsicher – Sorge um „unsere Beute“ kommt auf! Was bleibt ihm da anderes übrig, als sie zunächst durch Vergraben zu sichern? So war es auch in unserem Beispiel. Der Hund müsste zwar auch auf der VGP ausscheiden, aber ein notorischer und damit fast unheilbarer Totengräber ist er deshalb noch lange nicht.

Sehr wichtig ist also, dass sich der Führer dem auf der Schleppe zurückkommenden Hund durch Bewegung, z. B. durch Auf-und-Ab-Gehen quer zur Schleppenrichtung, auch durch lobenden, jagdüblichen Zuruf oder gewohnte Handzeichen zu erkennen gibt, wenn der Vierläufer näher herangekommen ist. Dies gibt dem Hund Sicherheit, insbesondere solchen Hunden, denen es (noch) an Selbstbewusstsein mangelt.

Hat der Hund nur – wie beispielhaft geschildert – aus einer momentanen Unsicherheit heraus vergraben, ist dies eigentlich schnell zu heilen, wenn der Führer seine Fehler erkennt und auch „einsieht“. Das eingegrabene Kanin hat der Hund auf „Apport“ zunächst selbst zu holen, was er in diesen Fällen meist auch sofort tun wird. Von nun an gebührt aber dem Vierläufer, kommt er von der Schleppe mit dem Wild zurück, mehr Aufmerksamkeit als bisher. Dies beginnt bei den Erkennungshilfen und erstreckt sich über den freudigen Zuruf bis hin zum ausgiebigen Lob. Schon nach ein paar Schleppen klappt es wahrscheinlich wieder wie früher.

Wesentlich schwieriger ist es, das Totengraben bei einem Hund zu korrigieren, der dieses nicht nur aus einer momentanen Unsicherheit heraus tut, sondern infolge fehlender Führereigenschaften und -fehler als Hauptursachen des Eingrabens. Es beginnt meistens bei unsachgemäßer, liebloser Behandlung des Hundes und endet bei durch starken Zwang herbeigeführter Überbeanspruchung. Und sehen wir uns diese „Führer“ mal näher an, haben sie meist Folgendes gemeinsam: Sie sind entweder unbeherrscht, grob, lieblos, maßlos, herrschsüchtig oder übertrieben ehrgeizig, ohne viel Verständnis für die Kreatur!

Ein Hund, der einem derartigen Menschen in die Finger geraten ist, kann nur durch einen Führerwechsel oder dann geheilt werden, wenn der bisherige Führer bereit ist, seine Fehler ehrlich einzusehen und sich selbst umzustellen.

- Der bisher fehlende Konnex muss durch ein neues, festes, absolutes Vertrauensverhältnis zwischen Hund und Führer begründet werden. Die Zweiermeute „Mensch – Hund“ muss erst

Schritt für Schritt vergrößert man langsam die Apportier-Entfernungen und geht, wenn alles absolut „sitzt“, wieder zu frischem Wild über. Und jedes Mal, wenn es klappt, wird ausgiebig gelobt.

entstehen. Dies kann nur über viel Kontakt, Zuspruch, Geduld und wahre Liebe, aber auch Konsequenz aufgebaut werden. Wer hierzu nicht in der Lage ist, sollte auch keine Hunde führen.

- Das Apportieren beginnt ganz von vorn, und zwar wird täglich geübt, nicht mit Wild, sondern mit dem Bringbock. Der Hund wird gelobt und gelobt, abgeliebelt und erhält Belohnungshappen, wenn er bringt. Dabei übt sich der Führer in Geduld und abermals in Geduld. Schritt für Schritt, aber langsam, wird auch die

Entfernung zwischen Hund und Apportierbock vergrößert. Es gibt keine Überforderung mehr. Hat es zweimal hintereinander gut geklappt, wird für diesen Tag aufgehört.

- Auf frisches, kaltes Wild als Apportiergegenstand wird erst dann wieder übergegangen, wenn das Bringen des Bringbockes auf jede Distanz sicher klappt. Dann erst wird die Entfernung ganz allmählich gesteigert. Und jedes Mal erfolgen Lob und Zuspruch, nicht nur wenn der Hund bringt, sondern bereits schon, wenn er aufnimmt. Gibt der Hund korrekt ab, darf er „unsere Beute" auch einige Zeit „bei Fuß" folgend tragen.
- Der eigentlichen Schleppenarbeit kann man sich erst dann erneut zuwenden, wenn auch das Bringen kalten Wildes auf Entfernung wieder klappt. Dabei sind die ersten Schleppen nicht länger als 10 bis 20 Meter. Auch wird zunächst nur an langer Leine gearbeitet und nicht mehr als zwei bis maximal drei Schleppen pro Tag. Hierfür kommt nur frisches, kaltes Wild, nichts Anbrüchiges zum Einsatz. Hat der Hund am Schleppenende aufgenommen, geht es im Laufschritt mit freudigem Zuspruch und unter Lob zurück zum Anschuss. Arbeitet der Hund eine dieser kurzen Schleppen auf Anhieb gut, wird nach ausgiebigem Lob die Arbeit für diesen Tag beendet.

Schritt für Schritt – wie früher bei der Anleitung und Ausbildung – geht es dann weiter. Die Entfernung wird allmählich gesteigert, die Länge und die Haken der Schleppe variieren, und schließlich kann dann auch die lange Leine wegfallen. Allerdings werden die Schleppen zunächst nur in übersichtlichem Gelände gezogen. Erst wenn der Hund auch hier einwandfrei arbeitet, geht es zurück in den Wald. Dabei werden die Schleppen zunächst wie Schweißfährten ausgezeichnet und dann gezogen.

Am niedergelegten Stück wird ein etwa 1,5 Meter langes farbiges Band befestigt. Beides – Auszeichnen und Band – hilft, schnell die Stelle wiederzufinden, falls er tatsächlich noch einmal „rückfällig" wird. Geschieht dies, so ist es ein Zeichen dafür, dass entweder der erforderliche Konnex immer noch nicht wiederhergestellt ist und/oder nicht Schritt für Schritt, sondern wieder viel zu schnell oder mit zu viel Druck und zu wenig Einfühlungsvermögen vorgegangen wurde. In einem solchen Fall beginnt alles noch einmal von vorn! Und diesmal mit mehr Einfühlungsvermögen, mit noch mehr Geduld und Verständnis für den Vierläufer.

Der Knautscher

Auch das Knautschen, also das Herumkauen auf Wild, geht in erster Linie auf Abrichte- oder Führungsfehler zurück. Mit Würgen oder gar Wildschärfe hat Knautschen überhaupt nichts zu tun. Die Hauptursachen sind wohl darin zu sehen, dass der Hund im Bringen nicht hinreichend gründlich durchgearbeitet wurde. Auch hat er wahrscheinlich nie den richtigen Griff gelernt, Haar- und Federwild zu greifen, festzuhalten und zu tragen, oder er wurde zu früh und ohne klare Anleitung an noch warmes Wild herangeführt.

Das Apportieren von warmem, gerade erlegtem Wild muss zunächst fast genauso geübt werden wie von kaltem. Die größere Jagdpassion, der stärkere Fangtrieb, beides ausgelöst durch das warme Wild, verleiten den Hund zum heftigen Greifen. Da er jedoch den richtigen Griff noch nicht kennt, das Stück ihm aber nicht entgleiten soll, wird er zum Nachfassen verleitet – oft ist dies der Anfang vom Knautschen.

Eine Ursache kann auch darin bestehen, dass gar zu häufig mit recht altem, also anbrüchigem Wild gearbeitet wurde. Und insbesondere ist oft auch Schusshitzigkeit, gleichfalls

Das Knautschen von Wild ist meistens auf Abrichte- oder Führungsfehler zurückzuführen.

Um ihm die Unsitte des Knautschens abzugewöhnen, muss der Hund zur Ruhe gezwungen werden. In korrekter Sitzhaltung hat er nach dem Schuss mehrere Minuten lang zu verharren; erst dann kommt der Bringbefehl, der exakt und ruhig auszuführen ist.

Schussapparate wie der Teleboc sind sehr geeignete Hilfsmittel, um den Hund vom Knautschen zu kurieren.

durch falsche Führung herbeigeführt, der Grund für das Knautschen.

Des Weiteren neigen nervenschwache, schnell in Erregung geratende Hunde allein schon aus Nervosität eher dazu, auf Wild herumzuknautschen. Solchen nervenschwachen Hunden ist allerdings so gut wie nie zu helfen. Bei allen anderen kann der Fehler allerdings grundsätzlich geheilt werden, wenn die Ursache des Knautschens erkannt ist ...

Liegt es z. B. an der Schusshitzigkeit, so ist erst einmal diese selbst zu korrigieren. Der Hund muss vorab zur Ruhe nach dem Schuss gezwungen werden, denn die Ruhe nach dem Schuss überträgt sich auch auf die folgende Arbeit, die Art des Bringens. In korrekter Sitzhaltung hat der Hund nach dem Schuss ein bis zwei Minuten zu verharren. Erst dann kommt der Bringbefehl, der exakt auszuführen ist. Üben Sie das z. B. mit einem dem Teleboc ähnlichen Abschuss-Gerät, das sich hierzu vorzüglich eignet, stellt sich der Erfolg schon nach wenigen Übungen ein.

Sind für das Knautschen Mängel im Bringen selbst ursächlich, ist das gesamte Fach erneut durchzuarbeiten, diesmal aber mit deutlich mehr Konsequenz.

Der Hund bekommt dabei das frische, kalte Stück Wild auf „Apport" in den Fang geschoben und hat es ruhig festzuhalten. Der kleinste Ansatz, auf dem Wild herumzukauen, wird im Keim durch mehr oder minder starke Einwirkung erstickt. Unterlässt der Hund auf die Einwirkung hin das Knautschen, wird er sofort gelobt.

Alsdann darf er das Stück tragen und schließlich auch an der langen Leine apportieren – alles korrekt und konsequent und immer auf ein nur einmal gegebenes Laut- oder Sichtzeichen hin. Haar- und Federwild (insbesondere Tauben) sollten sich als Bringgegenstand abwechseln, das Wild mal leichter, mal schwerer (Fuchs) sein. Die Bringübungen müssen Stufe für Stufe, Abschnitt für Abschnitt so lange geübt werden, bis sie richtig sitzen.

Und zeigen Sie dabei dem Hund gelegentlich auch den richtigen Griff (z. B. über den Rücken des Wildes) und lassen ihn anschließend das Stück selbst aufnehmen.

Sicher – dies ist viel, teilweise aufreibende Arbeit, nicht zuletzt weil der Hund ja inzwischen älter geworden ist und sich verschiedene Dinge bei ihm festzusetzen beginnen. Aber noch ist es nicht zu spät, und häufig hat der Führer jetzt die Gelegenheit, Versäumtes nachzuholen und den Hund beispielsweise im Bringen nochmal nachzuarbeiten.

Der Blinker steht beim Wahrnehmen der Wildwittrung nicht vor, sondern ignoriert das Wild und sucht weiter, als sei nichts geschehen.

Blinker und Blender

Der *Blinker* steht beim Wahrnehmen der Wildwittrung nicht vor, er verleugnet das Wild und sucht weiter, als wenn nichts gewesen wäre. Der *Blender*, der so genannte „Scheinvorsteher", reagiert im Gegensatz dazu schon auf die geringste Wittrung mit Vorstehen und sichtbar guten Manieren. Beiden Verhaltensweisen liegen überwiegend Führerfehler zugrunde, die häufig auf Ersterlebnisse des Hundes in frühester Jugend zurückgehen und sich dem Hund fest eingeprägt haben.

Die Ursache des *Blinkens* liegt nicht selten darin, dass der junge Hund von seinem Führer vor Wild, z. B. beim Nachprellen, gestraft wurde. So verknüpft der Hund dann total verkehrt und verbindet von nun an Wildwittrung mit Strafe. Also versucht er mit teils sehr großem Geschick, Wild aus dem Wege zu gehen. Dieser Fehler ist um so schwerer zu heilen, je früher dies negative Erlebnis stattfand und sich verfestigt hat.

Zunächst muss auch hier wieder das notwendige absolute Vertrauensverhältnis zwischen Hund und Führer

Im Gegensatz dazu der Blender, der „Scheinvorsteher“: Er reagiert auf die geringste Wittrung in oft „bestechender“ Vorstehmanier – und häufig ist kein Wild vorhanden.

geschaffen werden, mit viel Liebe, Verständnis, Einfühlungsvermögen und Geduld. Sodann müssen die Jagdleidenschaft, die ja unter Umständen durch die falsche Verknüpfung eingeschränkt, ja unterbunden wurde, und auch die Freude an der Arbeit, insbesondere im Feld, wieder geweckt werden. Dies geschieht am besten, indem Sie dem Hund im Revier (zunächst) volle Freiheit gewähren und ihn häufig mit schlechtem Wind, also plötzlich, an Wild heranführen. Er darf jetzt sogar die Hühner herausstoßen, nachprellen, ja den Hasen hetzen, vorerst ohne gemaßregelt zu werden.

Er muss so verknüpfen, dass z. B. dem Herausstoßen der Hühner keine Strafe folgt. Erst wenn der Hund vor Wild keine Angst mehr zeigt, ihm nicht mehr ausweicht, was eine Zeit lang dauern wird, kann zum Vorstehen übergegangen werden. Hier ist dann ein zweiter Hund, der Wild sucht und vorsteht, hilfreich.

Insbesondere wird dadurch bei unserem Blinker der Jagdneid wieder geweckt und verstärkt. Sowie der zweite Hund Wild festgemacht hat, wird der Blinker zunächst an der Feldleine, später wieder frei an das Wild herangeführt und besonders liebevoll gelobt, sowie er anzieht oder vorsteht. Leise, lobende Zusprache und liebkosendes Klopfen sind selbstverständlich, sobald der Führer an den vorstehenden Hund herangetreten ist. Klappt es schließlich nach einigen Übungen, muss der Hund auch zum Erfolg kommen: Das geschossene Wild darf er unter großem Lob bringen. All diese Übungen verlangen Ruhe und viel Geduld von Ihnen. Aber das sind ja immer die Voraussetzungen – gerade bei den Führern von „Schwererziehbaren“.

Blender sind sehr häufig wenig bejagte Hunde mit unsicherer, teils auch guter Nase, die der Hund aber nicht richtig einzusetzen vermag. Ihre Heilung erfolgt am sichersten durch ausgiebige Arbeit im Feld, durch Bejagung. Ein Lob beim Vorstehen wird nur dann erteilt, wenn tatsächlich Wild vorgestanden wird. Sonst wird der Hund mit einem aufmunternden „Such voran“ vorwärts getrieben. Auf ein Blenden heißt es erneut „Voran“. Je öfter Sie den Blender an Wild heranführen und insbesondere Wild vor ihm schießen, desto schneller wird er im Gebrauch seiner Nase sicher.

Der Hasenhetzer

Auch das unkontrollierte Hetzen hinter dem Hasen ist in den allermeisten Fällen das Ergebnis unsachgemäßer Erziehung und Führung des Hundes. Wir verstehen unter einem Hasenhetzer den Hund, der sich immer wieder weder durch Ruf noch durch Pfiff zurückrufen lässt und wiederholt erst nach längerer Zeit von der Hetze zurückkehrt. Wir wollen keinen hasen-

Die lange Feldleine mit der Koralle am Ende ist eine Hilfe beim Kurieren des Hasenhetzers.

Hinter der Bewegungsangel können Sie Ihrem Hund die Unsitte des Hasenhetzens ebenfalls wieder austreiben.

Bei harten, meistens älteren Hunden hilft schnell und nachhaltig die „unsichtbare lange Leine", das Teletakt-Gerät, wenn es von erfahrenen und besonnenen Rüdemännern bedient wird.

reinen Hund! Der Jagdtrieb des Hundes, dem Hasen zu folgen, muss auf jeden Fall erhalten bleiben. Der Trieb muss aber so weit unter Kontrolle sein, dass der Hund ihm nur auf Befehl nachgibt.

Zwar gibt es auch (meistens erfahrene) Hunde, die von selbst die Hetze am gesunden Hasen nach kurzer Zeit abbrechen, dem beschossenen, kranken Hasen aber folgen, bis sie ihn greifen. Diese Hunde sind aber leider die Ausnahme.

Sofern der junge Hund eine gewissenhafte Grundausbildung bekommen hat und auch im „Down" durchgearbeitet wurde, gibt es normalerweise keine großen Schwierigkeiten, ihn am Hasen gehorsam zu machen und auch zu halten. Insbesondere nach einer Reihe von Gesellschaftsjagden, bei denen es im Jagdbetrieb gelegentlich zu einem Ungehorsam am Hasen kommt, muss wieder „nachgearbeitet" werden.

Der verlängerte Arm, die Feldleine mit der Koralle (nicht dem Stachelwürger), die Kriechübung („Down – Vorwärts") nach Missachtung des Trillerpfiffes und auch die Übungsangel mit dem Hasenbalg sind alles gute Hilfen, den jungen Hund am Hasen gehorsam zu machen. Sie reichen aber nach meiner Erfahrung meistens nicht aus, um einen Hasenhetzer, überwiegend einen älteren, meist auch harten Hund, zu korrigieren. Schnell und nachhaltig hilft hier die „unsichtbare lange Leine", das Teletakt-Gerät. Allerdings gehört es nur in die Hand eines erfahrenen und besonnenen Rüdemannes – dies kann einfach nicht oft genug betont werden.

Dabei ist wichtig, dass der Hasenhetzer etwa drei bis vier Wochen vor Einsatz des Gerätes tagsüber die Attrappe trägt, die hin und wieder abgenommen, erneut angelegt und gelegentlich auch gegen den echten Empfänger ausgetauscht werden sollte. So wird vermieden, dass der Hund den

Impuls mit dem Tragen des Gerätes verknüpft. Auch darf der Hund zwischen Wild und Teletakt-Gerät keine Verbindung herstellen. Deshalb wird er, sobald er sich am Hasen, beispielsweise durch die Einwirkung des Impulses, halten ließ, nunmehr aufgefordert, der Hasenspur zu folgen, was er – eventuell nach anfänglichem Zögern – auch tun wird. Kommt er von der Hasenspur zurück, wird er ausgiebig gelobt. Dadurch lernt der Hund, dass der Hase für ihn nicht grundsätzlich tabu ist, er ihm aber nur auf Befehl folgen darf.

Der Impuls mit dem Sendegerät wird erst dann gegeben, wenn der Trillerpfiff verklungen und man absolut sicher ist, dass der Hund (hinter dem aufstehenden Hasen) diesen Befehl auch gehört, ja „verstanden" hat (die neuesten Teletakt-Geräte verfügen auch über einen Triller) und sodann erkennbar ist, dass der Hund dem Befehl nicht folgt. Ein Impuls auf geringster Stufe genügt meist. Häufig reicht ein einziger „Fakt" aus, dem Hasenhetzer zu zeigen, dass er vom Wild abzulassen hat. Spätestens nach dem dritten „Fakt" hat dies auch ein harter Hund begriffen. Und lässt er danach vom Hasen ab und geht „down", so ist Lob fällig. Nicht selten wird später dann bereits der aufstehende Hase zum stellvertretenden „Down"-Befehl für den Hund.

Bedenken Sie aber: Das Teletakt-Gerät ersetzt keine Ausbildung. Es dient insbesondere dem Befolgen und Durchsetzen eines bereits verstandenen, aber eindeutig missachteten Befehles.

Für den Hund, der begriffen hat, worum es geht, bedeutet der aufstehende Hase bereits „Down".

Verbands-Schweißprüfung und Leistungszeichen

176 *Die Verbands-Schweißprüfung*
182 *Bringtreue (Btr)*
185 *Verlorenbringen auf natürlicher Wundspur (Vbr)*
187 *Weitere Leistungszeichen*

Der „Schützenstand" wird mit einem Standplatzbruch versehen. An einem Baum daneben befindet sich ein Zettel, auf dem die Nummer der Fährte, die Gruppe, der Tag und die Uhrzeit vermerkt sind.

Die Verbands-Schweißprüfung

Dem Zweck der Verbandsschweißprüfung (VSwP) gemäß der dafür gültigen Prüfungsordnung (VSwPO) entsprechend sollen Führer und Hund zeigen, dass sie in der Lage sind, eine mit nur wenig Schweiß hergestellte Kunstfährte auszuarbeiten, deren Länge, Stehzeit und Verlauf hohe Ansprüche an den Durchhaltewillen stellen.

Zugelassen zu einer VSwP sind Jagdhunde aller Rassen, sofern sie im Zuchtbuch eines vom Jagdgebrauchshundverband (JGHV) anerkannten Zuchtvereines eingetragen sind. Am Prüfungstag muss der Hund mindestens zwei Jahre alt sein und den Nachweis der Schussfestigkeit und des lauten Jagens erbracht haben.

Der Führer muss den Besitz eines eigenen gültigen Jagdscheines dokumentieren. Eine Ausnahme ist nur zulässig, wenn nachgewiesen wird, dass der zu prüfende Hund jagdlich geführt wird. Hunde, die auf der Über-40-Stunden-Fährte geführt werden sollen, müssen vorher, jedoch nicht am selben Tage, eine Prüfung auf der Über-20-Stunden-Fährte bestanden haben. Damit für jeden auf einer VSwP geführten Hund Schwierigkeiten durch Verleitungen gegeben sind, sollen Verbands-Schweißprüfungen nur in großen Forsten mit hohen Schalenwildbeständen durchgeführt werden.

Die im Wald gelegten Fährten haben eine Mindestlänge von 1000 Metern und einen Mindestabstand zwischen den einzelnen Fährten von 300 Metern. Der Fährtenverlauf muss durch wechselnden Bewuchs führen; die Fährtenlinie soll im Ganzen leicht geschlängelt verlaufen und muss drei rechtwinkelige Haken aufweisen. Auch sind zwei Wundbetten und etwa sechs Verweiserpunkte anzulegen, um dem Hund das Verweisen von Pirschzeichen zu ermöglichen. Als Verweiserpunkte werden Lungenstückchen oder geronnener Schweiß in die Fährte gelegt.

Zur Herstellung der Fährten darf nur Schalenwildschweiß verwendet werden, und zwar auf 1000 Meter Fährtenlänge höchstens ein Viertel-Liter. Die Fährten müssen über Nacht gestanden haben, die Mindeststehzeit der Fährten 20 bzw. 40 Stunden betragen.

Das Festlegen des Fährtenverlaufes und das Legen der Fährte erfolgen in einem Arbeitsgang. Dabei wird der Schützenstand mit einem Standplatzbruch versehen und ein Baum daneben mit einem Zettel, auf dem in wasserfester Schrift die Nummer der Fährte und Gruppe sowie der Tag und die Uhrzeit verzeichnet sind, zu der mit dem Legen der Fährte begonnen wurde. Der Anschuss wird mit Schweiß und Schnitthaar versehen und verbrochen. Auch am Fährtenende wird auf einem Zettel die Nummer der Fährte und der Gruppe vermerkt.

Die Herstellung der Fährten kann im Tupf- oder Tropfverfahren erfolgen, jedoch muss auf einer Prüfung die Herstellungsart sämtlicher Fährten einheitlich sein. Beim Legen der Fährte hat der Fährtenleger mit dem Tupfstock bzw. der Tropfflasche stets als Letzter zu gehen.

Das genaue Untersuchen des Anschusses soll zugleich stimulierend und beruhigend auf den Hund wirken.

Beim „Vorgreifen“ auf der Fährte bleibt der Hund abgelegt.

Das Verweisen von Pirschzeichen auf der künstlichen Schweißfährte ist für die Beurteilung der Leistung mit entscheidend.

Der Hundeführer zeigt dem Hund durch genaue Kontrolle der Verweiserstelle sein Interesse am „Gefundenen“.

Den Fährtenschuh hat der JGHV immer noch nicht zugelassen. Diese Haltung ist für Praktiker völlig unverständlich. Allerdings steht für den Verbandstag 2002 eine entsprechende Beschlussfassung auf dem Programm.

Zu leisten ist auf der VSwP reine Riemenarbeit. Der Führer muss seinen Hund bei der Arbeit am mindestens sechs Meter langen, auf ganzer Länge abgedockten, gerechten Schweißriemen und gerechter Schweißhalsung führen. Andere Halsungen sind abzunehmen; eine Warn- bzw. Signalhalsung (möglichst mit Telefonnummer und Anschrift des Hundehalters) ist aber zulässig.

Die Richtergruppe geleitet den Führer zum Schützenstand und weist ihn dort in den Anschuss ein. Von da an müssen Hund und Führer völlig selbstständig zum Stück gelangen.

Die Richter und auch der Revierführer müssen dem Nachsuchengespann immer in angemessenem Abstand folgen, auch dann, wenn sich der Hund „verschossen" hat. Will der Führer mit seinem Hund vor- oder zurückgreifen, so muss er sich die Fährte selbst suchen. Deshalb sollte er in jedem Fall geeignete Markierungsuntensilien (z. B. farbige Markierbänder, Watte-Pads) mit sich führen, um im Verlauf der Arbeit Schweiß, Wundbetten oder sonstige Anhaltspunkte, die ihm für ein etwaiges Zurückgreifen wichtig erscheinen, markieren zu können. Nur Pirschzeichen oder markante Punkte, die der Führer selbst als solche gemeldet hat, sind ihm von den Richtern zu zeigen, wenn er darauf zurückgreifen will.

Wenn ein Hund von der Fährte abkommt, zum Beispiel einer Verleitung folgt, ohne dass er sich nach längstens 80 bis 100 Metern selbst korrigiert oder der Führer aus eigenem Entschluss mit dem Hund vor- oder zurückgreift, so haben die Richter ihm das Abkommen mitzuteilen. In diesem Fall muss der Führer die Fährte selbst wieder suchen. Auf Pirschzeichen, die er zuvor gemeldet hat, kann er dabei wieder zurückgreifen.

Kommt der Hund mehr als zweimal in diesem Sinne von der Fährte ab, hat er die Prüfung nicht bestanden. Die Prüfung ist bestanden, wenn Führer und Hund zum Stück kommen. Dort wird dem Führer vom Richterobmann ein Bruch überreicht und das Stück anschließend verblasen.

Ein Hund darf auf einer VSwP höchstens dreimal geprüft werden; dies gilt für die Über-20- ebenso wie für die Über-40-Stunden-Fährte.

Auf einer VSwP ist die Zusammenarbeit von Führer und Hund zu bewerten. Für die Beurteilung entscheidend ist die Arbeitsweise des Hundes: Fährtenwille, Ruhe, Sicherheit und Selbstständigkeit, die Art und Weise, wie sich der Hund bei Verlust der Ansatzfährte durch Bogenschlagen, durch Vor- und Zurückgreifen selbst zu helfen weiß, ob er Pirschzeichen verweist und ob er sich beim Abkommen auf eine Verleitfährte selbst verbessert oder zurückgenommen werden muss. In schwierigen Situationen wird ein hastig arbeitender Hund versagen. Übermäßiges, nicht gezügeltes Tempo ist prädikatsmindernd zu werten. Dem Führer bleibt es jedoch überlas-

Das Nachsuchengespann ist bei der Arbeit auf der Wundfährte weitgehend auf sich allein gestellt.

sen zurückzugreifen, vorzusuchen oder zu umschlagen. Auch darf er die Arbeit des Hundes durch Ablegen vorübergehend unterbrechen und diesen durch gerechte Hilfen unterstützen.

Als Noten werden vergeben:

- Sw I = „Sehr gut bestanden“,
- Sw II =„Gut bestanden“,
- Sw III =„Genügend bestanden“ und
- „Nicht bestanden“.

Soweit das Wesentliche aus der Ordnung für Verbandsschweißprüfungen. An den Erfordernissen, die danach an den Hund, nicht zuletzt aber auch an den Führer gestellt werden, mögen Sie erkennen, dass hier insbesondere dem Hund Leistungen abverlangt werden, die nur gute, erfahrene Vierläufer erbringen können. Diese Erfahrungen kann der Hund aber nur bei stetigem, immer wiederholtem Üben auf der künstlichen Schweißfährte sammeln.

Tipp

Selbst Hunde, die eine VSwP mit Sw I bestanden haben, sind noch lange keine Nachsuchenspezialisten. Sie sollten nur bei erwarteten Totsuchen eingesetzt werden, also nur dann, wenn auf Grund der Art der Pirschzeichen am Anschuss mit an Sicherheit grenzender Wahrscheinlichkeit feststeht, dass das beschossene Stück in einiger Entfernung verendet liegen muss. Selbst diese Hunde dürfen nie sofort in der Praxis für (echte) Nachsuchen auf Hochwild geführt werden. Das ist allein Aufgabe der Spezialisten.

In der Praxis aber dürfen auch solche Hunde nur auf unkomplizierten Nachsuchen eingesetzt werden. Schwierige Wundfährten sind immer Aufgabe echter Spezialisten, z. B. der beiden deutschen Schweißhundrassen – von Hunden also, die seit Jahrhunderten nur für diese Aufgabe, insbesondere also auf Nase, Fährtentreue und Fährtensicherheit, gezüchtet wurden. Wegen ihrer andersartigen Einarbeitung folgen diese Spezialisten auf der Wundfährte primär auch nicht der Schweißwittrung, sondern fast ausnahmslos der Wund- und Angstwittrung des kranken Stückes, die erst nach einiger Entfernung vom Anschuss einsetzt. Nachsuchenarbeit setzt außerdem, sowohl beim Führer als insbesondere auch beim Hund, viel Erfahrung voraus.

„Hirschmänner" sind sich darüber einig, dass Hund und Führer in aller Regel erst dann erfahren sind, wenn beide mehr als 100 Nachsuchen auch unter schwierigsten Bedingungen erfolgreich durchgeführt haben. Welcher „Normal-Rüdemann" erreicht dies schon? Und wie häufig steht dann am Ende einer „Versuchs-Nachsuche" die bequeme Entscheidung: „Wohl doch gefehlt"! Vereinzelt kommen dann Zweifel, schließlich der Hilfeschrei nach dem Schweißhundführer. Endlich – nach vielleicht 22 Stunden – kommt dann doch noch das Wild auf pirschzeichenloser Wundfährte zur Strecke. So darf es nicht laufen!

Die Grundsätze der Waidgerechtigkeit und die Belange des Tierschutzes erfordern es, dass krankes Wild von seinen Leiden schnellstmöglich erlöst wird. Dies Erfordernis kann meines Erachtens nur dann erfüllt werden, wenn künftig die gesamte Nachsuchenarbeit auf Hochwild auf wenige für diese Arbeit geeignete Hunderas-

Es ist geschafft! Auch der Hund bekommt am „Stück" einen Bruch in die Halsung gesteckt.

sen, insbesondere auf Schweißhundrassen, und einige erfahrene Führer, die für regional abgegrenzte Bereiche zuständig sind, konzentriert wird. Selbstverständlich muss dann auch sein, dass diesen Führern aus Gründen der Waidgerechtigkeit und des Tierschutzes freie Wildfolge (gesetzlich) gewährleistet wird. Nachsuchenarbeit ist Spezialistenarbeit, ist Schweißhundarbeit!

Dies wird man spätestens dann erkennen, wenn man einmal die Arbeit eines „Schweißhundgespannes" unter schwierigsten Bedingungen über etliche Kilometer selbst miterlebt hat.

Doch zurück zur Vorbereitung auf die Verbands-Schweißprüfung. Die arbeitsintensive Vorbereitung auf die VSwP lohnt sich nur dann, wenn der Hund auf der künstlichen Schweißfährte schon während der gesamten Ausbildung, Führung und bei der Schweißarbeit auf einer VGP zumindest gute Leistungen gezeigt hat.

Die Vorbereitung des Hundes auf die VSwP erfolgt im Wesentlichen so wie zur Schweißarbeit für die VGP. Die Fährten gehen langsam über die 400-Meter-Distanz der VGP hinaus, ihre Stehzeit wird stetig verlängert, der Schweiß von Mal zu Mal weniger, schließlich auch weniger als die Maximalmenge von einem Viertel-Liter auf 1000 Meter. Ist die 1000-Meter-Marke erfolgreich bewältigt, folgen die ersten Übernachtfährten, die früh am Morgen gearbeitet werden sollten. Dabei sollte die Distanz der Fährte mal länger, mal kürzer als 1000 Meter sein.

Die Verleitungen, denen der Hund nicht folgen darf, werden nun häufiger. Nimmt er eine solche Verleitung an, müssen Sie stets sofort eingreifen, was voraussetzt, dass Sie dies am Verhalten Ihres Hundes, zumindest aber an der Auszeichnung der Fährte erkennen. Interessieren den Hund schließlich die üblichen Verleitungen eines Niederwildrevieres nicht mehr, sollten die Übungen in ein Revier mit guten Schalenwildbeständen verlegt werden, um den Hund auch an die z. B. von Sauen und Damwild ausgehenden Verleitungen zu gewöhnen.

Klappt auch das, verzichten Sie auf ein Auszeichnen der Fährte und lassen Sie sich schließlich einige Fährten, deren Verlauf Sie nicht kennen, von einem befreundeten Rüdemann legen. Achten Sie auch darauf, dass die künstlichen Schweißfährten durch unterschiedliches Gelände und über verschiedenartigen Bodenbewuchs führen und vorhandene Blößen, Kahlschläge, Waldwiesen usw. mit einschließen.

Arbeiten Sie die Kunstfährten unter allen Wetterbedingungen, insbesondere auch bei Trockenheit. Sie sehen also, die Vorbereitung des Hundes auf die VSwP ist eine zeitaufwendige, eine mühevolle Arbeit, an deren Ende als Lohn ein Sw I bis Sw III stehen kann, sehr leicht aber auch ein „Nicht bestanden".

Bringtreue (Btr)

Die Verbands-Gebrauchsprüfung (VGP) und die Verband-Schweißprüfung (VSwP), die nach den Prüfungsordnungen des Jagdgebrauchshundverbandes (JGHV) abgehalten werden, sind Leistungsprüfungen.

Des Weiteren werden bei Erfüllung bestimmter Voraussetzungen, auf die noch eingegangen wird, so genannte Leistungszeichen vergeben, und zwar

- Bringtreue (Btr)
- Verlorenbringen auf natürlicher Wundspur (Vbr)
- Armbruster-Haltabzeichen (A. H.)
- Lautjagerstrich(\)
- Härtenachweis (/)

Beginnen wir mit der Bringtreue: Zweck der Bringtreueprüfung ist es, die besondere Zuverlässigkeit des Hundes im Bringen festzustellen. Diese Zuverlässigkeit beweist der Hund dadurch, dass er kaltes Wild, das er zufällig und ohne jeden Einfluss seines Führers findet, aufnimmt und seinem Herrn bringt. Geprüft wird mit dem Fuchs in den Monaten August bis April in möglichst wildfreien Dickungen des Waldes, die zur Beobachtung des Hundes kleine Blößen aufweisen müssen.

Der Fuchs wird spätestens zwei Stunden vor Beginn der Arbeit frei auf ein markierten Platz, der mindestens 100 Meter von der Stelle am Dickungsrand entfernt sein muss, an der der Hund bei der Prüfung geschnallt werden soll, ausgelegt. Er darf dabei weder geschleppt werden noch den Boden berührt haben. Ausgelegt wird der Fuchs von der Rückseite der Dickung her, sodass der Hund bei seiner Arbeit nicht auf menschliche Spuren stößt.

Während zwei Richter das Verhalten des Hundes am Fuchs (von einem Beobachtungsstand aus) beobachten, begleitet der dritte Richter den Führer. Dieser hat den angeleinten oder am Dickungsrand abgelegten Hund durch Handzeichen oder durch den einmaligen Suchbefehl „Voran“ in die Dickung zu schicken, um den Fuchs zu finden und zu bringen. Dafür bleiben ihm 20 Minuten. Zum Stöbern darf der Hund dabei beliebig oft aufgefordert werden.

Trägt der Hund innerhalb von 20 Minuten nach dem ersten Schnallen seinem Führer den Fuchs zu, hat er die Prüfung bestanden. Der Hund aber, der beim Stöbern zum Fuchs kommt, ihn jedoch nicht aufnimmt und ohne Fuchs zum Führer zurückkehrt oder

Der Fuchs muss spätestens zwei Stunden vor Beginn der Arbeit und wenigstens 100 Meter von der Stelle, an der der Hund geschnallt wird, ausgelegt (nicht geschleppt) werden.

Nur wenn der Hund seinem Führer innerhalb von 20 Minuten den Fuchs bringt, hat er die Prüfung bestanden.

weiterstöbert, ist von der Weiterprüfung ausgeschlossen.

Sie sehen also, dass diese Prüfung dem Hund große Selbstständigkeit und Zuverlässigkeit abfordert und einen ausgeprägten Bringwillen verlangt. Auch das kann und muss geübt werden. Allerdings ist zunächst Voraussetzung, dass der Hund schon ein guter Verlorenbringer und auch gründlicher Stöberer ist. Zur Vorbereitung auf die Bringtreueprüfung muss er lernen, dass er *immer* auf ein kaltes Stück Wild stößt, also „Beute machen“

kann, wenn er nur ausgiebig und ausdauernd genug stöbert.

Geübt wird dabei so prüfungsnah wie möglich, zunächst mit dem Kaninchen, dem Hasen und schließlich dem Fuchs. Dabei können Sie anfangs ähnlich vorgehen wie bei der Einarbeitung des Hundes zum Stöbern. Ausgelegt wird das Wild an verschiedenen Stellen von Dickungen, anfangs in kürzerer Entfernung vom Dickungsrand, später regelmäßig über 100 Meter. Beim Übergang auf den Fuchs sollte ein dem Hund bekannter Helfer zur Stelle sein, der sich in der Nähe des ausgelegten Fuchses verborgen hält und durch ein „Apport" eingreifen kann, nimmt der Hund den Fuchs nicht von allein auf. Und vergessen Sie nicht: Bei jeder Rückkehr des Hundes mit „seiner Beute" ist er ausgiebig zu loben.

Verlorenbringen auf natürlicher Wundspur (Vbr)

Dieses Leistungszeichen wird auf der Wundspur des Hasen oder Fuchses geprüft und muss anlässlich einer Jagd erfolgen. Nach den Ausschreibungsbedingungen ist das Ideal eines Verlorenbringers der Hund, der, auf die Wundspur eines bei der Jagd

Nur wenn während des praktischen Jagdbetriebes ein Hase oder ein Fuchs krank geschossen wird, ergibt sich die Möglichkeit, das Leistungszeichen „Verlorenbringen auf natürlicher Wundspur" zu erwerben.

Auf der Spur des kranken Stückes, das er nicht eräugt haben darf, wird der Hund angesetzt. Er muss sie arbeiten und das Stück finden, es eventuell noch stechen, hetzen, greifen, abtun …

… und schnell und sicher bringen.

krank geschossenen Hasen oder Fuchses gesetzt, der (kranken) Spur folgt, bis er den verendeten Hasen oder Fuchs auf der Spur findet oder den sich drückenden Hasen oder Fuchs sticht, ihn energisch hetzt und greift und den gefundenen oder gegriffenen Hasen oder Fuchs schnell und sicher zu seinem Führer bringt.

Für das Bestehen dieser Prüfung und das Leistungszeichen „Vbr" kann nur die sichere und willige, an Haltung und Benehmen des Hundes erkennbare Arbeit der Wundspur, nicht aber ein Bringen nach Freiverlorensuchen gewertet werden. Entscheidend ist hierfür also die Spurarbeit, die Spurleistung des Hundes.

Der Hund ist mit einem entsprechenden Kommando auf der Wundspur anzusetzen. Danach sind weitere Zurufe oder Befehle nicht gestattet.

Eine Arbeit ist nur dann für das Bestehen der Prüfung ausreichend, wenn der Hund dem kranken Hasen oder Fuchs auf der Spur mindestens 300 Meter gefolgt ist. Ist aus Geländegründen nach der Mindestspurlänge die Arbeit des Hundes nicht mehr weiter zu beobachten, sind Haltung und Benehmen des Hundes innerhalb der eingesehenen 300 Meter für die Bewertung ausschlaggebend, vorausgesetzt, dass der zur Spur gelegte Hund den Hasen oder Fuchs seinem Führer auch zuträgt.

Grundsätzlich soll der Hund zwei Arbeiten von mindestens 300 Metern Länge auf der Spur leisten. Das Leistungszeichen jedoch kann auch bei *einer* solchen Arbeit zuerkannt werden, wenn der Hund nicht bei anderen –

kürzeren oder erfolglosen – Arbeiten negative Spurleistungen zeigte.

Festzustellen ist darüber hinaus, ob der Hund spurlaut, sichtlaut oder stumm jagt.

Voraussetzung für das Verlorenbringen auf der natürlichen Wundspur ist, dass der Hund

1. gute Leistungen auf der Gesund-Hasenspur zeigt,
2. über ausreichend Jagdpassion und Wildschärfe verfügt, also krankes Wild greifen und töten kann und
3. warmes Wild korrekt bringt.

Verlorenbringen auf natürlicher Wundspur kann natürlich nicht in herkömmlicher Weise geübt werden wie z. B. die Schleppenarbeit. Jedoch sollte im Jagdbetrieb nach Abstimmung mit dem Jagdherrn und einem weiteren Rüdemann, der einen sicheren Verlorenbringer führt, jede Gelegenheit wahrgenommen werden, den Hund die Wundspur arbeiten zu lassen. Er wird dabei wie bei der Schleppe angesetzt. Sobald er faselt oder auf Freiverlorensuche übergeht, wird er ein zweites Mal angesetzt. In jedem Fall ist aber sicherzustellen, dass das kranke Stück kurzfristig auch dann zur Strecke kommt, wenn der Hund auf der Wundspur versagt, z. B. über den Einsatz eines wirklich sicheren Verlorenbringers oder mehrerer Hunde in Freiverlorensuche.

Weitere Leistungszeichen

Das *Armbruster-Haltabzeichen* (A. H.), geht auf die „Stiftung Armbruster-Haltabzeichen“ des Amerikaners Armbruster, eines passionierten Rüdemannes, zurück. Es wurde vom Jagdgebrauchshundverband übernommen.

Armbruster-Haltabzeichen

Dieses Leistungszeichen wird einem Hund verliehen, der anlässlich einer Verbandsprüfung bei der freien Suche im Feld an jedem Hasen gehorsam im Sinne des § 96 Abs. 1 VGPO ist, den er eräugt. Also an einen Hund, der sich vom Verfolgen des Hasen durch Ruf, Pfiff oder durch – notfalls auch mehrfachen oder scharfen – Befehl seines Führers abhalten lässt. Dabei muss er mindestens einmal 20 Meter vom Führer entfernt sein. Außerdem muss der Hund bei der ersten dazu geeigneten Gelegenheit nach Außersichtkommen des Hasen auf dessen Spur eine Spurarbeit zeigen, die mindestens mit dem Prädikat „Gut“ bewertet wird. Die Bedingungen können an einem Hasen erfüllt werden. Auch genügt bei mehrfachem Vorkommen von Hasen eine Spurarbeit.

Ist der Hund zwar am eräugten Hasen gehorsam, erhält er aber bei der ersten dazu geeigneten Gelegenheit zur Spurarbeit nicht das Mindestprädikat „Gut“, darf ihm das Haltabzeichen nicht verliehen werden.

Lautjagerstrich

Der Lautjagerstrich, also der Lautjagernachweis, kann erbracht werden durch

1. spurlautes Jagen an Fuchs oder Hase auf der HZP und VGP oder auf gleichwertigen Prüfungen,

Um das Armbruster-Haltabzeichen zu erhalten, muss der Hund an jedem Hasen bei der freien Suche im Feld „absoluten" Gehorsam zeigen …

2. lautes Stöbern auf der VGP oder auf gleichwertigen Prüfungen,
3. Zeugnis von zwei Verbandsrichtern über lautes Stöbern anlässlich einer Jagd und
4. spurlautes Jagen bei einem Vbr-Nachweis.

Dem Lautjagernachweis ist heute schon deshalb große Bedeutung beizumessen, weil er unter anderem Voraussetzung für die Zulassung zu einer Verbands-Schweißprüfung ist.

▸ Härtenachweis

§ 3 des *Tierschutzgesetzes* in der Fassung der Bekanntmachung vom 25. Mai 1998 (BGBI. I, S. 1105) führt in diesem Zusammenhang aus:

„Es ist verboten,

[…]

7. ein Tier an einem anderen lebenden Tier auf Schärfe abzurichten oder zu prüfen,

8. ein Tier auf ein anderes Tier zu hetzen, soweit dies nicht die Grundsätze waidgerechter Jagdausübung erfordern.

[…]"

Im Geltungsbereich des Tierschutzgesetzes ist also das Ausbilden und Prüfen von Hunden auf Schärfe, z. B. an lebenden Katzen, Füchsen oder an-

deren Tieren gesetzlich untersagt. Es besteht jedoch vor allem ein züchterisches Interesse daran, den Nachweis der Raubwildschärfe, den ein Hund gelegentlich einer praktischen Jagdausübung zeigt, auch festzuhalten. Da die so genannte „Kieler Entschließung vom 25. August 1961", eine Vereinbarung zwischen dem Deutschen Tierschutzbund, dem Deutschen Jagdschutz-Verband und dem Jagdgebrauchshundverband, vom Deutschen Tierschutzbund aber gekündigt wurde, gilt für die Registrierung der gelegentlich einer praktischen Jagdausübung festgestellten Raubwildschärfe folgende vom JGHV beschlossene Neuformulierung:

„Die befugte Tötung von Raubwild, wildernden Katzen und Waschbären im Rahmen des Jagdschutzes ist zunächst Aufgabe des Jägers mit der Schusswaffe. Sofern ein Jagdgebrauchshund ein Stück gegriffen hat und sofort tötet, bevor ein Erlegen mit der Schusswaffe möglich war, handelt es sich um waidgerechte Jagdausübung.

Wenn eine derartige, selbstständige Arbeit zuverlässig bezeugt wird, kann für den betroffenen Hund das Leistungszeichen ‚Härtenachweis' beim JGHV registriert werden ..."

... und eine Hasenspur arbeiten, die wenigstens mit der Note „Gut" bewertet wird.

Transport, Pirsch und Ansitz

190 *Transport des Hundes*
192 *Pirsch mit Hund*
194 *Ablegen unter dem Hochsitz*

Transport des Hundes

Heute ist das Auto das hauptsächliche Transportmittel, um mit dem Hund ins Revier zu kommen. Mit ihm macht ein Hund überwiegend schon in der achten bis neunten Lebenswoche Bekanntschaft, und zwar beim Abholen vom Züchter.

Dieser erste Kontakt mit dem Auto bestimmt häufig ein Leben lang das Verhältnis des Hundes zu diesem Fortbewegunsmittel. Deshalb sollte vor allem die erste Autofahrt dem Welpen so angenehm wie irgend möglich gemacht werden, soll das Fahrzeug später doch oft zu seinem „zweiten Heim" werden. Sie müssen ihn also schon frühzeitig ans Autofahren gewöhnen. Nehmen Sie den Welpen dazu gelegentlich auf kurze Fahrten mit, wenn Sie sich selbst oder eine andere Bezugsperson um ihn kümmern können.

Hunde gehören nicht in den Kofferraum. Kombi-Fahrzeuge mit getrenntem Heckraum sind ideal zum Transport der vierläufigen Jagdbegleiter. Der Raum ist groß genug, der Hund kann herumäugen und so den Fahrer nicht stören.

Wenn der Welpe Sie später schon auf kurzen Reviergängen begleitet, erhält er seinen festen Platz im Auto. Vorzüglich eignet sich hierfür ein Kombi-Fahrzeug; durch das Trenngitter bzw. -netz hat er hier sein eigenes Hundeabteil. In einer Limousine liegt der Hund ohne Halsung je nach Geschmack vor oder auf der Rückbank, durch ein Hundenetz ebenfalls von den Vordersitzen getrennt. Das hindert ihn daran, im Auto herumzuklettern und den Fahrer zu belästigen. Auch vor dem Beifahrersitz ist Platz für den Hund. Allerdings hat dieses Hundelager den Nachteil, dass der Vierläufer von seiner Umwelt – jedenfalls im Liegen – nichts eräugt. Niemals aber gehört der Jagdhelfer in den Kofferraum!

Sehr wichtig ist, dass der Hund von Anfang an lernt, nur auf Laut- oder Sichtzeichen, auf Kommando also, ein- oder auszusteigen. Dazu führen

Erst auf Kommando verlassen die Hunde – schon aus Sicherheitsgründen – das Auto. Eine geöffnete Heckklappe bedeutet für sie noch lange nicht „Aussteigen“.

Sie den Hund zum Wagen – anfangs angeleint, später „frei bei Fuß“ –, lassen ihn sich setzen und öffnen die Tür bzw. Heckklappe des Wagens. Das Zeichen zum Einsteigen erhält der Hund anfangs erst nach 10, 20, 30 Sekunden. Beim Aussteigen läuft dies entsprechend ab. Nach Öffnen der Tür bzw. Heckklappe kommt das Kommando zum Aussteigen ebenfalls erst nach einer zeitlichen Verzögerung. Lassen Sie den Hund häufig auch ruhig 10, 20 Minuten bei offener Tür oder Klappe im Auto warten, während Sie sich in unmittelbarer Nähe aufhalten, um notfalls eingreifen zu können, wenn er doch selbstständig aussteigt. Selbst wenn Sie ein Kombi-Fahrzeug fahren, sollte der Hund lernen, auch vorn einzusteigen, vor allem wenn er einer größeren Rasse angehört. Wenn Sie zuerst auf dem Beifahrersitz Platz nehmen, ist es zweckmäßig, das rechte Bein zunächst noch draußen zu lassen. Nun wird der Hund aufgefordert einzusteigen, sodass er zwischen Ihren Füßen zum Sitzen oder Liegen kommt.

Gewöhnen Sie Ihren Zögling auch an den Verkehr in der Stadt, fahren

Tipp

Der Hund darf niemals ohne Aufforderung das Auto verlassen – dies kann lebenswichtig für ihn sein! Wie schnell gerät er in der Stadt oder in der Nähe von Straßen unter ein Auto, wenn er sich nach Öffnen der Heckklappe oder der Beifahrertür einfach selbstständig macht! Bringen Sie Ihrem Vierläufer von Anfang an bei, dass Sie den Zeitpunkt des Aussteigens bestimmen.

Sie mit ihm gelegentlich Bus und Straßenbahn (Vorsicht bei automatischen Türen!), führen Sie ihn auch auf den Bahnhof und steigen Sie mit ihm in den Zug. So sind Sie beide später für alle Situationen gewappnet.

Selbstverständlich ist, dass Sie als fürsorglicher Rüdemann im Auto zu jeder Jahreszeit frisches Wasser und einen Saufnapf für Ihren Vierläufer mit sich führen. Nach langen Fahrten oder getaner Arbeit hat auch Ihr Zögling oft großen Durst. Selbstverständlich ist, dass Sie den Wagen nie in praller Sonne abstellen, wenn der Hund im Auto bleibt. Bei längerem Abstellen des Fahrzeuges sollte stets ein Lüftungsgitter, ein Scherengitter, in ein geöffnetes Fenster eingeklemmt werden, sodass der Hund ausreichend Frischluft erhält.

Anfänglich werden die Sichtzeichen noch durch Lautzeichen unterstützt, später bedeutet das Stehenbleiben des Führers für den Hund automatisch „Sitz".

Pirsch mit Hund

Bei der Pirsch wollen manche Jäger ihren Hund nicht dabeihaben, weil er angeblich stören soll. Gerade das Gegenteil ist der Fall – vorausgesetzt, der Hund wird auch für diese Jagdart der Zweiermeute „Mensch – Hund" ausgebildet, die er ungemein bereichert. Seinen scharfen Sinnen entgeht in der Regel nichts, keine Losung, keine Fährte, kein Wild.

Beim Pirschen, was ja ohnehin mehr Stehen als Gehen bedeutet, ist Grundvoraussetzung, dass alles lautlos abläuft, das heißt, der Jagdhelfer muss lernen, nur auf die ihm schon bekannten Sichtzeichen zu reagieren, und zwar exakt und schnell. Anfangs

Ähnlich ist es, wenn der Führer sich hinhockt: Das muss für den Hund gleichbedeutend mit dem Kommando „Platz" werden.

können die Sichtzeichen noch durch leise Lautzeichen unterstützt werden. Der Jagdhelfer geht zunächst „Fuß“. Bei jedem Stehenbleiben hat er sich zu setzen. Das Stehenbleiben selbst muss für ihn schließlich „Sitz“ bedeuten. Er hat auch zu lernen, sofort „Platz“ zu machen, immer dann, wenn sich der Führer selbst hinhockt. In dieser Situation sollte hin und wieder geschossen werden, wobei unmittelbar vor der Schussabgabe anfangs ein leises, mahnendes „Platz“ angebracht ist. In keinem Fall darf sich der Hund nach dem Schuss aufrichten oder gar davonstürmen.

Lassen Sie Ihren Zögling auch immer wieder „warten“, während Sie selbst weiter pirschen. Gehen Sie dabei auch außer Sicht des Hundes und holen Sie ihn schließlich nach. Bei Ihnen angekommen, hat er sich sofort zu setzen bzw. in die Platzlage zu gehen, wenn Sie sich hingehockt haben. Wartet der Hund außer Sichtweite, rufen Sie ihn mit einem leisen, hohen, zwischen den Lippen erzeugten Zischen heran.

Sie werden erstaunt sein, auf welche Entfernung (viele Meter) der Hund diesen leisen Ton vernimmt, wenn er erst einmal darauf eingestellt ist.

Gemeinsames Erleben auf der Pirsch wie das „Beäugen“ von Wild (unter beruhigendem Zureden des Führers) fördert die Vertrauensbasis zueinander.

Beherrscht er schließlich die „Pirsch bei Fuß“, sollte er nun lernen, dem Führer beim Pirschen im Schritttempo einige Meter vorauszulaufen. So haben Sie den Hund stets im Auge und können an seinem Verhalten frühzeitig erkennen, wenn er Wildwittrung in die Nase bekommt.

Der vorauspirschende Hund hat sich dabei ganz auf seinen Führer einzustellen, insbesondere stets Kontakt zu ihm zu halten. Dies erfordert stetes Üben. Bleibt der Führer stehen, hat sich der Hund ebenfalls zu setzen. Das Fehlen der leisen Trittgeräusche des Führers ist später für den Hund stellvertretendes Zeichen dafür, sich zu setzen und Blickkontakt zum Führer herzustellen.

Der Hund trägt sein „Lager“ immer selbst zum Ansitz.

Schicken Sie deshalb Ihren Hund bei Blickkontakt hin und wieder in die Downlage, selbstverständlich nur durch Sichtzeichen, oder winken ihn heran, insbesondere dann, wenn in einiger Entfernung Wild in Anblick kommt. „Beäugen“ Sie in der Zweiermeute „Mensch – Hund“ das Wild „gemeinsam“ und sprechen Sie dabei leise, beruhigend und lobend auf Ihren Hund ein. Diese Art der Zusammenarbeit, des gemeinsamen Erlebens bei der Pirsch fördert die Vertrauensbasis der Zweiermeute ganz ungemein.

Sie werden auch bald erkennen, mit welch einer Freude Ihr Zögling bei der Arbeit ist, welchen hohen Erlebniswert diese Jagdart, für mich eine der schönsten überhaupt, für Sie als Führer hat. Beide, Hund und Führer, werden auf diese Weise zu einem unzertrennlichen Gespann zusammengeschweißt.

Mancher Jagderfolg wird Ihnen nur beschieden sein, weil Sie Ihr Hund, Ihr Jagdkumpan, auf der Pirsch begleitet hat!

Ablegen unter dem Hochsitz

„Jagd ohne Hund ist Schund!“ Das haben bereits frühere Jägergenerationen richtig erkannt: Seinen Jagdhelfer hat der Jäger nach Möglichkeit stets bei sich. Gibt es jagdlich doch kaum etwas Schöneres, als in der Zweiermeute „Mensch – Hund“ zu jagen, anzusitzen oder gar zu pirschen.

Mit den Übungen für Pirsch und Ablegen unter dem Hochsitz sollte zweckmäßigerweise erst begonnen werden, wenn der Zögling das Fach „Gehorsam" beherrscht, also auch vor eräugtem Wild Gehorsam zeigt. Mit „Platz – Bleib" wird der Hund unter, besser etwas neben dem Hochsitz abgelegt, sodass Sichtkontakt zu ihm besteht. Abgelegt wird er auch möglichst auf einer Unterlage, die Feuchtigkeit, Nässe und Kälte, die vom Boden her kommen, abhält, wie z. B. eine Isoliermatte. Bewährt hat sich in der Praxis auch ein auf einer Plastikfolie doppelt gelegter dicker Jutesack. Diese Unterlage trägt der Hund stets selbst zum Hochsitz.

Anfangs muss der Hund angeleint abgelegt werden, um sicherzugehen, dass er seinem Hetztrieb nicht doch folgt, wenn Wild vor ihm sichtig wird und gar in kurzer Entfernung an ihm vorbeizieht. Die ersten Übungen sollten nicht länger als etwa zehn, 15 Minuten dauern, wobei alle paar Minuten Sichtkontakt hergestellt wird. Gibt sich der Hund ruhig, wird er leise „So recht, mein Hund" gelobt. Winseln wird dagegen sofort mit einem scharfen „Pfui" geahndet. Bekommt er Wildwittrung in die Nase, oder wird Wild sogar ansichtig, bedarf der Hund leisen, beruhigenden Zuspruches, mit dem er bald verknüpft, dass auch Sie das Wild wahrgenommen haben. Nach einigen Übungen, bei denen die Ansitzdauer langsam, aber stetig gesteigert wird, hat er begriffen, dass er ruhig auf seiner Unterlage neben dem Hochsitz liegen zu bleiben hat – komme, was wolle, auch sichtiges Wild. Jetzt ist der Zeitpunkt gekommen, an dem Sie den Hund zunächst nur noch mit loser Leine und schließlich auch frei ablegen können.

Mit steigender Zahl ihrer Ansitze mit abgelegtem Hund nimmt auch das Interesse Ihres Jagdhelfers und damit seine Erfahrung zu. So wird er von Zeit zu Zeit den Wind prüfen und Ihnen durch sein Verhalten Wild anzeigen, lange bevor Sie es im Anblick

Anfänglich noch angeleint – später, wenn er das Fach „Gehorsam" beherrscht, auch ohne Leine –, wird der Hund auf der Unterlage abgelegt.

Wichtig ist, dass zwischen abgelegtem Hund und Führer ständig Sichtkontakt besteht.

haben. Hier nutzen wir – wie etwa beim Vorstehen – die hervorragende Fähigkeit des Hundes zur Aufnahme von Fernwittrung. Wie stark Nase und Geruchssinn beim Hund ausgeprägt sind, mögen einige Zahlen verdeutlichen. Beim Menschen ist das Riechfeld fünf Kubikzentimeter groß und hat acht Millionen Riechzellen. Bei einem Teckel beträgt das Riechfeld 75 Kubikzentimeter mit 125 Millionen Riechzellen! Der Hund lebt also in einer Geruchswelt, wir in einer Gesichtswelt!

Gelegentlich wird er sich auch zusammenrollen und schlafen, bis irgendein Geräusch ihn wieder weckt und seine Aufmerksamkeit erregt. Vorüber- oder anwechselndes Wild wird er nicht stören, sondern an sich vorbeiziehen lassen, ohne auf sich aufmerksam zu machen. Hat er doch schon wiederholt erfahren, dass er sich ruhig verhalten muss, jedenfalls bis zum Schuss, wenn er mit seinem Meuteführer gemeinsam Beute machen will.

Das Ablegen unter dem Hochsitz, Ihr Zuspruch von Zeit zu Zeit und der immer wiederkehrende Blickkontakt fördern nach meiner Erfahrung sehr stark den Konnex zwischen Hund und Führer. Sie werden erleben, dass Ihr Jagdhelfer bald auch von sich aus Blickkontakt zu Ihnen sucht, insbesondere dann, wenn er Wildwittrung in der Nase hat und Ihnen dies verständlich machen will.

Hundehaltung und Zucht

Ernährung 197
Unterbringung 199
Pflege 202
Krankheiten 207
Erste Hilfe 209
Jagdhundezucht 210
Der alternde Hund 214

Ernährung

Auch der Gesetzgeber hat sich mit der Ernährung und Haltung des Hundes befasst. So hat nach § 2 des *Tierschutzgesetzes* in der Fassung der Bekanntmachung vom 25. Mai 1998 (BGBl. I, S. 1105) in Verbindung mit § 8 der *Tierschutz-Hundeverordnung* vom 2. Mai 2001 (BGBl. I, S. 838) derjenige, der ein Tier hält, betreut oder zu betreuen hat, dieses seiner Art und seinen Bedürfnissen entsprechend mit artgemäßem Futter und auch mit Wasser in ausreichender Menge und Qualität zu versorgen, es zu pflegen und verhaltensgerecht unterzubringen. Zunächst nun zur Ernährung.

Hundefutter musste früher noch hausgemacht werden, fast täglich wurde gekocht. Schwieriger als die Zubereitung war die Bestimmung der richtigen Menge und vor allem die richtige Zusammensetzung. Denn die Grundnährstoffe Eiweiß, Fett und Kohlehydrate müssen bei einer bestmöglichen Hundenahrung im richtigen Verhältnis zueinander stehen.

Im heutigen Fertigfutter sind alle wichtigen Stoffe ausgewogen enthalten. Es empfiehlt sich, Nass- und Trockenfutter miteinander zu mischen.

Hinzu kommen noch die notwendigen Vitamine und Mineralstoffe. Nach wissenschaftlichen Erkenntnissen soll die optimale Hundenahrung mindestens 30 Prozent Eiweiß, fünf Prozent Fett, bis zu fünf Prozent Rohfaser, höchstens 50 Prozent Kohlehydrate und zwei Prozent Kalzium und Phosphor (Ersatz für Knochen) enthalten. In hausgemachtem Hundefutter war und ist diese Zusammensetzung und auch das optimale Mengenverhältnis schwer zu erreichen.

In der heutigen Fertignahrung sind all diese Stoffe jedoch im richtigen Verhältnis zueinander vorhanden. Auch ist wissenschaftlich festgestellt worden, welche Futtermengen, wie viele Kalorien bzw. Joule Hunde benötigen. Auf den Verpackungen des Fertigfutters stehen genaue Angaben über Menge und Zusammensetzung. Werden dem Hund, wie z. B. im praktischen Jagdbetrieb, besondere Leistungen abverlangt, erhöht sich der Futterbedarf.

Fertigfutter ist heute Vollnahrung. Im Handel erhalten Sie es als Nassfutter (in Dosen) oder als Trockenfutter. Es empfiehlt sich, beides miteinander zu verbinden. Damit habe ich jedenfalls gute Erfahrungen gemacht.

Fertigfutter deckt den Energiebedarf des Hundes ab, stellt alle notwendigen Eiweiße und essenziellen Aminosäuren bereit, enthält im Fettanteil neben der Energie ausreichende Mengen essenzieller Fettsäuren, stellt alle Mineralstoffe sowie die lebensnotwendigen Vitamine ausgewogen bereit und enthält Kohlehydrate, Eiweiß und Fette in richtig dosiertem Verhältnis. In wenigen Augenblicken haben Sie die Mahlzeit für Ihren Zögling zubereitet, und er erhält optimales Futter.

Tipp

Die Grundernährung ist wichtig – der Hund muss aber auch Gelegenheit haben, seinen Trieb zum Zerkleinern und Abschlingen der Beute abzureagieren. Zumindest einmal pro Woche sollten Sie ihm deshalb ein Stück Rinder-Muskelfleisch, Kalbsknochen, Kalbsrippenstücke oder auch einen aufgeschärften (!) Rinderschlund reichen. Hin und wieder freut er sich auch über ein Stück Trockenfisch.

Es ist wichtig, zumindest einmal in der Woche ein Stück Rinder-Muskelfleisch, Kalbsknochen oder auch einen aufgeschärften Rinderschlund zu füttern.

Knorpel, Ohren und Pansen können allenfalls Beifutter sein. In keinem Fall sollten Sie aber rohes Schweinefleisch füttern. Ihr Hund könnte an der Aujeszkyschen Krankheit, einer Virusinfektion, die durch rohes Schweinefleisch übertragen wird, eingehen.

Bis zum dritten Lebensmonat wird der Welpe fünfmal am Tag gefüttert. Vom vierten bis etwa zum zehnten bis elften Monat erhält der Hund zwei Fütterungen am Tag, und zwar morgens und abends. Danach wird er nur noch einmal am Tag gefüttert. Die beste Fütterungszeit dürfte dann abends sein, wenn der Hund nach getaner Tagesarbeit Ruhe hat.

Das Futter sollte stets Raumtemperatur haben, es darf nicht zu heiß, aber schon gar nicht zu kalt sein. Auch ist darauf zu achten, dass der Hund stets das ihm zugedachte Futter auch auffrisst. Bleibt etwas übrig, ist seine Ration am nächsten Tag entsprechend zu kürzen. Fressensreste werden entfernt; der Fressnapf hat stets sauber zu sein. Auch muss für den Hund immer frisches Wasser bereitstehen. Sein Flüssigkeitsbedarf ist bei der Verabreichung von Trockenfutter ohnehin etwas größer. Welpen und Junghunde benötigen mehr Nährstoffe als erwachsene Hunde. Ihre Nahrung muss besonders hochwertig sein und insbesondere ausreichend Vitamine, Mineralstoffe und hochwertiges Eiweiß enthalten. In spezieller Welpen-Nahrung ist dies alles aufeinander abgestimmt vorhanden.

Im Übrigen – es ist nicht verkehrt, wenn Sie die spezielle Nahrung für Ihren Hund, der vielleicht fast täglich im harten Revier-Einsatz steht, mit Ihrem Tierarzt absprechen.

Unterbringung

Über die verhaltensgerechte Unterbringung des Hundes besteht seit jeher eine wohl nie endende Meinungsverschiedenheit. Während einige die reine Zwingerhaltung befürworten, treten andere für die ausschließliche Unterbringung im Haus ein. Wie so oft, dürfte die richtige Entscheidung wohl in der Mitte liegen, also bei einer kombinierten Haus- und Zwingerhaltung.

Der Hund ist bekanntlich ein Rudeltier, ein soziales Wesen. Zu seinem seelischen, körperlichen und sozialen Wohlbefinden braucht er den Menschen, braucht er Sie, den „Leithund“ in der Zweiermeute. Für seine „seelische“ Entwicklung ist dieser enge Kontakt außerordentlich wichtig. Eine reine Zwingerhaltung aber würde Isolation bedeuten. Der Hund sollte deshalb überwiegend im Haus gehalten werden.

Dies gilt in besonderem Maße für den Welpen in den ersten Wochen und Monaten. Denn gerade nach der Trennung von der Wurfgemeinschaft ist es unsere Aufgabe, alles zu tun, was der Entstehung neuen Vertrauens, neuer Bindungen dient. Dies sind verständnisvolle Zuwendung, Streicheleinheiten, Geborgenheit und „Nestwärme“, die dem kleinen Kerl aber im Zwinger sicher zu sehr vorenthalten werden.

Kombinierte Haus- und Zwingerhaltung ist sicher die beste Lösung. Im Haus hat der Hund seinen festen, vor Zugluft geschützten Platz.

Im Zwinger gewinnt der vierläufige Jagdhelfer Widerstandskraft gegenüber Witterungseinflüssen und hat, was zu bedenken ist, regelmäßig die notwendige Ruhe.

Tagsüber sollte der Hund Freilauf bekommen, aber auch einige Stunden im Zwinger gehalten werden. Diese zeitlich begrenzte Zwingerhaltung schadet seinem seelischen und sozialen Wohlbefinden in keiner Weise. Vielmehr kann der Hund hier im Freien die erforderliche körperliche Widerstandskraft gegen die verschiedenen Witterungseinflüsse gewinnen. Auch kommt er im Zwinger regelmäßig zu seiner notwendigen Ruhe.

Die Hundehaltung im Freien, insbesondere in Zwingern war bisher gesetzlich durch die „Verordnung über das Halten von Hunden im Freien" vom 6. Juni 1974 (BGBl. I, S. 1265) geregelt, die per Einigungsvertrag auch in den neuen Bundesländern galt (BGBl. II, 1990, S.1050).

Mit Wirkung vom 1. September 2001 wurde sie durch die *Tierschutz-Hundeverordnung* vom 2. Mai 2001 (BGBl. I, S. 838) abgelöst, die strengere Vorschriften für die Hundehaltung beinhaltet. Der vollständige Verordnungstext ist inzwischen auch im Internet zu finden.

Die *Tierschutz-Hundeverordnung* (im Folgenden VO) enthält unter anderem Bestimmungen über die Hundehaltung allgemein sowie Anforderungen an das Halten im Freien, in Räumen, in Zwingern und an Fütterung und Pflege. Verstöße gegen die Vorschriften der VO werden als Ordnungswidrigkeiten geahndet.

So ist nach § 2 der VO einem Hund außerhalb eines Zwingers oder bei einer Anbindehaltung ausreichend Auslauf im Freien zu gewähren, wobei Dauer und Häufigkeit der Rasse, dem Alter und dem Gesundheitszustand des Hundes anzupassen sind. Auch hat die Person, die den Hund hält oder betreut, ausreichende Sozialkontakte mit dem Hund zu pflegen. Um das Rudelbedürfnis, das Gemeinschaftsbedürfnis des Hundes zu befriedigen, ist z. B. einem einzeln gehaltenen Hund täglich mehrmals die Möglichkeit zu länger andauerndem Umgang mit der Betreuungsperson zu gewähren. Dadurch will der Verordnungsgeber sicherstellen, dass das Wohlbefinden unseres Hundes als soziales Wesen und Mitgeschöpf mehr als bisher geschützt wird.

Auch hat der Verordnungsgeber jetzt in § 2 Abs. 4 der VO festgeschrieben, dass ein Welpe grundsätzlich erst im Alter von *über acht Wochen* vom Muttertier getrennt werden darf. Für unsere Jagdhunde halte ich dieses Alter für um etwa eine Woche zu spät! Ich hätte mir gewünscht, dass eine Abgabe an den Welpenkäufer ab der siebten Woche weiterhin möglich bliebe, was sich in den letzten Jahren bei unseren Jagdhunden bewährt hatte und insbesondere auf Forschungsergebnisse amerikanischer Verhaltensforscher zurückgeht (vgl. dazu *Markmann: Der Jagdhundwelpe.* 2001, KOSMOS).

Der JGHV hat aber zu dem Abgabealter von Jagdhund-Welpen im Anhörungsverfahren zur Verordnung leider keine eigene, dem entsprechende Stellungnahme abgegeben, was aber erforderlich und sachgerecht gewesen wäre, sondern sich vielmehr der Auffassung des VDH angeschlossen. Schade!

Des Weiteren enthält die Verordnung Bestimmungen über einzelne Anforderungen an das Halten von Hunden im Freien, in Räumen und an die Anbindehaltung, auf die ich hier nicht weiter eingehen möchte, weil dies in aller Regel nicht die allgemein übliche Hundehaltung ist, wie sie das Tierschutzgesetz in der Fassung vom 25. Mai 1998 (BGBl. I, S. 1105) in § 2 Ziff. 1 fordert.

Wir wollen uns deshalb nur die Anforderungen der Verordnung an die Zwingerhaltung näher ansehen.

Die Größe der Grundfläche eines Zwingers ist nach § 6 der VO abhängig von der Größe und der Anzahl der auf ihr gehaltenen Hunde.

So darf ein Hund in einem Zwinger nur gehalten werden, wenn der Zwinger eine ausreichend große, uneingeschränkt benutzbare Bodenfläche hat: Sie muss bei einer Widerristhöhe des Hundes von bis zu 50 cm mindestens 6 qm, bei einer Widerristhöhe von über 50 bis zu 65 cm mindestens 8 qm und bei über 65 cm Widerristhöhe mindestens 10 qm betragen. Für jeden weiteren in demselben Zwinger gehaltenen Hund muss zusätzlich die Hälfte der vorgeschriebenen Bodenflächen zur Verfügung stehen. Dies gilt auch für eine Hündin mit Welpen. Als Grundsatzregel gilt: *Ein Zwinger kann nie zu groß sein!*

Die Höhe der Einfriedung des Zwingers muss so bemessen sein, dass der aufgerichtete Hund mit seinen Vorderpfoten die obere Begrenzung nicht erreichen kann. Die Einfriedung selbst muss aus gesundheitsunschädlichem Material bestehen und so beschaffen sein, dass der Hund sie nicht überwinden und sich nicht daran verletzen kann.

Der Fußboden des Zwingers muss trittsicher und so beschaffen sein, dass er keine Verletzungen oder Schmerzen verursachen kann und leicht sauber und trocken zu halten ist. Mindestens eine Seite des Zwingers muss dem Hund freie Sicht nach außen ermöglichen. Wenn auf einem Grundstück mehrere Hunde einzeln in Zwingern gehalten werden, sollen die Zwinger so aufgestellt werden, dass die Hunde Sichtkontakt zu den anderen Hunden haben.

In den Zwinger gehört regelmäßig auch eine Schutzhütte, die aus wärmedämmendem und gesundheitsunschädlichem Material hergestellt und so beschaffen sein muss, dass der Hund sich daran nicht verletzen und trocken liegen kann. Von ihrer Größe her muss die Hütte so bemessen sein, dass der Hund sich darin verhaltensgerecht bewegen, hinlegen und den Innenraum mit seiner Körperwärme warmhalten kann. Zusätzlich zur Schutzhütte muss eine kälteisolierende Liegefläche vorgesehen werden. Auch sollte der Zwingerboden so beschaffen und angelegt sein, dass Flüssigkeit versickern oder abfließen kann. Der Zwinger selbst ist innen sauber, trocken und frei von Ungeziefer zu halten.

Ferner hat der Besitzer des Hundes oder die Betreuungsperson sich mindestens einmal täglich vom Befinden des Hundes und der Beschaffenheit des Zwingers zu überzeugen und Mängel unverzüglich abzustellen. Aufgabe des Besitzers oder der Betreuungsperson ist es auch, dafür zu sorgen, dass dem Hund jederzeit Wasser in ausreichender Menge und Qualität zur Verfügung steht und er mit artgemäßem Futter in ausreichender Menge versorgt wird. Außerdem haben beide für ausreichenden Auslauf des Hundes außerhalb des Zwingers zu sorgen, wobei Auslauf und Sozialkontakte der Rasse, dem Alter und dem Gesundheitszustand des Hundes anzupassen sind.

All diese Erfordernisse der Verordnung dürften für uns Rüdemänner eigentlich Selbstverständlichkeiten sein – oder?

Pflege

Neben der artgemäßen Ernährung und der verhaltensgerechten Unterbringung verpflichtet der Gesetzgeber den Tierhalter in § 2 des Tierschutzgesetzes in der Fassung der Bekanntmachung vom 25. Mai 1998 (BGBl. I, S. 1105) in Verbindung mit § 8 der Tierschutz-Hundeverordnung vom 2. Mai 2001 (BGBl. I, S. 838) auch zur Pflege seines Schützlings – eigentlich ebenfalls eine Selbstverständlichkeit. Pflege in diesem Sinne umfasst all das, was ein Hund täglich insbesondere für sein körperliches, aber auch geistig-seelisches Wohlbefinden benötigt. Dazu gehört z. B. die tägliche Fellpflege. Durch Kämmen und Bürsten in Strichrichtung des Fells wird Ihr Zögling nicht nur von totem Haar, Schmutz, Kletten usw. und damit von lästigem Juckreiz befreit. Viel wichtiger ist der enge, hautnahe Kontakt zwischen Hund und Führer, der hierbei entsteht und den der Hund braucht. Für die Fellpflege sollten Sie je nach Fellart schon zehn bis 15 Minuten täglich aufwenden. Ist der Hund im Haarwechsel, sollten Sie vor dem Bürsten das Fell zunächst mit der Hand gegen den Strich durcharbeiten.

Augen und Ohren

Auch Augen und Ohren des Hundes bedürfen der Pflege. Sekret in den Augenwinkeln wird vorsichtig mit einem weichen Papiertaschentuch ausgewischt. Bei z. B. starker Rötung der Bindehäute, Entzündungen, Tränenfluss und/oder andauerndem Zwinkern ist der Hund umgehend dem Tierarzt vorzustellen.

Die Behänge, sind täglich von Schmutz und Nahrungsresten zu säubern und bei langhaarigen Hunden zu kämmen. Die Ohrmuschel muss ein-

Zur Fellpflege gehört besonders bei langhaarigen Rassen auch das Ausbürsten und Kämmen der Behänge.

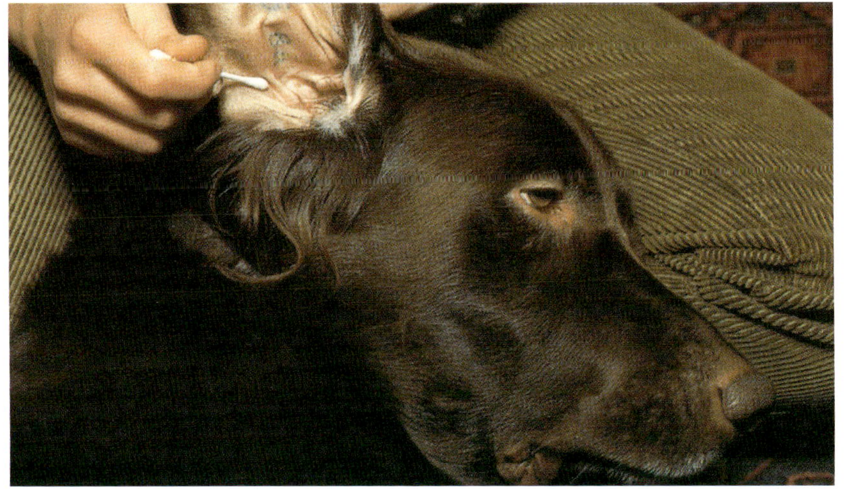

Bei der Reinigung der Ohrmuschel muss ganz besonders vorsichtig mit einem sauberen Tuch und in Öl getränkten Wattestäbchen vorgegangen werden.

mal in der Woche ganz vorsichtig mit einem sauberen Tuch und einem ölgetränkten Wattestäbchen gereinigt werden. In den Sommermonaten sollte gerade bei jungen Hunden und solchen, die viel im Wasser arbeiten, alle zehn bis 14 Tage ein Ohrreinigungsmittel für Hunde, angewendet werden, um Ohrenzwang vorzubeugen. Jede Rötung des Ohres, häufiges Schütteln der Behänge oder auch Kratzen daran erfordert einen Besuch beim Tierarzt.

▸ Gebiss, Ballen und Analdrüsen

Die Zähne des Hundes sind wesentlich widerstandsfähiger als die des Menschen. Gegen Karies scheint der Hund weitgehend resistent zu sein, da das Scherengebiss ein Verbleiben von Speiseresten nicht begünstigt und der hochalkalische Speichel ein guter Neutralisator von Säuren ist. Um so häufiger bekommt der Hund aber Zahnstein und in der Folge dann Parodontose.

Zahnstein entfernt der Tierarzt schmerzlos. Tut man nichts dagegen, verursacht starker Zahnstein Entzündungen und Schmerzen. Schlechter, stinkender „Mundgeruch" des Hundes kann auf starken Zahnstein und Paradontose hindeuten (aber auch auf eine Erkrankung des Magen-Darm-Traktes). Bei diesen Anzeichen ist stets der Tierarzt aufzusuchen.

Auch die Ballen des Hundes bedürfen der Pflege. Sie sollten regelmäßig auf Verletzungen und eingetretene Fremdkörper kontrolliert werden. Bei schlechtem Wetter oder Schnee werden die Ballen feucht abgewischt und sodann abgetrocknet. Wollen Sie Ihren Jagdhelfer bei Eis und Schnee einsetzen, fetten Sie ihm vorher die Ballen z. B. mit Vaseline ein.

In die Pflege ist auch die Analdrüse mit einzubeziehen. Das „Schlittenfahren", das Rutschen des Hundes auf dem Weidloch, ist meist ein Zeichen überfüllter, verhärteter und verstopfter Analdrüsen. Verstopfte Analdrüsen Ihres Jagdhelfers sollten Sie vom Tierarzt ausdrücken und behandeln lassen.

Schlittenfahren des Hundes kann aber auch auf Wurmbefall hindeuten. Jetzt wird aber nicht sofort eine Wurmkur gemacht: Zunächst einmal geben Sie Ihrem Tierarzt oder einem Veterinäruntersuchungsamt eine Kotprobe des Hundes und lassen diese auf Magen-Darm-Parasiten untersuchen – derartige Untersuchungen sollten Sie überhaupt alle sechs Monate durchführen lassen. Dabei wird festgestellt, ob und gegebenenfalls von welchen Würmern der Hund befallen ist. Fällt das Ergebnis positiv aus, kann gezielt ein speziell gegen die festgestellte Wurmart wirkendes Mittel eingesetzt werden.

▸ Impfungen

Die erforderlichen termingerechten Impfungen des Hundes gegen die häufigsten Hundekrankheiten einschließlich der Tollwut zählen ebenso zur regelmäßigen Pflege des Hundes. Schon als Welpe erhält der Hund bei seinem ersten Tierarztbesuch seinen Impfpass, in dem der Arzt vermerkt, wogegen und wann der Hund geimpft wurde. Die Impfungen z. B. gegen Staupe, Hepatitis, Leptospirose, Tollwut und Katzenseuche müssen in regelmäßigen

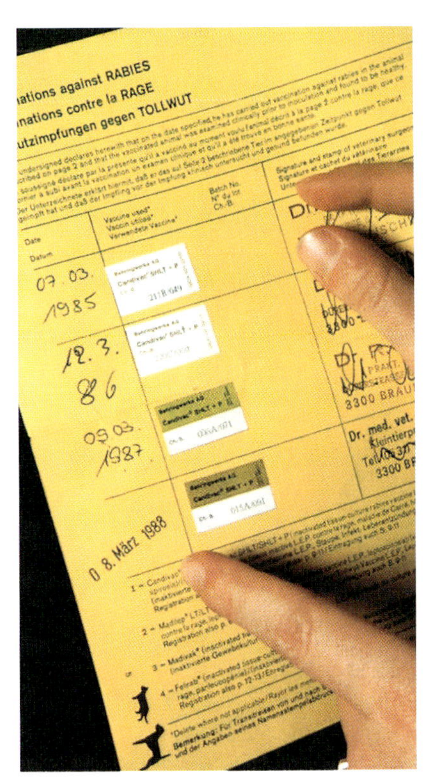

Fast jede Impfung stellt eine Belastung für den Organismus des Hundes dar, deshalb sollte der Vierläufer im Anschluss unbedingt ein paar Tage Ruhe haben.

Abständen wiederholt werden, soll der Impfschutz gewährleistet bleiben. Handeln Sie Ihrem Jagdhelfer gegenüber verantwortungsbewusst und stimmen Sie mit Ihrem Tierarzt die jeweiligen Impftermine rechtzeitig ab.

Jede Impfung des Hundes stellt eine Belastung für seinen Organismus dar, was man unter anderem an einem höheren Schlafbedürfnis und einer zeitweisen gewissen Mattigkeit erkennen kann. Nach jeder Impfung braucht Ihr Hund zunächst einige Tage Ruhe, in denen er besonderen Anstrengungen nicht ausgesetzt, insbesondere in der harten Jagdpraxis nicht eingesetzt werden sollte.

▸ Parasiten

Sie können Ihren Hund noch so gut halten, noch so gut ernähren – vor dem Befall mit Parasiten, die ihm von innen her oder auch von außen das Leben schwer machen, wie z. B. Zecken, Flöhe, Milben und Läuse, können Sie ihn kaum schützen. Die gegen die zuletzt genannten Parasitenarten im Handel angebotenen Halsbänder sollen vorbeugen, einen Befall verhindern. Bei dem einen oder anderen Artikel mag das auch zutreffen. Nicht völlig auszuschließen ist aber, dass von diesen Halsbändern gerade auf einen Jagdhund, der Nasenleistungen erbringen muss, insoweit negative Auswirkungen ausgehen, als sie das Riechvermögen vorübergehend leistungsmindernd beeinflussen können. Besser ist daher, bei Befall gegen die einzelnen Parasitenarten gezielt vorzugehen.

Bei Flohbefall, der besonders im Spätsommer bis Frühherbst auftritt, ist zu empfehlen, den befallenen Hund und auch sein Lager mit einem Kontaktgift zu behandeln, dass Ihnen der Tierarzt gibt. Sehr gut hilft auch ein Präparat, das dem Hund zwischen die Schulterblätter geträufelt wird. Ziehen Sie auch hier den Tierarzt zu Rate.

Zecken, sehr lästige und unter Umständen auch sehr gefährliche Plagegeister, entfernt man am schnellsten und einfachsten durch Herausdrehen, was allerdings Fingerspitzengefühl

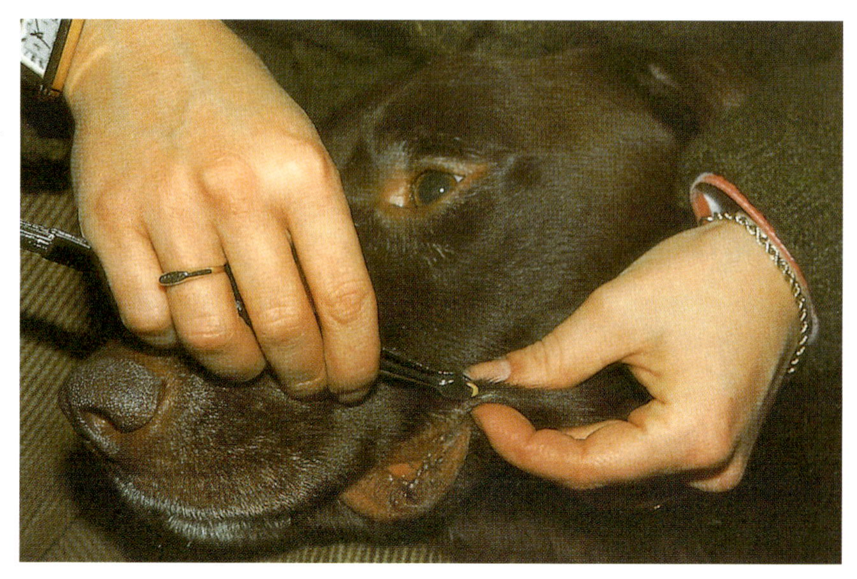

Zecken werden mit Fingerspitzengefühl von Hand oder mit einer Spezialzange herausgedreht.

und einige Erfahrung voraussetzt. Die Zecke wird mit Zeigefinger- und Daumennagel erfasst und langsam unter Drehen und gleichzeitigem leichtem Zug entfernt. Besser noch geht das mit einer so genannten Zeckenzange, die im Handel oder beim Tierarzt erhältlich ist.

Zur Pflege des Hundes und damit zu seinem seelischen Wohlbefinden gehören nicht zuletzt regelmäßige Streicheleinheiten.

Zecken gefährden auch die Gesundheit von Hunden: Sie übertragen unter anderem die Borreliose. Inzwischen können Hunde auch gegen diese Infektionskrankheit vorbeugend geimpft werden. Diese Impfung sollte in der kalten Jahreszeit erfolgen. Der Hund erhält so optimalen Impfschutz, bevor im Frühjahr die Zeckenplage beginnt. Setzen Sie sich also mit Ihrem Tierarzt in Verbindung.

Zur Pflege des Hundes und damit zu seinem seelischen Wohlbefinden gehören auch die regelmäßigen Streicheleinheiten. Für einen Rüdemann darf das Streicheln und Kraulen seines Jagdgefährten nie zur Last werden, auch wenn sich der Hund mal zur Unzeit an seinen Herrn schmiegt – einige Streicheleinheiten müssen ihm auch dann sicher sein. Und leckt er mal Ihre Hand, so ist das allein ein Zeichen von Zuneigung, die er Ihnen dadurch zeigen möchte.

Krankheiten

Solange Ihr vierläufiger Zögling seiner Natur entsprechend munter ist, gut frisst, glänzendes Haar und klare Augen hat, fehlt ihm offensichtlich meistens nichts. Aber auch ein sorgsam behüteter Hund kann sich anstecken, etwas fressen, was ihn erkranken lässt, oder sich verletzen. Dass ein Rüdemann alle Hundekrankheiten kennt und erkennt, kann von ihm nicht erwartet werden; es ist auch nicht erforderlich. Allerdings sollte er einige Symptome kennen, die als Anzeichen auftreten, wie Durchfall, Erbrechen, Kopfschütteln, Schlittenfahren, Fieber, Husten, Niesen, starker „Mundgeruch" oder ständiges Kratzen.

Zeigt Ihr Zögling eines dieser Anzeichen oder eine abnorme Verhaltensweise über ein oder zwei Tage, sollten Sie einen erfahrenen Tierarzt aufsuchen, der Ihr Vertrauen genießt. Eigenes „Herumdoktern" muss unterbleiben, denn es ist verantwortungslos und kann Gesundheit, ja gar das Leben Ihres Jagdhelfers gefährden. Deshalb soll hier auch auf spezielle Symptome einzelner Krankheiten nicht weiter eingegangen werden. Im Zweifel gilt: immer zum Tierarzt oder einer tierärztlichen Hochschule, wenn eine solche in Ihrer Nähe liegt. Allerdings gibt es Dinge, die eigentlich jeder Rüdemann beherrschen muss.

Fieber messen

Normal ist eine Körpertemperatur des Hundes von 37,5 bis 38,5° C. Fieber ist, was darüber liegt. Bleibt die Temperatur unter 37,5°, ist dies Untertemperatur und bedeutet ebenso wie bei Fieber: sofort zum Tierarzt!

Gemessen wird die Temperatur im Weidloch. Mit einer Hand halten Sie die Rute des Hundes hoch, mit der anderen führen Sie das angefeuchtete oder mit Vaseline eingefettete Thermometer vorsichtig etwa zwei Zentimeter tief ins Weidloch ein und ziehen es nach zwei bis drei Minuten wieder heraus. Bei unruhigen Hunden sollte eine weitere Bezugsperson den Kopf des Hundes halten.

Die Temperatur des Hundes wird im Weidloch gemessen. Hierzu sollte das Thermometer angefeuchtet oder mit Vaseline eingefettet werden.

▸ Eingabe von Medikamenten

Zwar werden heute die meisten Behandlungen mit lang anhaltenden Injektionen durchgeführt, sodass die Eingabe von Medikamenten oft nicht mehr erforderlich wird. Gleichwohl sollte man wissen, wie deren Eingabe erfolgt.

Flüssigkeiten lässt man mit Hilfe eines Löffels hinter die angehobene Lefze rinnen. Ein kurzes Zuhalten der Nasenlöcher lässt den Hund schlucken.

Tabletten „versteckt“ man am besten in einem Leckerbissen.

Flüssigkeiten lässt man mit Hilfe eines Löffels hinter die angehobene Lefze rinnen und drückt sodann die Nasenlöcher kurz zu, damit der Hund schluckt.

Tabletten können schon mehr Schwierigkeiten bereiten. Man kann sie zerdrückt dem Futter beimischen. Muss die Tablette aber ganz geschluckt werden, so rollt man sie z. B. in ein Bällchen Rinderhack ein oder „versteckt" sie in einem Stück Fleischwurst.

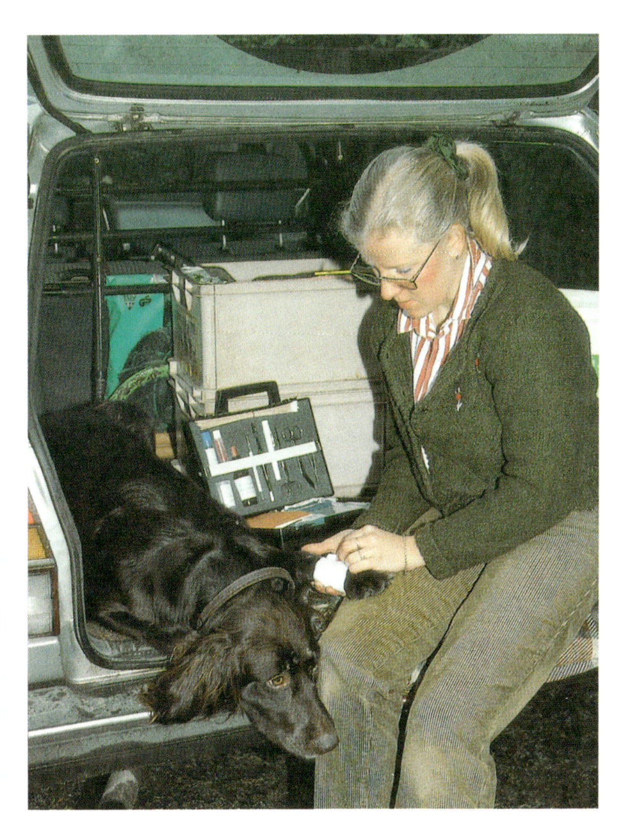

Ist ein Erste-Hilfe-Set im Auto oder im Rucksack verstaut, kann der Hundeführer (wie beispielsweise der Bodenjäger) dem vierläufigen Jagdhelfer jederzeit Erste Hilfe leisten.

Erste Hilfe

Unsere vierläufigen Jagdhelfer sind Gebrauchshunde, die oft täglich in hartem Reviereinsatz stehen, wo überall Verletzungsgefahren lauern. Wie oft hat man schon erlebt, dass ein Hund nach jagdlichem Einsatz verletzt zu seinem Führer zurückkehrt, dieser seinem Meutegenossen zwar helfen möchte, aber nicht weiß, was und wie er es machen soll. Hand aufs Herz – wüssten Sie es? Auch nicht! Man ist in solchen Situationen eben meist doch hoffnungslos überfordert und möchte seinem Zögling helfen! Aber wie – und vor allem – wie richtig?

Auf dem Markt gibt es seit einiger Zeit Erste-Hilfe-Sets für Hund und Katze. Sie sind auch bei manchen Tierärzten erhältlich. Wichtig sind dabei entsprechende Erste-Hilfe-Anleitungen, die für den Laien verständlich geschrieben sein und jeden Rüdemann in die Lage versetzen müssen, seinen vierläufigen Jagdhelfer bis zur selbstverständlichen tierärztlichen Versorgung ausreichend und sinnvoll erstversorgen zu können.

Solche Erste-Hilfe-Sets gehören eigentlich in die Hand eines jeden verantwortungsbewussten Rüdemannes und sollten bei allen Jagdeinsätzen des Hundes (auch bei der Bodenjagd) im Rucksack mitgeführt werden, zumindest aber im Auto griffbereit sein. Mit einer solchen Anschaffung und entsprechendem Wissen treffen Sie Vorsorge für plötzlich auftretende Situationen, mit denen Sie dann – natürlich bis zur Versorgung durch Ihren Tierarzt – besser fertig werden können.

Die Möglichkeit einer richtigen Ersten Hilfe im Interesse der Gesundheit Ihres vierläufigen Jagdhelfers sollten Ihnen der Anschaffungspreis eines geeigneten Erste-Hilfe-Sets wert sein.

Jagdhundezucht

Die Zucht unserer Jagdgebrauchshunde zielt in erster Linie auf den Erhalt bestimmter bewährter jagdlicher Anlagen ab, die nur schwer oder fast gar nicht messbar sind. Als solche Anlagen bezeichnet man angewölfte Eigenschaften und Fähigkeiten, die durch Haltung, Ausbildung und Führung zwar stark beeinflusst, aber nie durch sie ganz allein entwickelt werden können.

Für den späteren Einsatz als Jagdgebrauchshund werden als Grundvoraussetzung angewölfte „Intelligenz", Jagdpassion, Schärfe, Ausdauer, sehr gute Nase, Spurhaltevermögen, Laut und Wasserpassion angesehen. Auch Apportieren, Vorstehen und Wesensfestigkeit gelten als hauptsächlich anlagebedingt. Erblichkeitsgrad sowie Erbgang jagdlicher Anlagen sind aber selbst heute noch weitgehend unklar.

Gleichwohl gibt es bei allen Jagdgebrauchshundrassen besonders erfolgreiche Züchter, denen es immer wieder gelingt, hervorragende Hunde zu züchten und auf Prüfungen vorzustellen. Allerdings ist der Erfolg eines Zwingers nicht unwesentlich auch davon abhängig, in welche Führerhände die Welpen kommen. Denn einem gu-

Die Zucht unserer Jagdgebrauchshunde mit ihren vielfältig erforderlichen Leistungsanlagen ist ungleich schwieriger als z. B. die Schlachtviehzucht, bei der es – überspitzt gesagt – darauf ankommt, in kürzester Zeit mit möglichst wenig Futter viel Fleisch zu produzieren.

Mitunter bedarf die Zucht der Welpen der besonders aktiven Mithilfe des Menschen und stellt hohe Anforderungen an den Idealismus des Züchters.

ten Führer gelingt es auch, einen weniger gut veranlagten Welpen zu einem guten Jagdhelfer auszubilden.

Die Jagdgebrauchshundzucht muss jenen Züchtern überlassen bleiben, die dies mit großer Kenntnis, mit viel „Fingerspitzengefühl“ und vor allem mit großem Idealismus und Erfolg tun, nicht aber solchen, die nur Jagdhunde „produzieren“, um damit Profit zu machen. Und eine große Portion Idealismus gehört zur Zucht, insbesondere zur Welpenaufzucht, gerade wenn man schon früh zufüttern muss, und dies auch nachts.

Hitze und Trächtigkeit

Eine Hündin kann grundsätzlich zweimal im Jahr wölfen. Bei der Hündin tritt die Geschlechtsreife früher als beim Rüden ein, der erst mit etwa acht bis neun Monaten fortpflanzungfähig wird. Die „Hitze“ oder „Läufigkeit“ der Hündin dauert 21 bis 25 Tage. Der Höhepunkt der „Hitze“ ist erreicht, wenn der Ausfluss, der anfangs rötlich, später cremefarben bis farblos ist, abnimmt oder aufhört. Die Eireife tritt in der Regel vom zehnten bis 14. Tage nach Beginn der Läufigkeit ein. In diesem Zeitraum muss die Hündin dann dem Rüden zugeführt werden. Die Trächtigkeit der Hündin dauert durchschnittlich 63 Tage; Abweichungen bis zum 57. oder 67. Tag sind dabei aber möglich.

Anzeichen der Trächtigkeit stellen sich erst in deren 2. Hälfte ein: Die Hündin wird nun träger, schwerfälliger und bewegungsunlustiger. Gegen Ende der Trächtigkeit wird ihr Leibesumfang voller, außerdem schwellen die Zitzen an. Etwa acht Tage vor dem Wölfen sollte die Hündin mit der Wurfkiste vertraut gemacht werden. Das Wölfen beginnt mit den Eröffnungswehen, die Stunden dauern können, denen Presswehen und schließlich das Auspressen des ersten Welpen folgen. In der Regel zerreißt die Hündin die Fruchtblase selbst, nabelt auch den Welpen ab und leckt ihn trocken.

Die Merkmale der Jagdhundzucht

Die Jagdgebrauchshundzucht ist heute fast ausnahmslos eine Rein- und Leistungszucht, wird also mit dem Ziel der Erhaltung der reinrassigen Zucht und der Förderung der jagdlichen Eigenschaften nach dem Leistungsprinzip betrieben.

Der endgültige Typ-, Form- und Haarwert soll beim Deutsch-Langhaar frühestens im Alter von 18 Monaten anlässlich einer Zuchtschau oder von Formwertrichtern auf einer Verbandsprüfung festgestellt werden.

So versteht beispielsweise der Deutsch-Langhaar-Verband unter *Reinzucht* die Erhaltung des Erscheinungsbildes und der bewährten jagdlichen Anlagen dieser Rasse. Der Nachweis der Reinzucht erfolgt durch Eintragung in das Zuchtbuch Deutsch-Langhaar sowie Ausstellen von Ahnentafeln und ist verbunden mit der Tätowierung aller Hunde, die nach den Bestimmungen dieser Zuchtordnung gezüchtet werden. *Leistungszucht* ist danach die Zucht auf Grund nachgewiesener jagdlicher Leistungsfähigkeit – wie bei anderen deutschen Gebrauchshundrassen ebenfalls.

Es ist daher verständlich, dass beispielsweise nach der Zuchtordnung des Deutsch- Langhaar-Verbandes 1984 nur Hunde zur Zucht zugelassen werden, die keine zuchtausschließenden Mängel aufweisen und

- gesund sind,
- ein Mindestalter von 18 Monaten aufweisen,
- im Typ den Rassemerkmalen entsprechen und die Note „Gut" im Typ-, Form- und Haarwert erhalten haben,
- den Nachweis der jagdlichen Anlagen und Eignung erbracht haben, z. B. durch die Verbandsjugendprüfung (VJP) und die Verbands-Herbstzuchtprüfung (HZP) oder Verbands-Gebrauchsprüfung (VGP),
- den Schärfe- und Lautnachweis erbracht haben und
- auf Hüftgelenksdysplasie (HD) untersucht sind, wobei der Befund nicht schlechter als „leichte HD" (HD 1 oder C) ausgefallen sein darf.

Zuchtausschließende Mängel sind alle Formen der Wesensschwäche, wie

z. B. alle Grade der Schussempfindlichkeit, Scheue vor lebendem Wild, Gewitterscheue, ängstliche Haltung gegenüber Fremden, Angstbeißer, Waidlaut, allgemeine Unruhe, Nervosität, ferner Erbkrankheiten, insbesondere Epilepsie, Hüftgelenksdysplasie, Prämolaren- und Molarenfehler, Vorbiss, Rückbiss und Kreuzbiss, Hodenfehler und Augenlidfehler.

Alle dem JGHV angeschlossenen Jagdgebrauchshundrassen sind sich ihrer züchterischen Verantwortung heute mehr denn je bewusst und achten auf genaue Befolgung ihrer jeweiligen strengen Zuchtbestimmungen.

Zuchtbuch und Ahnentafel

Hunde, die ihre Zuchteignung nachgewiesen haben, erhalten in der Ahnentafel den Zuchtfreigabevermerk. Innerhalb eines Kalenderjahres darf eine Hündin nur einmal werfen, ein Rüde bei Deutsch-Langhaar grundsätzlich nicht häufiger als sechsmal zur Zucht benutzt werden – bei andere Zuchtvereinen gelten z. T. ähnliche Bestimmungen. Zum Nachweis und zur Sicherung der Reinzucht dienen Zuchtbuch und Ahnentafel, Urkunden im juristischen Sinne, die vom Zuchtbuchführer der jeweiligen Rasse erstellt werden. Der Hund ist darin mit seinem Namen und der vom Zuchtbuchführer zugeteilten Zuchtbuchnummer aufgeführt, die ihm mit etwa sechs bis sieben Wochen in den Behang tätowiert wird. Das Geschlecht, die Farbe und Abzeichen sind hierzu ebenfalls vermerkt. Ferner sind der Züchter, der Wurftag und insbesondere die Ahnen und deren nachgewiesene Leistungen daraus ersichtlich. Des Weiteren werden Prüfungsergebnisse, Leistungsnachweise, Zuchteignungsvermerke sowie Typ-, Form- und Haarbewertungen durch die zuständigen Vereinsvorsitzenden, deren Stellvertreter oder Beauftragte (z. B. Prüfungsleiter) in die Ahnentafel eingetragen. Der endgültige Typ-, Form- und Haarwert soll bei den meisten Rassen erst ab einem Mindestalter, anlässlich einer Zuchtschau oder von Formwertrichtern auf Prüfungen, festgestellt werden.

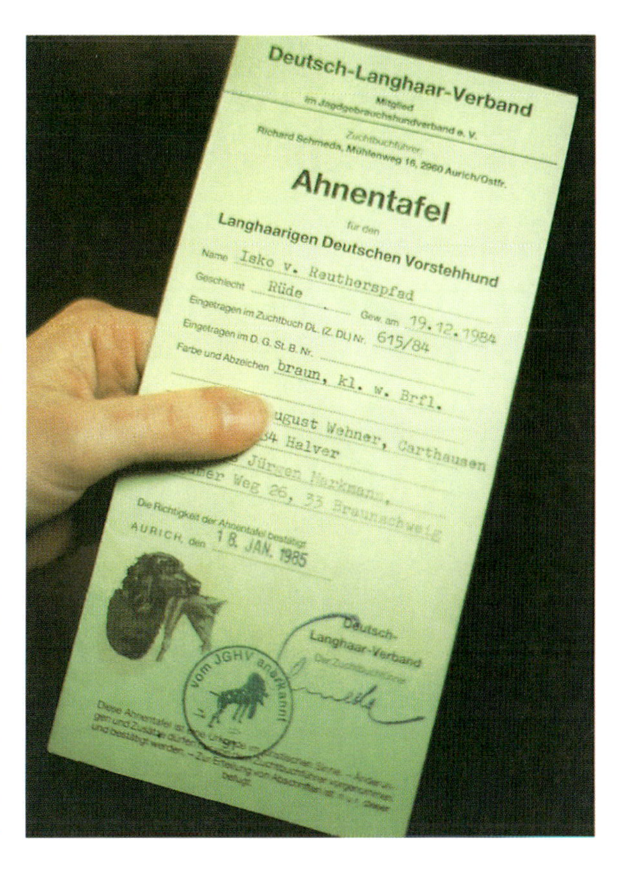

Die Ahnentafel ist eine Urkunde im juristischen Sinne: Alle wichtigen „persönlichen" Daten des Hundes werden darin eingetragen.

Der alternde Hund

Kaum ist unser Zögling vom Welpen zum Jagdhelfer ausgebildet und herangewachsen, kaum sind seine Leistungen auf Prüfungen bestätigt worden, kaum hat er in der Praxis seine jagdlichen Erfahrungen gesammelt und ist damit zum wirklich zuverlässigen Jagdhelfer geworden, da beginnt auch schon der Alterungsprozess.

Viel zu schnell altert unser vierläufiger Jagdhelfer. Wichtig jedoch ist, dass er weiter mit ins Revier kommt, und gerade jetzt benötigt er Aufmerksamkeit und Zuwendung in jeder Hinsicht.

Allzu kurz leben unsere Hunde, altern sie doch etwa viermal so schnell wie der Mensch, wie nachstehender Altersvergleich zeigt.

Die Lebenserwartung unserer Hunde liegt bei etwa neun bis 14 Jahren, wobei die untere Grenze leider meist auf Hunde zutrifft, die fast täglich im Jagdbetrieb stehen und so stark beansprucht werden.

Mit etwa fünf bis sechs Jahren, manchmal auch schon früher, beginnt das Ergrauen zunächst an Lefzen und Kinn, später schreitet es fort über Wangen, Nase bis zu den Partien um die Augen. Gehör und Augenlicht lassen früher nach als der Geruchssinn, was allerdings den Hund als Nasentier nicht so sehr beeinträchtigt wie einen Menschen. Auch die „Knochen" wollen nicht mehr so wie früher, er wird ruhiger, langsamer und trottet nun oft schon hinterher. Später kann außerdem auch seine Stubenreinheit nachlassen, meist will dann auch das Herz nicht mehr so recht mitmachen.

Unsere Aufgabe ist es nun, dem alternden Hund, der vielleicht schon etwas hilfebedürftig ist, seine letzten Jahre so angenehm wie nur irgend möglich zu machen. Er dankt es uns! Ist er jetzt doch ganz auf uns geprägt, erkennt er doch jede Stimmung, versteht er jede Regung, jedes Wort. Gerade jetzt braucht er unsere besondere Aufmerksamkeit, unsere Zuwendung in Worten wie Taten.

Wichtig für den alternden Hund ist regelmäßige Bewegung, wenn möglich mehrmals täglich, ohne ihn dabei zu überfordern. Er kommt also weiter-

Altersvergleich Mensch – Hund (nach Lebeau, 1953)

Alter des Hundes	1	2	3	4	N+1	16
Vergleichbares Menschenalter	15	24	28	32	N+4	80

hin mit ins Revier, mit auf nun entsprechend kürzere Pirschgänge. Er sollte täglich auch noch leicht arbeiten: die eine oder andere Gehorsamsübung ausführen, vor allem aber lustbetonte Arbeiten wie beispielsweise Apportieren, auch auf der Führerrückfährte, leisten. Sein Fressen bekommt er nun wieder in zwei Rationen. Dies entlastet Herz und Kreislauf. Überhaupt sollte der ältere Hund einmal öfter dem Tierarzt vorgestellt werden. Der Arzt kann Herz und Kreislauf Ihres treuen Jagdgefährten durch Medikamente stabilisieren und andere Altersbeschwerden lindern. Ihr Jagdhelfer hat es verdient!

Doch irgendwann kommt dann auch der Zeitpunkt, wo es Abschied nehmen heißt – Abschied für immer von einem treuen Jagdgefährten, von dem dann nur noch die Erinnerung bleibt. Keiner hat es bisher so treffend gesagt wie Alice Groß, eine passionierte Jagdhundzüchterin und -führerin: *„Bevor sich dein Hund selbst zur Last fällt und leidet, schenke ihm einen gnädigen Tod! Es ist der letzte Dienst, den du ihm erweisen kannst, eine Dankbarkeitsbezeugung gegenüber deinem besten Jagdkameraden für ein Leben der Treue und Hingabe für dich, seinen Herrn.“*

Vom Einschläfern in Ihren Armen merkt er nichts. Seine letzte Fahrt geht hinaus ins Revier zu der Stelle, wo Sie beide die meiste Freude hatten. Sein Grab dort lässt das Tierkörperbeseitigungsgesetz grundsätzlich zu.

Wenn wir uns von unserem Jagdbegleiter trennen müssen, lässt das Tierkörperbeseitigungsgesetz es durchaus zu, dass wir ihn im Revier begraben.

Service

216 Bundeseinheitliche Empfehlung zur Feststellung der Brauchbarkeit von Jagdhunden
222 Verbandsprüfungsordnung Wasser (PO Wasser)
228 Anerkannte Jagdgebrauchshundrassen
236 Pirschzeichen
237 Jagdkynologische Abkürzungen

Bundeseinheitliche Empfehlung zur Feststellung der Brauchbarkeit von Jagdhunden

Präambel

Der zur Jagd brauchbare Hund muss über konstitutionelle, konditionelle und wesensmäßige Eignung verfügen.

Seine Konstitution muss gekennzeichnet sein durch eine robuste Gesundheit und ausgeprägte Sinnesleistungen.

Seine Kondition muss gekennzeichnet sein durch geübte Kraft und Ausdauer.

Das Wesen muss gekennzeichnet sein durch ausgeprägten Finderwillen von Wild, nicht vorhandener Wild- und Milieuscheue, soziale Integrierbarkeit und soll sich durch Ausgeglichenheit und Führigkeit auszeichnen.

Die konstitutionelle und die wesensmäßige Eignung muss die Zucht garantieren. Sie wird in der Brauchbarkeitsprüfung der Landesjagdverbände nicht geprüft, sondern vorausgesetzt.

Nur durch das Vorhandensein dieser Eigenschaften ist gewährleistet, dass sich Hunde bei sachgerechter Ausbildung und Führung zu einem leistungsfähigen Jagdgebrauchshund entwickeln.

Bonn, im Juli 1993

1. Ziel

Ziel der Empfehlungen ist es, einheitliche Mindestanforderungen für die Feststellung der Brauchbarkeit von Jagdhunden zu definieren, die ggf. unter Berücksichtigung regionaler Erfordernisse noch ergänzt werden können. Angestrebt wird, dass die in einem Land festgestellte Brauchbarkeit ohne weiteres in allen Bundesländern Gültigkeit hat.

Dabei wird anerkannt, dass der JGHV und die diesem angeschlossenen Zuchtvereine weitere Möglichkeiten der Prüfung von Jagdhunden haben müssen, um die für andere wichtige Bereiche des Jagdbetriebs erforderlichen Mehrleistungen zu erfassen und notwendige Auswahlverfahren für die Zucht von Jagdhunden zu erhalten.

2. Zuständigkeiten

Die Zuständigkeit für die Feststellung der jagdlichen Brauchbarkeit liegt, nach Abstimmung mit den zuständigen Ministerien, bei den jeweiligen Landesjagdverbänden. Die Durchführung der Brauchbarkeitsprüfung kann den Untergliederungen des LJV, ggf. auch denen des JGHV, übertragen werden. In die Prüfungskommission sollen in der Regel 2 anerkannte Verbandsrichter des JGHV bzw. seiner Gliederungen berufen werden.

3. Rahmenbedingungen

Die Empfehlungen müssen die Vorgaben des Bundesjagdgesetzes und der Landesjagdgesetze berücksichtigen. Diese orientieren sich an der Idee der tierschutz- und waidgerechten Jagdausübung und fordern den brauchbaren Jagdhund für die Arbeit nach dem Schuss, um krank geschossenes Wild schnell von seinen Leiden erlösen zu können bzw. den Jäger in den Besitz erlegten Wildes zu bringen.

Die Empfehlungen sind ausschließlich auf jagdliche Erfordernisse ausgerichtet, jede Art von „Prüfungssport" wird abgelehnt.

Auf Brauchbarkeitsprüfungen dürfen Hunde grundsätzlich nur durch Jagdscheininhaber geführt werden.

4. Prüfungsinhalte

Die Normen für die jagdliche Brauchbarkeit ergeben sich aus den Erfordernissen des praktischen Jagdbetriebes unter besonderer Berücksichtigung des Tierschutzgedankens sowie aus der Notwendigkeit, Qualen von bei Verkehrsunfällen zu Schaden gekommenem Wild zu vermeiden oder zu verkürzen.

Sie wird festgestellt als

a) allgemeine jagdliche Brauchbarkeit zur Nachsuche auf Niederwild außer Rehwild
b) als allgemein jagdliche Brauchbarkeit zur Nachsuche auf Niederwild und Schalenwild
c) als Spezialbereich zur Nachsuche nur auf Schalenwild.

Für zu erwartende schwierige Nachsuchen sollen grundsätzlich besonders ausgebildete und geprüfte Hunde (Schweißhunde) eingesetzt werden.

Es ist wünschenswert, dass die Inhalte bestimmter Prüfungen des JGHV oder der Vereine, die dem JGHV angeschlossen sind, den Forderungen der Brauchbarkeitsprüfung entsprechen. Ist dies der Fall, kann für Hunde, die o. a. Prüfungen (oder die für die jagdliche Brauchbarkeit relevanten Teile davon) bestanden haben, auch ohne Brauchbarkeits-/Ergänzungsprüfung die jagdliche Brauchbarkeit festgestellt werden. Folgende Fächer werden geprüft:

a) Fachgruppe Gehorsam

– Allgemeiner Gehorsam

Der Hundeführer hat den Hund

nach Weisung zu schnallen und ihn einige Minuten laufen zu lassen. Auf Pfiff, Zuruf oder Zeichen hat der Hund dem Hundeführer Folge zu leisten und darf sich ohne Befehl nicht von ihm entfernen.

– Verhalten auf dem Stand

Bei einem improvisierten Treiben hat sich der am Stand neben seinem Führer sitzende oder abgelegte, angeleinte Hund ruhig zu verhalten. Bei der Abgabe von Schüssen (auch der Führer muss schießen) darf er nicht an der Leine reißen.

– Leinenführigkeit

Der Hund muss bei lose durchhängender Leine ohne lautes Kommando dicht hinter oder neben dem Fuß seines Führers folgen. Er soll nicht an der Leine ziehen und muss beim Umgehen von Bäumen unmittelbar seinem Führer folgen.

Die Teilfächer „Allgemeiner Gehorsam“, „Verhalten auf dem Stand“ und „Leinenführigkeit“ sind bei der Bewertung als ein Fach (Gehorsam) anzusehen; dabei muss der Hund in allen Teilfächern ausreichende Leistungen erbringen. Der Gehorsam an lebendem Wild ist wünschenswert.

b) Fachgruppe Schussfestigkeit

– Schussfestigkeit im Feld oder Wald

Während der Hund bei der Prüfung des allgemeinen Gehorsams ca. 30–40 m vom Führer entfernt ist, gibt der Hundeführer oder ein Dritter auf Anweisung des Richterobmannes zwei Schrotschüsse im Abstand von ca. 30 Sekunden ab.

Stark schussempfindliche (länger als 1 Minute dauernde Einschüchterung), schussscheue (Flucht oder Arbeitsverweigerung) oder ausgesprochen handscheue Hunde können die Prüfung nicht bestehen.

– Schussfestigkeit bei der Wasserarbeit

Eine tote Ente wird möglichst weit in das offene Wasser geworfen und der Hund zum Bringen aufgefordert. Während der Hund im tiefen Wasser auf die Ente zuschwimmt, gibt der Hundeführer oder ein Dritter auf Anweisung des Richterobmannes einen Schrotschuss in Richtung Ente auf das Wasser ab. Der Hund muss nun die Ente selbstständig bringen.

c) Fachgruppe Bringen

– Bringen von Haarwild auf der Schleppe

Die Haarwildschleppe ist von einem Richter mit einem Kaninchen oder einem Hasen, möglichst im Wald oder im unübersichtlichen Gelände, zu legen und muss mindestens 300 m (400 Schritt) lang sein. Das Wild wird von dem mit etwas Bauchwolle bezeichneten Anschuss unter Einlegung von zwei stumpfwinkligen Haken möglichst mit Nackenwind geschleppt. Die Entfernung zwischen den einzelnen Schleppen soll mindestens 100 m betragen.

Am Ende der Schleppe ist das geschleppte Stück ohne Schleppenleine bzw. ein möglichst frisch geschossenes Stück der gleichen Wildart frei abzulegen. Das Stück darf nicht in eine Bodenvertiefung gelegt oder versteckt werden.

Nach dem Legen der Schleppe hat sich der Richter in Verlängerung der Schleppe zu entfernen und sich so zu verbergen, dass er vom Hund nicht eräugt werden kann. Dort hat er ein zweites Stück Wild der gleichen Art frei vor sich hinzulegen. Er darf dem Hund nicht verwehren, dieses Stück aufzunehmen.

Der Hund darf das Legen der Schleppe nicht eräugen. Er darf die ersten 20 m der Schleppe an der Leine arbeiten, dann ist er zu schnallen; der Führer hat stehen zu bleiben.

Durch die Beschaffenheit des Geländes oder geeigneten Sichtschutz (z. B. Gebüsch, Strohballen etc.) für den Führer muss sichergestellt sein, dass der Hund spätestens ab ca. 50 m Entfernung vom Ansetzpunkt ohne Sichtverbindung zum Führer arbeitet.

Falls der Hund, ohne gefunden zu haben, zurückkehrt und nicht selbstständig die Schleppe wieder annimmt, darf der Hundeführer ihn noch zweimal ansetzen. Unter „Ansetzen" ist dabei jede Einwirkung des Führers auf den Hund zu verstehen, erneut die Schleppe aufzunehmen.

Wird der Hund bei der Schleppenarbeit oder beim Bringen durch außergewöhnliche Umstände gestört, so ist es in das Ermessen der Richter gestellt, ihm eine neue Arbeit zu gewähren.

Der Hund muss das geschleppte oder ausgelegte Stück Wild finden und seinem Führer zutragen. Ein Hund, der das Wild beim ersten Finden nicht selbstständig bringt, kann die Prüfung nicht bestehen.

– Bringen von Federwild auf der Schleppe

Die Schleppe ist von einem Richter auf bewachsenem Boden möglichst mit Nackenwind unter Einlegung von zwei stumpfwinkeligen Haken mindestens 150 m (200 Schritt) weit zu legen. Im Übrigen gelten die Bestimmungen für die Haarwildschleppe sinngemäß, jedoch kann die Sichtverbindung zwischen Führer und Hund bestehen bleiben.

– Freiverlorensuche und Bringen von Federwild

Ein Stück Federwild wird so im Gelände mit hoher Deckung (z. B. Rüben, Raps), das nicht unter 80 m breit sein soll, ohne Schleppe ausgelegt, dass der Hund weder das Auslegen noch das Wild eräugen kann.

In Schrotschussentfernung (ca. 30 m) von dieser Stelle wird dem Führer die ungefähre Richtung angegeben, in der das Stück liegt. Der Hund soll von dort aus in Freiverlorensuche finden, er muss das Stück bringen.

Im Übrigen gelten die Bestimmungen für die Haarwildschleppe sinngemäß, jedoch kann Sichtverbindung zwischen Führer und Hund bestehen bleiben.

d) Fachgruppe Wasserarbeit
–Freiverlorensuche und Bringen toter Enten aus deckungsreichem Gewässer

Mindestens zwei tote Enten werden im Abstand von ca. 50 m zueinander so in eine Deckung geworfen, dass der Hund weder das Werfen noch die Enten vom Ufer aus eräugen kann (für die Prüfung dürfen Enten in ausreichender Anzahl getötet werden). Dabei sind die Enten so zu platzieren (z. B. Insel, gegenüberliegendes Ufer), dass der Hund über eine freie Wasserfläche in die Deckung geschickt werden muss.

Dem Führer wird von einem Ort am Ufer aus, der einmal ca. 30 m, einmal ca. 50 m von der jeweils zu suchenden Ente entfernt ist, die ungefähre Richtung angegeben, in der die Enten liegen. Der Hund soll von dort aus die Enten selbstständig suchen; er muss sie finden und seinem Führer zutragen.

Der Führer darf seinen Hund bei diesen Arbeiten durch Zuruf, Wink oder Pfiff, ggf. auch durch Schuss oder Steinwurf unterstützen und lenken.

Ein Hund, der eine Ente beim erstmaligen Finden nicht selbstständig bringt, kann die Prüfung nicht bestehen.

e) Fachgruppe Schweiß
Die Fachgruppe Schweiß kann im Rahmen einer Brauchbarkeitsprüfung (Fachgruppen a) – e) geprüft werden, in diesem Fall werden die Fachgruppen Gehorsam und Schussfestigkeit nur einmal geprüft.

Für Hunde, die nur zur Nachsuche auf Schalenwild eingesetzt werden sollen, kann die Fachgruppe Schweiß auch separat geprüft und die (eingeschränkte) jagdliche Brauchbarkeit festgestellt werden.

- Allgemeiner Gehorsam
- Verhalten auf dem Stand
- Leinenführigkeit gem. den Bestimmungen für die Fachgruppe Gehorsam
- Schussfestigkeit im Feld oder Wald gem. den Bestimmungen für die Fachgruppe Schussfestigkeit
- Schweißarbeit auf der künstlichen Rotfährte (Übernachtfährte)

Auf der künstlichen Rotfährte haben die Hunde Riemenarbeit in einer Länge von 600 m mit zwei Haken zu leisten. Dies entspricht in der Jagdpraxis einer Totsuche.

** Vorbereitung der Schweißfährten*
Die Fährten sind im Wald zu legen. Bei Geländeschwierigkeiten ist es gestattet, die Fährten bis zu einer Länge von 50 m auf freiem Gelände beginnen zu lassen. Die Entfernung zwischen den einzelnen Fährten muss überall mindestens 100 m betragen. Sie dürfen an aufeinander folgenden Tagen nicht im selben Gelände gelegt werden.

Der Beginn der Schweißfährte ist durch eine Markierung mit der Aufschrift: „Fährte Nr. ..., gelegt ... Uhr“

kenntlich zu machen. Die Fährte soll auf den ersten 50 m in annähernd gleicher Richtung verlaufen, sie muss im weiteren Verlauf zwei stumpfwinkelige Haken aufweisen.

Die Schweißfährten können im Tupf- oder Tropfverfahren hergestellt werden, die Benutzung von Fährtenschuhen ist zulässig. Chemische Zusätze zum Frischhalten von Schweiß sind unzulässig. Zulässig ist die Verwendung von Schweiß, der in frischem Zustand tiefgekühlt wurde. Falls kein Wildschweiß zur Verfügung steht, kann frisches Haustierblut (Rind, Schaf) verwendet werden. Der Schweiß oder das Blut müssen auf allen Fährten der Prüfung gleich sein.

Das Festlegen des Fährtenverlaufes und das Legen der Fährte erfolgen in einem Arbeitsgang. Ein Richter der betreffenden Gruppe muss am Legen der Fährte teilnehmen und hat den Fährtenverlauf zu dokumentieren. Beim Legen der Fährten darf vom Richter und seinem Gehilfen jeweils nur eine Spur ausgegangen werden, und zwar nur vom Anschuss zum Stück. Der Fährtenleger muss stets als Letzter gehen.

Für die 600 m lange Fährte darf nicht mehr als 1/4 Liter Schweiß bzw. Blut verwendet werden.

Die Schweißfährten müssen über Nacht, sollen aber nicht über 20 Stunden stehen.

An das Ende der künstlichen Fährte soll ein frisches Stück Schalenwild gelegt werden. Ist dies nicht verfügbar, kann an seiner Stelle die Decke oder Schwarte von einem Stück Schalenwild verwendet werden. Danach muss sich der Wildträger vom ausgelegten Stück entfernen und so verbergen, dass er bei der nachfolgenden Arbeit weder vom Führer noch vom Hund wahrgenommen werden kann. Die im Zusammenhang mit der Prüfung eingesetzten Fahrzeuge sind so abzustellen, dass sie vom Führer während der Fährtenarbeit nicht gesehen werden können.

* *Durchführung der Schweißarbeit*
Für die Schweißarbeit ist eine Schweißhalsung zu verwenden; sie ist am mindestens 6 m langen, voll abgedockten Schweißriemen durchzuführen. Für die Riemenarbeit, bei der alle drei Richter dem Hund folgen müssen, ist von besonderer Bedeutung, wie der Hund die Schweißfährte hält. Er soll sie ruhig, konzentriert und zügig, jedoch nicht in stürmischem Tempo arbeiten. Der Hundeführer darf den Hund vorübergehend anhalten oder ablegen, um selbst nach Schweiß zu suchen. Er darf den Hund auch durch Vor- oder Zurückgreifen oder sonstige gerechte Hilfen unterstützen.

Nur in diesen Fällen sollen die Richter stehen bleiben, niemals aber dürfen sie warten, wenn sie feststellen, dass der Hund abgekommen ist, ohne dass der Führer es merkt. Vielmehr müssen die Richter auch in einem solchen Fall dem arbeitenden Hund folgen. Die Richter sollen den Hundeführer nur dann korrigieren, wenn er an dem Benehmen seines Hundes nicht erkennt, dass der Hund seine Ansatzfährte verloren hat. Bei der Riemenarbeit darf der Hund zweimal zurückgenommen und neu angelegt werden. Zum erneuten Anlegen haben die Richter den Führer zum letzten von ihm gemeldeten Pirschzeichen (Schweiß) zurückzuführen.

Als erneutes Anlegen gilt nur das Zurücknehmen des weit (etwa 60 m) abgekommenen Hundes durch die Richter. Korrigiert der Hundeführer seinen abgekommenen Hund, so gilt dies nicht als erneutes Anlegen.

Ein Hund, der bei der Riemenarbeit öfter als zweimal weit (etwa 60 m) abgekommen ist oder seinen Führer nicht zum Stück gebracht hat, kann die Prüfung nicht bestehen.

Verbandsprüfungsordnung Wasser (PO Wasser)

I. ALLGEMEINER TEIL

Die waidgerechte und tierschutzkonforme Durchführung der Jagd auf Wasserwild gem. § 1 Abs. 2 Bundesjagdgesetz und der ergänzenden Bestimmungen in den Landesjagdgesetzen setzt den Einsatz brauchbarer Jagdhunde voraus.

Die Wasserarbeit hat den Sinn, den Jagdhund auf seine spätere Aufgabe in der Praxis, d. h. vor allem auf die Nachsuche von krank oder verendet in Wasser gefallenem Wasserwild vorzubereiten, das Ergebnis durch die Prüfung zu beweisen und für die Zucht zu dokumentieren. Damit einerseits der Zweck der Wasserarbeit erreicht und andererseits die Prüfung tierschutzgerecht durchgeführt werden kann, sind beim Einsatz von lebenden Enten folgende Grundsätze zu beachten:

1. (Allgemeinverbindlichkeit)

(1) Nachstehende Grundsätze des Allgemeinen Teils (I) sind verbindlich für alle Mitgliedsvereine, die Prüfungen hinter der lebenden Ente durchführen.

(2) Sie sind auch bei den Wasserübungstagen der Vereine genau zu beachten, wobei zu gewährleisten ist, dass ein Hund an nicht mehr als 3 Enten insgesamt eingearbeitet werden darf.

Diesbezügliche Nachweise (z. B. Bestätigung durch den veranstaltenden Verein) sind auf Verlangen dem zuständigen Veterinäramt vorzulegen.

(3) Vorsätzliche oder grob fahrlässige Verstöße gegen diese Bestimmungen ziehen den sofortigen Ausschluss vom weiteren Übungs- oder Prüfungsbetrieb durch die nach Ziff. 3 verantwortliche Person nach sich.

Davon unberührt bleiben sowohl straf- oder ordnungsrechtliche Verfolgung als auch verbandsinterne Disziplinarverfahren.

2. (Gewässer)

(1) Ein Prüfungsgewässer muss hinsichtlich seiner Größe (mindestens 0,25 ha Wasserfläche), seiner Tiefe bzw. Breite von stellenweise 6 m, seiner Wassertiefe (die vom Hund nur schwimmend überwunden werden kann), seiner Deckung (ca. 500 qm) so beschaffen sein, dass die Ente ihre Fluchtmöglichkeiten voll ausnutzen kann.

(2) Die in Frage kommenden Gewässer werden im Einvernehmen mit dem zuständigen Veterinäramt festgelegt.

3. (verantwortliche Personen)

(1) Die Vereine bestimmen für jede Prüfung eine verantwortliche Person, die als Obmann am Wasser auf die genaue Einhaltung aller nachfolgenden Bestimmungen zu achten hat.

(2) Neben der nach Abs. 1 bestimmten Person ist auch der veranstaltende Verein für die Einhaltung dieser Vorschriften verantwortlich.

4. (behördliches Verfahren)

(1) Spätestens 14 Tage vor Beginn einer Prüfung melden die Vereine dem örtlich zuständigen Veterinäramt

a) den genauen Termin und Ort (Gewässer) der Prüfung,

b) die für die Wasserprüfung verantwortliche Person und

c) weisen auf Verlangen dem Veterinäramt die Herkunft der verwendeten Stockenten nach.

5. (Enten)

(1) Zur Wasserarbeit dürfen nur voll ausgewachsene Stockenten verwendet werden, deren Flugfähigkeit nach der Methode von Prof. Müller (Papiermanschette über einzelne Schwungfedern einer Schwinge) für kurze Zeit eingeschränkt wird.

(2) Die Enten müssen schon während ihrer Zucht und/oder Haltung mit Wasser und Deckung vertraut sein, d. h. schwimmen, tauchen und sich in einer Deckung drücken können. Die ordnungsgemäße Aufzucht muss vom Zuchtbetrieb bestätigt werden. Die Enten müssen bis kurz vor der Prüfung Gelegenheit haben, ihr Gefieder zu fetten.

(3) Sofern es nicht möglich ist, die Enten zumindest vorübergehend zur Eingewöhnung zu halten, dürfen Sie erst unmittelbar vor der Prüfung an das Prüfungsgewässer verbracht werden und sind dort so zu halten, dass sie vom Prüfungsgeschehen nicht beeinträchtigt werden.

(4) Die Prüfungszeit an einer Ente darf 15 Minuten nicht überschreiten.

Sichthetzen sind unerwünscht und schnellstmöglich zu beenden.

(5) Eine evtl. vom Hund lebend gebrachte Ente ist sofort waidgerecht zu töten.

(6) Tote Enten sind getrennt von lebenden aufzubewahren.

(7) Die Entenbehälter sind so abzustellen, dass der Hund sie während seiner Arbeit nicht finden kann.

6. (Brutzeiten)

Wasserarbeit mit lebenden Enten darf nur außerhalb der Brutzeit geübt und geprüft werden.

7. (Voraussetzungen zur Durchprüfung am Wasser)

Die Prüfung mit der Ente darf erst dann durchgeführt werden, wenn der Hund Schussfestigkeit und sicheres Verlorensuchen und -bringen einer toten Ente aus der Deckung unter Beweis gestellt hat.

8. (Hunde)

(1) Es werden nur Hunde zugelassen, deren Führer im Besitz eines gültigen Jagdscheines sind. Ausnahmen sind nur zulässig aus besonderen jagdlichen und züchterischen Gründen. Sie sind zu begründen.

(2) Hunde, die in einem der unter Ziff. 7 aufgeführten Fächer versagen oder zuvor anlässlich dieser Prüfung Schuss- oder Wildscheue gezeigt haben, dürfen nicht weiter geprüft werden.

(3) Bei jeder Prüfung muss ein geprüfter, jagderfahrener Hund zu Verfügung stehen, der ggf. zur Nachsuche einzusetzen ist.

(4) Grundsätzlich wird für jeden Hund nur eine Ente eingesetzt. Die Verwendung einer weiteren Ente ist nur zulässig, wenn der Hund an der zuerst ausgesetzten Ente nicht geprüft werden konnte (z. B. bei vorzeitigem Abstreichen).

(5) Hunde, die einmal eine Prüfung des Faches „Stöbern mit Ente im deckungsreichen Gewässer“ bestanden haben (mindestens „genügend“), dürfen kein weiteres Mal in diesem Fach geprüft werden.

Dies gilt nicht für eine weitere Prüfung im Rahmen einer Zuchtauslese- oder Internationalen Prüfung (z. B. Hegewald; IKP u. a.).

(6) Nachweise über die Voraussetzungen nach Abs. 1, 3 und 5 sind auf Verlangen der zuständigen Veterinärbehörde vorzulegen.

(7) Bei Nichtbestehen ist eine einmalige Nachprüfung zulässig.

(8) Das bei der ersten bestandenen Prüfung erzielte Prädikat ist in die Zensurentabelle aller später abgelegten Prüfungen zu übernehmen mit dem Vermerk: * *lt. Prüfung vom ...*

II. BESONDERER TEIL

§ 36 VZPO und § 60 VGPO

Es werden folgende Fächer bei der HZP und VGP in dieser Reihenfolge geprüft:

Schussfestigkeit und Verlorensuchen im deckungsreichen Gewässer, Stöbern mit Ente im deckungsreichen Gewässer, Art des Bringens; bei VGP zusätzlich zuerst das Fach „Stöbern ohne Ente im deckungsreichen Gewässer“.

§ 1 Schussfestigkeit

(1) Eine erlegte Ente wird mög-

lichst weit ins offene Wasser geworfen und der Hund zum Bringen aufgefordert.

(2) Während der Hund auf die Ente zuschwimmt, wird ein Schrotschuss auf das Wasser in Richtung der Ente abgegeben. Der Hund muss nun die Ente selbstständig bringen.

(3) Ein Hund, der hierbei versagt, darf nicht weiter am Wasser geprüft werden.

§ 2 Verlorensuchen im deckungsreichen Gewässer

(1) Das Verlorensuchen im deckungsreichen Gewässer erfolgt unmittelbar nach der Prüfung der Schussfestigkeit.

(2) Dazu wird eine frisch erlegte Ente so in eine Deckung geworfen, dass der Hund weder das Werfen noch die Ente vom Ufer aus eräugen kann.

Die Ente ist so zu platzieren (Insel, gegenüberliegendes Ufer, Schilffläche), dass der Hund über eine freie Wasserfläche in die Deckung geschickt werden muss.

(3) Dem Führer wird von einem Ort aus, der mindestens 30 m von der Ente entfernt ist, die ungefähre Richtung angegeben, in der die Ente liegt. Der Hund soll von dort aus die Ente selbstständig suchen, er muss sie finden und seinem Führer zutragen.

(4) Der Führer darf seinen Hund unterstützen und lenken, jedoch mindern dauernde Einwirkungen oder Schuss bzw. Steinwurf das Prädikat.

(5) Ein Hund, der in diesem Fach nicht mindestens mit dem Prädikat „genügend" bewertet wird, darf nicht weiter hinter der lebenden Ente geprüft werden.

§ 3 Stöbern mit Ente im deckungsreichen Gewässer (§ 37 VZPO und § 61 VGPO)

(1) Eine Ente wird in der Deckung ausgesetzt, ohne dass ein Anschuss markiert wird. Diese Vorbereitung darf der Hund nicht eräugen können.

(2) Nach dem Aussetzen führen die Richter den Führer zu einem Punkt in Schrotschussentfernung vom Aussetzort bzw. von der Ente und geben ihm die Richtung an. Hier fordert der Führer seinen Hund zur Nachsuche auf.

(3) Der Hund soll die Ente selbstständig suchen und finden. Der Führer darf ihn bei der Arbeit lenken und unterstützen, jedoch mindern ausdauernde Einwirkungen das Prädikat.

(4) Sobald der Hund die Ente aus der Deckung drückt und sichtig verfolgt, ist sie vom Führer oder einer dazu bestimmten und berechtigten Person zu erlegen, wenn das ohne Gefährdung der Sicherheit möglich ist.

(5) Die erlegte Ente muss vom Hund selbstständig gebracht werden.

(6) Die Richter sollen die Arbeit eines Hundes beenden, sobald sie sich ein abschließendes Urteil gebildet haben. Das gilt auch dann, wenn die Ente nicht vor dem Hund erlegt wurde.

(7) Ein Hund, der eine Ente beim erstmaligen Finden nicht selbstständig bringt, kann die Prüfung nicht bestehen.

In diesem Fall gilt auch das „Verlorensuchen im deckungsreichen Gewässer" bzw. das „Stöbern mit Ente im deckungsreichen Gewässer" als nicht bestanden.

Eine vom Hund eräugte Ente gilt als gefunden.

(8) Stößt der Hund bei seiner Arbeit zufällig auf eine andere Ente, so ist auch diese Arbeit zu bewerten.

(9) Die Richter können die Arbeit beenden, wenn sie den Eindruck gewonnen haben, dass der Hund den Anforderungen nicht genügt.

§ 4 Bringen

(1) Die Ausführung des Bringens als Ausdruck der übungsmäßig erlernten Fähigkeit, d. h. das Aufnehmen, Herantragen (Griff) und die Art des Ausgebens ist unter „Art des Bringens" zu zensieren.

(2) Bei der Urteilsfindung „Art des Bringens" sind alle Bringarbeiten des Hundes bei der Wasserarbeit zu berücksichtigen.

(3) Legt der Hund die gebrachte Ente zunächst ab – z. B. um sich zu schütteln – so kann er für diese Bringarbeit höchstens „gut" (7 Pkt. HZP) erhalten.

Fasst der Hund jedoch die vor ihm erlegte oder die ins Wasser geworfene Ente zunächst ungünstig (z. B. an Kopf, Schwinge oder Ruder) und verbessert an Land den Griff, ohne sich zu schütteln, bringt sie dann, setzt sich und gibt korrekt ab, so darf der Hund wegen der Verbesserung des Griffes nur dann in der Bewertung herabgesetzt werden, wenn ihm hierbei eine noch lebende Ente hätte entkommen können.

(4) Es darf dem Hund auch nicht als Fehler angerechnet werden, wenn er sich schüttelt und dabei die Ente im Fang behält. Für die Bewertung der Bringarbeit ist darauf zu achten, dass der Hund die Ente dem Führer vorschriftsmäßig zuträgt, sich setzt und sie korrekt ausgibt.

(5) Wird das Fach anlässlich einer VGP geprüft, ist die Ausführung des Bringens in der Fachgruppe „Bringen" unter „Bringen von Federwild" zu zensieren. Auf §§ 88 und 89 der VGPO wird verwiesen.

§ 5 Stöbern ohne Ente im deckungsreichen Gewässer (VGP)

(1) Der Hund soll auf einfachen Befehl seines Führers und ohne jede weitere Anregung (Stein u. a.) ins Wasser gehen und dort im Schilf stöbern.

(2) Beim Stöbern ohne Ente im deckungsreichen Gewässer soll der Hund im Schilf seinen Finderwillen und auch seine Wasserfreudigkeit zeigen und sich beim Stöbern von seinem Führer durch Wink oder Zuruf gut lenken lassen. Diese Stöberarbeit soll sich auf etwa 10 Minuten erstrecken.

Diese Ordnung tritt am 1. 9. 94 in Kraft.

Anerkannte Jagdgebrauchshundrassen – Vorstehhunde

Deutsch-Drahthaar (DD): Heute häufigste Vorstehhundrasse; groß (Schulterhöhe: Rüde 60/67 cm, Hündin 56/62 cm), energisch, dunkles Auge, Bart, Augenbrauen und harsches, anliegendes Deckhaar mit Unterwolle, kupierte Rute, braun bis zum Grauschimmel, Platten und Tupfen erlaubt. Wald- und Feldhund, scharf, wasserfreudig.

Griffon (Gr): Aus rauhaarigen deutschen, französischen, belgischen und holländischen Vorstehhunden gezüchtet; robust, mittelgroß (Rüde 55/60 cm, Hündin 50/55 cm), braunes Auge, raues, harsches Fell, Unterhaar, kupierte Rute; meist stahlgrau mit braunen Platten und braun, öfter grau gestichelt. Gute Feld- und Wasserarbeit, Spurlaut und Schärfe.

Deutsch-Stichelhaar (DSt): Mittelgroß (Rüde 60/66 cm, Hündin weniger), kräftig, mit hartem, borstigem Haar, Unterwolle, farblich mischen sich braun und weiß, buschige Brauen, Auge hell bis braun, mäßiger Bart, kupierte Rute; für Feld, Wasser und Raubwild, meist mannscharf.

Pudelpointer (PP): Aus Pudel (Apportier-, Wasserfreudigkeit, Schärfe) und Pointer (Feldspezialist) gezüchtet; heute durchgezüchtet: groß, kräftig, lebhaft, starker Bart, buschige Augenbrauen, Auge dunkel bernsteinfarben, stockhaarig mit Unterwolle, kupierte Rute. Dunkelbraun bis dürrlaubfarben, auch schwarz sowie weiße Abzeichen.

Deutsch-Kurzhaar (DK): Früher schwer und massig, heute elegant, temperamentvoll, mit feiner Nase und flotter, ausdauernder Arbeit, auch im Wald leistungsfähig. Rüde 62/66 cm, Hündin 58/63 cm, Haar kurz und dicht, dunkles Auge, Rute kupiert, dunkles Braun bis Schimmel, Platten und Tupfen, vereinzelt schwarz oder Schwarzschimmel.

Deutsch-Langhaar (DL): Entwickelt vom Habicht- oder Vogelhund zum Vorstehhund: groß (Rüde 63/66 cm, Hündin 60/63 cm), kräftig, muskulös, trockener Kopf, dunkles Auge, langes Haar, Rute mit Fahne; braun, Braunschimmel und Brauntiger. Gute Feld- und Wasserarbeit, Fährtentreue sowie Spurtlaut.

Großer Schwarzweißer Münsterländer (GM): Langhaariger Vorstehhund, weiß mit schwarzen Platten, Schwarztiger oder Schwarzschimmel; Vorstehhunde mit Schwarz als Rassekennzeichen. „Bruder“ des Deutsch-Langhaar, mit gleicher Verwendung; guter Lautjäger und verlässlicher Verlorenbringer.

Kleiner Münsterländer Vorstehhund (KlM): Langhaarig, frühere Bezeichnung „Heidewachtel“ irreführend. Rüde 52/56 cm, Hündin 50/54 cm, leuchtend weiß mit braunen Platten, mehr in die Breite als in die Weite gehende Suche, sicheres Bringen, große Wasserpassion; besonders für niederwildreiche Reviere in kupiertem Gelände zunehmend beliebter.

Kurzhaariger Weimaraner (W): Überwiegender Schlag des Weimaraners, groß (Rüde 59/70 cm, Hündin 57/65 cm), sehnig, trockener Kopf, bernsteinfarbene Augen, kurzes, harsches Haar, silbern, reh- oder mausgrau, manchmal Aalstrich; überwiegend kurzhaarig (kupiert), selten stockhaarig; vielseitig in Wald, Feld und Wasser, raubwild- und mannscharf.

Langhaariger Weimaraner (W): Langhaariger Schlag des Weimaraners mit Fahnenrute; Eigenschaften und Einsatzbereiche wie beim kurzhaarigen Weimaraner.

Pointer (P): Stammt aus Spanien und wurde in England zum weltbekannten Vorstehhund, mittelbreiter Schädel, typischer „Pointer-Stopp", voller Fang, dunkles Auge, dichtes, glänzendes Haar, lange, glatte Rute. Bevorzugt weiße Grundfarbe, Platten und Tupfen schwarz, braun, orange und gelb. Wie auch Setter in der Paarsuche bestechend.

English Setter (ES): Besticht durch langes, seidig weißes Haar mit schwarzen oder orangefarbenen Tupfen und Flecken. Ein eleganter Feldhund mit möglichst dunklem Auge, Rute durch lange, weiche Fahne betont (Rüde 64/68 cm, Hündin 61/65 cm), schwarzweiß, auch weiß/gelb, weiß-leberfarben.

Irish Setter (IS): Wegen seiner Farbe und Eleganz leider oft der Jagd zweckentfremdet (Rüde 68/72 cm, Hündin 65/69 cm), ausgeprägter Kopf (Stopp), dunkles Auge, mittellanges, einfarbig mahagonirot bis kastanienbraunes Haar, befederte Läufe und Rute, Feldspezialist; richtig abgeführt auch Allroundhund.

Gordon Setter (GS): Vielseitig in Feld, am Wasser und im Wald. Produkt britischer Tierzuchtkunst: schwerer Kopf und Knochenbau, muskulöses Gebäude (Rüde 66 cm, Hündin 62 cm), dunkles Auge, schwarze Jacke mit rotem oder braunem Brand, Rute mit ausgeglichener Fahne; weniger flüchtig als Irish oder English Setter, ausdauernd.

Magyar Viszla – Ungarischer Vorstehhund (UK/UD): Mittelgroß (Rüde 56/61 cm, Hündin 52/57 cm), kurzhaarig (UK) oder drahthaarig (UD), wenig kupierte Rute, Kopf mäßig breit und leicht gewölbt, leichter Stop, Nasenrücken gerade. Sensibel, früh und gut für Feld, Wald und Wasser abzurichten, ausgeprägter Finderwille.

Epagneul Breton (EB): Mittelgroßer, „handlicher" Gebrauchshund (Rüde 48/50 cm, Hündin 47/49 cm). Rutenlos gewölft (Rasseneigenart) oder auf etwa 10 cm kupiert, Haar mittellang, Läufe befeder- und behost; weiß-rot, weiß-schwarz, weiß-braun oder dreifarbig, auch geschimmelt. Sanft, leicht: führig, lernbegierig, bestechende Nasenleistung im Feld.

Schweiß-, Stöber- und jagende Hunde

Hannoverscher Schweißhund (HS): Mittlerer bis schwerer, aus Bracken hervorgegangener Hund, starke Knochen und ernster Gesichtsausdruck, dunkle Maske, kurz- bis stockhaarig (Rüde 50/55 cm, Hündin 48/53 cm); hirschrot, auch gestromt. Arbeitet Wundfährte am langen Riemen auch nach langer Stehzeit sicher; hervorragende Nase, Spurwille, Fährtentreue, lockerer Hals, Wildschärfe.

Bayerischer Gebirgsschweißhund (BGS): Vereinigt die Vorzüge des Hannoverschen Schweißhundes und der Gebirgsbracken, leichtes Gebäude, schwerer Kopf, breite Behänge, hirschrot bis semmelfarben, Maske (Rüde 48/50 cm, Hündin bis 45 cm); anhänglich, wendig und schneidig; häufig Suche ohne Riemen unumgänglich, auch von Gams- und Rehwild.

Deutsche Bracke (DBr): Dreifarbige Westfälische, auch „Sauerländer" oder „Olper" Bracke genannt; Haar derb, dicht, Rute mit Bürste, Schulterhöhe 45 bis 53 cm. Rot oder gelb, dunkler Rücken, typische weiße Zeichnung (Schnippe, Halsring, Brust, Rutenspitze, Läufe). Feinnasig, spursicher, spurwillig, voll tönender Spurlaut, auch am Riemen sehr leistungsfähig.

Alpenländische Dachsbracke (ADBr): Steht zwischen Bracke und Dachshund; halbhohe, gerade Läufe, geschlossene Pfoten, stockiges Glatthaar mit Bürstenrute. Vor allem laute Jagd auf Fuchs und Hase. Ausgeprägter Spurwille, Schweißarbeit. Schulterhöhe 34 bis 42 cm.

Brandlbracke (BrBr): Glatthaarig, schwarzrot, auch „Vieräugl“ genannt, die österreichische Bracke im engeren Sinn, im Alpengebiet verbreitet. (52 bis 58 cm Schulterhöhe.) Ausgezeichneter Springer und Kletterer, am Riemen gute Schweißarbeit mit schwierigsten Hetzen.

Deutscher Wachtelhund (DW): Mittelgroß, langhaarig, sehr abrichtungsfähig und vielseitig; feinste Nase, Spurwille, Spurlaut, Stöber-, Wasser- und Bringfreude sowie Raubwildschärfe; Rüde 48/54 cm, Hündin 45/51 cm. Prädestinierter Waldhund, Verlorenbringer, Schweißhund, schneidiger Saufinder.

Cocker-Spaniel (CSp): Leider mehr in nicht jagenden Kreisen beliebt. Der Jagdspanielclub festigt diesen „kleinen“ Gebrauchshund in seiner jagdlichen Brauchbarkeit sehr. Wie der größere Springer-Spaniel (Rüde 48/54 cm, Hündin 45/51 cm) ein passionierter Stöberer und Apporteur.

Beagle (Bg): Klein und kräftig, kompakter Körper, mäßig langer Kopf, Lefzen überdecken Lippen, dunkelbraune Augen, Rute stark, mäßig lang, Schulterhöhe 33/40 cm. Dieser stets gut gelaunte Hund mit seiner großen Kinderliebe ist der ideale Familienhund. Furchtlos, sicherer Hetz- und Standlaut.

Erd- und Apportierhunde

Kurzhaarteckel (KT): Auch Dackel oder Teckel; lang gestreckt, muskulös, starker Kopf, dunkles Auge, kurze, gerade Läufe. Haar kurz, dicht, einfarbig gelb bis rot, schwarz, braun, auch Brand. Standardbrustumfang ab 37 cm; Zwerg 31 bis 36 cm, Kaninchenteckel bis 30 cm. Baujagd: schliefen, suchen, stellen, sprengen, oder vorliegen; auch Schweiß- und Stöberarbeit.

Rauhaarteckel (RT): Heute die beliebteste Haarart beim Teckel. Ähnelt dem Kurzhaarteckel, nur am Fang einen Bart, buschige Augenbrauen und raues Haar, schwarz mit rostroten Abzeichen, dürrlaub- und saufarben, auch als Zwerg- und Kaninchenteckel.

Langhaarteckel (LT): Gleicht weitgehend den übrigen Teckelschlägen, aber mit weichem, schlichtem, glänzendem Haarkleid in mahagonirot bis braungelb oder schwarz mit Brand und einer langen Rute mit einer vollständigen Fahne. Auch als Zwerg- und Kaninchenteckel. Überdurchschnittliche Schweißarbeit.

Deutscher Jagdterrier (DJT): Nur für den Jagdgebrauch gezüchtet, Größe 33 bis 40 cm, Typ wie rauhaariger Foxterrier, aber als Glatt- und Rauhaar. Schwarzrot, flüssige Jagdlinie mit gutem Gangwerk. Strenge Leistungszucht verbessert Nase, Laut, Schärfe und Wasserfreude, vorzüglich unter wie über der Erde, an Fuchs, Dachs, Sauen, Enten und auf Schweiß.

Foxterrier (FT), glatthaarig: Temperamentvoller Allerweltshund, Farben Weiß mit schwarzer oder Schwarz mit rötlicher Zeichnung. Kennzeichen „Stehohren“; schneidiger, draufgängerischer Kämpfer. Jagdlich leider nur noch selten eingesetzt.

Foxterrier (FT), rauhaarig: Rauhaariger Schlag des Foxterrieres; Farben, Eigenschaften und Einsatzbereiche ansonsten wie beim glatthaarigen Schlag.

Labrador-Retriever (LR): Mittelgroßer (Rüde 56/57 cm, Hündin 54/56 cm), kräftiger Hund mit breitem Schädel, braunem oder schwarzem Auge, kurzem, glatten Haar, dicht behaarte, otterschwanzähnliche Rute, überwiegend schwarz, auch anderes einfarbiges Haar erlaubt. Spezialist nach dem Schuss als Apporteur und auf Schweiß.

Golden Retriever (GR): Mittelgroß (Rüde 56/61 cm, Hündin 55/57 cm), guter, flacher Gang, dichtes, glatt anliegendes, etwas welliges Deckhaar, undurchdringliche Unterwolle, unkupierte Rute mit Fahne, dunkles Auge. Farblich von gold bis sahnefarben.

Pirschzeichen

1 Schweiß gleicher Herkunft wirkt auf verschiedenen Unterlagen optisch unterschiedlich.

2 Auf dunkelbrauner Nadelstreu ist Schweiß schwer auszumachen.

3 Mit Hilfe eines weißen Tuches wird er sichtbar.

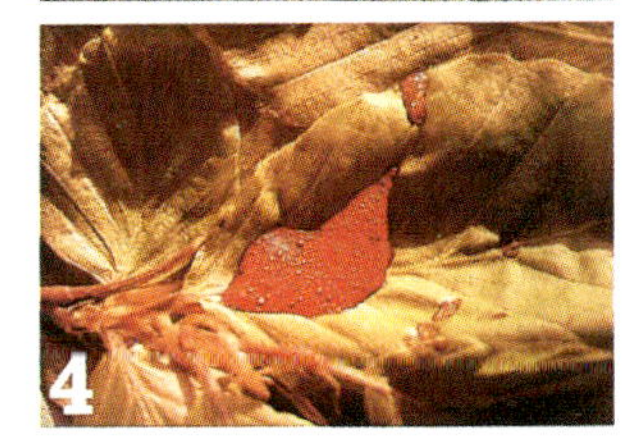

4 Frischer, blasiger, hellroter Lungenschweiß

5 Lungenschweiß, angetrocknet. Struktur (Bläschen) deutlich erkennbar

6 Lungengewebe

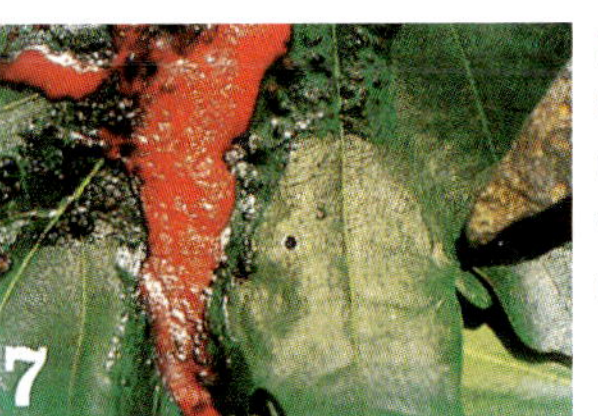

7 Hellroter Wildbretschweiß mit Knochenmark, das erkaltend zu weißen Kügelchen gerinnt

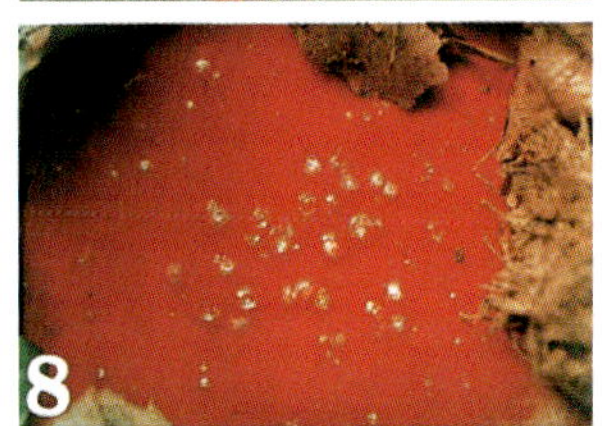

8 Eine Vergrößerung des Schweißes mit gerinnendem Knochenmark. Wird oft mit Lungenschweiß verwechselt.

9 Leberschweiß: Rotbraun, dickflüssig, griesig, Lebergeschmack

10 Lebergewebe

11 Milzschweiß. Tiefrot, dicke Tropfen

12 Rotwild – Labmageninhalt: oft flüssig, gelb bis hellgelb; Gescheideinhalt: breiig, meist dunkel, oft schweißig; Panseninhalt: grob zerkleinerte Äsung

13 Schwarzwild – Gescheideinhalt: breiig, meist schweißig; Weidsackinhalt: grob zerkleinerter Fraß

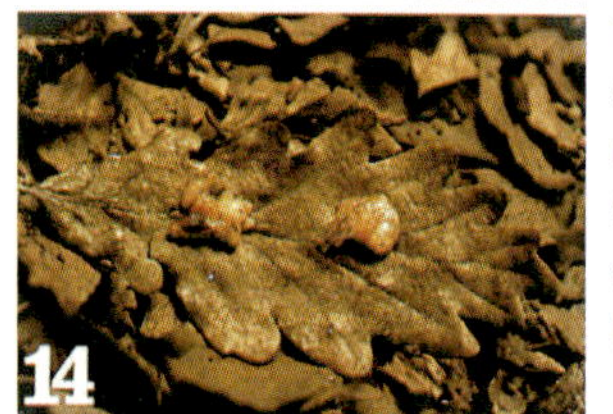

14 Schwarzwild – Weißes aus dem Innern meist mit Gescheideinhalt und Schweiß, Weißes von außen mit Schwarte und Borsten

15 Typisch geformter, scharfkantiger Röhrenknochen von harter Struktur, immer ohne Wildbretteilchen

16 Verspritzter Schweiß eines flüchtigen Stückes. Die ausgezogene Spitze zeigt in die Fluchtrichtung.

17 Poröser Gelenksplitter, meist mit anhaftender Knorpelschicht von Gelenkkugel bzw. -pfanne

18 Fettiges Knochenmark mit feinen Röhrenknochensplittern. Beim Zerreiben bleiben im Gegensatz zu Feist oder Weißem keine Gewebeteile zurück.

19 Knochenmark, erscheint bei höheren Temperaturen feucht glänzend

20 Dasselbe Blatt bei Minustemperatur: Das Mark ist geronnen.

21 Rippensplitter: Leicht, porös, keine scharfkantigen Bruchstellen, fast immer mit Wildbretteilchen, hier mit Geschoßsplitter

22 Schwarzwild – Unterkieferschuss: Zahnteile und Zahnbetten oft deutlich erkennbar

23 Schwarzwild – Oberkieferschuss: Knorpelteile und Schleimhaut aus dem Wurf

24 Schwarzwild – Typischer Splitter aus dem Nasenbereich

Jagdkynologische Abkürzungen

AT = Ahnentafel
AZP = Alterszuchtprüfung
Btr = Bringtreueprüfung (am Fuchs)
D = Derby
FS = Feldsuche
Btr = Bringtreueprüfung (am Fuchs)
g = gut
gen = genügend
gew = gewölft, geworfen
Gs = Gebrauchssieger
GP = Gebrauchsprüfung
HZP = Herbst-Zuchtprüfung
HN = Härtenachweis
IKP = Internationale Kurzhaar-Prüfung
j = aus jagdlicher Zucht
JEP = Jagdeignungsprüfung
JZ = Jugend-Zuchtprüfung
JGP = Jagdgebrauchsprüfung
KS = Kurzhaar-Sieger
LL = Leistungsliste
LZ = Leistungszucht
m = mangelhaft
PO = Prüfungsordnung
SW I = Verbands-Schweißprüfung auf der über 20 Stunden alten Fährte, bestanden mit 1. Preis
SW II = Verbands-Schweißprüfung auf der über 20 Stunden alten Fährte, bestanden mit 2. Preis
SW /II = Verbands-Schweißprüfung auf der über 40 Stunden alten Fährte, 2. Preis
sg = sehr gut
sg/v = Form- und Haarwertbeurteilung: Formwertnote „sehr gut“, Haarwertnote „vorzüglich“
S = Solms (Herbst-Zuchtprüfung des DK-Verbandes)
Schwhn = Schweißprüfung auf natürlicher Wundfährte
TF = Tagfährte
Tvb = Totverbeller
ÜF = Übernachtfährte
VJP = Verbands-Jugendprüfung
VJP 70 P. = VJP mit 70 Punkten bestanden
VSwP = Verbands-Schweißprüfung
Vbr = Verlorenbringerprüfung auf der natürlichen Wundspur des Hasen oder Fuchses
VZPO = Verbands-Zuchtprüfungsordnung
WT = Wurftag
wdl = waidlaut
WP = Wasserprüfung
ZPO = Zuchtprüfungsordnung
\ = Spurlautstrich: nachgewiesener Spurlaut auf der Hasenspur; bei Vorstehhunden auch lautes Stöbern
/ = Härtestrich: im praktischen Jagdbetrieb nachgewiesenes Töten von wehrhaftem Raubwild
– = Totverbeller
I = Totverweiser

Umschlag von eStudio Calamar unter Verwendung zweier Farbfotos des Autors

Mit 320 Farbfotos des Autors

Bibliografische Information Der Deutschen Bibliothek
Die Deutsche Bibliothek verzeichnet diese Publikation in der Deutschen Nationalbibliografie; detaillierte bibliografische Daten sind im Internet über http://dnb.ddb.de abrufbar.

Alle Angaben in diesem Buch erfolgen nach bestem Wissen und Gewissen. Sorgfalt bei der Umsetzung ist indes dennoch geboten. Der Verlag und der Autor übernehmen keinerlei Haftung für Personen-, Sach- oder Vermögensschäden, die aus der Anwendung der vorgestellten Materialien und Methoden entstehen könnten.

Gedruckt auf chlorfrei gebleichtem Papier

4. aktualisierte und erweiterte Auflage

ISBN 3-440-09566-5
Redaktion: Ekkehard Ophoven
Satz: TypoDesign, Radebeul
Reproduktion: Repro Schmid, Stuttgart
Produktion: JUNG MEDIENPARTNER, Niedernhausen
Printed in Czech Republic / Imprimé en République Tchèque
Druck und Binden: Těšínská Tiskárna, a.s., Český Těšín